환경 에너지 리빙랩

사용자 주도의 미세먼지,
기후변화, 순환도시 문제 해결

환경에너지 리빙랩

편저자 이태동
펴낸곳 연세대학교 대학출판문화원
주 소 서울시 서대문구 연세로 50
전 화 02) 2123-3380~2
팩 스 02) 2123-8673
e-mail: ysup@yonsei.ac.kr
http://press.yonsei.ac.kr
등 록 1955년 10월 13일 제9-60호
인 쇄 동호커뮤니케이션

2019년 8월 30일 1판 1쇄
ISBN 978-89-6850-352-8(93330)

정 가 16,000원

프롤로그

산적한 문제들을 어떻게 해결할 것인가? 사용자들의 참여를 통해 어떻게 혁신을 이루어 낼 수 있는가? 리빙랩은 사용자 주도의 문제 해결 방법이다. 오늘날의 시대는 다양한 정보통신기술의 발전으로 문제 해결 과정에서 사용자들의 참여 비용이 낮아져 왔고,혁신의 과정에 사용자가 참여하여 정책, 생산품, 서비스의 수용성을 높일 수 있는 환경이 조성되어 왔다. 살아있고 유기적인 실험실인 리빙랩은 시민과 사용자 참여를 통한 혁신과 문제해결을 위한 유용한 접근법이다.

리빙랩은 두 가지 측면에서 혁신적이다. 우선 '리빙 living'의 특성으로, 사용자가 혁신과 문제해결을 주도한다는 점이다. 지금까지 전문가나 행정 혹은 생산자 주도의 아젠다 설정과는 달리, 일반시민과 소비자 사용자가 기존의 정책 결정자들과 함께 유기적으로 문제 해결 방안을 모색하고 제시한다. 둘째, 리빙랩은 실험을 바탕으로 데이터에 근거한 방안을 제시한다는 측면에서 혁신적이다. 문제 해결 방안을 제시하기 위해서는 다양한 근거가 필요하다. 리빙랩의 '랩(lab:실험실)'으로서의 특성은, 실험(experiment)을 통해 유의미한 데이터를 만들어 내고, 이에 근거하여 해결 방안을 제시한다는 점이다. 이전의 랩은 전문가와 생산자에 의해 주도되었다. 리빙랩은 사용자가 함께 만드는 실험과 데이터를 바탕으로 한 문제 해결 방식이다.

이 책은 리빙랩을 환경 에너지 정치 수업에 적용한 결과물을 공유하려는 목적을 가지고 있다. 리빙랩이 어려운 개념이나 접근 방식이 아닌 수업에서도 충분히 활용될 수 있는 개념임을 보여준다. 리빙랩을 활용할 때, 학생들의 문제 해결 능력을 향상시킬 수 있다는 교육적 효과와 더불어 사용자 주도의 손에 잡히는 해법 제시가 가능함을 보여 주기도 한다. 물론 리빙랩을 통해 제시된 프로토타입을 실제 정책화 하고 상용화하는 데 더 많은 노력을 기울여야 함은 틀림 없다.

이 책은 교수, 학생(수업을 수강한 학부생), 대학원생(수업 조교)이 함께 작성한 결과물이다. 우선, 한 학기동안 훌륭하게 리빙랩을 진행하고, 각 장을 작성한 학부생들과 서론을 함께 작성하고 편집을 도운 류소현, 박재영 정치학과 조교에게 감사를 표한다. 또한 본 서는 시민 참여와 실험을 통해 혁신을 이끌어 내려는 지원들의 결과물이다. 리빙랩 수업을 할 수 있도록 지원해 준 연세대학교 고등교육혁신원과 서대문구 대학지역 연계 수업 지원에 감사 드린다. 리빙랩을 시민정치 교육의 일환으로서 뿐만이 아닌 연구 결과물로 만들 수 있도록 지원한 한국연구재단 일반공동연구(NRF 2018S1A5A2A03034198)와 도시 자원 순환에 관심을 가지고 연구를 지원한 재단법인 여시재에 감사드린다. 마지막으로 사랑과 관심으로 지원해 준 가족들(민경, 근휘, 준휘), 부모님과 장인, 장모님(고춘상, 정복순)에게 감사를 표한다.

책의 1장 리빙랩을 활용한 환경에너지 정치 교육은 2019년 사회과학논집 50(2)에 게재된 논문을 바탕으로 작성되었음을 밝힌다.

편저자 **이 태 동**

목차 환경 에너지 리빙랩

01. 리빙랩(living lab)을 활용한 환경 에너지 정치 교육

이태동, 류소현, 박재영

I. 서론

정치학 교육은 다양한 정치학 이론을 바탕으로 정치 현상을 설명하고 이해하는데 그 목적을 둔다. 학생들은 정치학 교육을 통해 공적인 문제 해결을 위한 정치적 방안이 무엇인가를 배우게 된다. 현장 중심의 정치학 교육은 우리가 사는 사회에서 학생들이 어떤 문제를, 누구와 함께, 어떻게 해결할 수 있는가를 논의하고 제시한다. 본 연구는 사용자 주도의 혁신을 실험을 통해 찾아가는 리빙랩(Living lab)을 현장 중심의 정치학 수업에 도입하는 방안을 제시하고자 한다. 특히, 환경-에너지 정치나 지역 사회 기반의 문제 해결형 수업에 리빙랩을 도입해야 하는 필요성, 목적, 방안을 제안한다. 리빙랩 정치교육의 틀을 이용하여 2018년에 진행된 환경-에너지 정치: 리빙랩 수업 사례를 분석한다. 사례 분석의 결과, 리빙랩 수업은 학생들이 지역에 관련된 문제가 무엇인지, 왜 중요한지, 사용자는 누구이고 그 이익과 요구는 무엇인지를 파악하는데 유용하다. 또한, 리빙랩 수업에서 학생들은 사용자들과 함께 당면한 문제 해결을 논의함으로써 문제 해결의 프로토타입(Prototype, 시제품 혹은 모형)을 함께

1 이 연구는 이태동, 류소현, 박재영. 2019. 리빙랩을 활용한 환경 에너지 정치 교육. 사회과학논집50(2)에 출판된 내용을 수정 보완한 글이다.

만들어(Co-design) 가고 이를 실현(Co-create) 하려고 노력한다.

연세대학교 정치외교학과 학부 전공 수업인 '환경-에너지 정치:리빙랩'은 학생들이 환경-에너지 정치의 문제를 이해하고 해결방안을 제시하는 것을 직접 실행해 보기 위한 과목으로 설계되었다. 생산자나 정책 결정자의 일방적인 결정이 아닌 사용자들의 적극적 참여에 의해 문제 해결 방안이 도출되는 리빙랩을 수업에 활용하였다. 다양한 사용자들은 리빙랩을 통해 문제에 대한 인식과 해결 방안의 설계와 발전 과정에 참여하여, 적실성과 수용성이 높은 정책을 실험할 수 있다. 또한 이를 통해 대학(원)생들의 문제 인식과 해결 능력을 증진시킬 수 있을 것이라고 기대한다. 본 연구는 개방형 혁신 실험의 결과를 바탕으로 환경-에너지 분야의 원만한 해결이 가능한가를 타진해 보려고 한다. 환경-에너지 정치 리빙랩의 주제로는 미세먼지, 기후변화, 재생에너지, 쓰레기 저감, 재활용, 녹색 캠퍼스 등 삶과 밀접한 문제들을 다룰 수 있다. 이외에도 기술뿐만 아니라 사회 과학의 다양한 문제에 대한 실험적 접근과 사용자 중심의 해결 방안 제시도 가능하다.

본 연구는 다음의 순서로 구성되어 있다. 2장에서는 리빙랩의 개념, 발전과 현황, 의의를 국내외 문헌 분석을 통해 소개한다. 3장은 리빙랩을 활용한 정치 교육의 목적과 필요성, 방법론을 검토하여 분석틀을 제시한다. 4장은 환경-에너지 정치 수업에서 리빙랩이 어떻게 활용될 수 있는가를 살펴보고, 분석틀을 바탕으로 수업에서 리빙랩을 실제로 어떻게 진행했는가를 서술한다. 5장은 분석틀과 수업 사례에서 제시된 교육적, 제도적 함의를 도출한다.

II. 리빙랩의 개념과 적용

1. 리빙랩의 발전과 현황

2004년 MIT의 윌리엄 미첼(William Mitchell) 교수가 전통적인 연구실의 한계를 극복하기 위해 당시 개발된 신기술의 사용자인 아파트의 거주민들의 사용 패턴에 대한 정보를 수집하고 분석한 데서 리빙랩이 시작(박봉원·유영심, 2016.)되었다. 이후, 유럽국가들을 중심으로 문제해결에 있어 점차 사용자의 역할이 확장되었고 이들이 핵심적인 주체라는 인식이 확장되었다. 이에 2006년, 핀란드 정부의 후원으로 유럽리빙랩네트워크(European Network of Living Labs, 이하 ENoLL)가 설립되었다. ENoLL은 유럽을 중심으로 전세계에서 일어나는 리빙랩 사례들의 지식을 공유하고 상호 협력하는 플랫폼이 되고 있다. 이들의 리빙랩은 스마트시티, 빅데이터와와 같은 기술적 분야, 교육과 같은 사회적 분야, 기후와 같은 환경 분야 등을 주제로 하고 있다(ENoLL 홈페이지). 국외의 사례와 비교했을 때, 한국에서의 리빙랩은 2013년부터 시작되어 아직 초기 단계에 머물러 있다고 평가된다(성지은 외, 2017.). 최근에는 중앙부처, 지자체, 공공기관, 연구소, 대학, 민간단체 등에서 공공 및 지역의 문제를 해결하고자 리빙랩을 연구하고 실행하려는 시도가 증가(성지은 외, 2016.)하고 있어 앞으로 국내에서 리빙랩의 사례와 수요가 더 증가할 것이다.

2. 리빙랩의 정의

리빙랩은 어떻게 정의되는가? 유럽리빙랩네트워크(ENoLL, 2016.)는 어떤 지역과 관련된 혁신을 가능케 하고 촉진하는 이해당사자들의 그룹을 리빙랩이라고 정의한다. 국내 연구자인 성지은·박인용(2016.)은 '특정 공간·지역을 기반

<표 1-1> 리빙랩의 다양한 정의들

정의	인용
사용자 주도의 혁신과 이를 수행하는 조직을 위한 방법론	ENoLL (http://openlivinglabs. typepad. com/web/)
연구와 개발 그리고 혁신을 위한 적극적인 참여를 가능하게 하는 사업-시민-정부 파트너십에 기초한 사용자 주도의 개방적인 혁신 생태계	European Commission, Information Society and Media
실생활의 개방적인 혁신 환경에서 이루어지는 사용자 주도의 서비스, 상품, 사회인프라 공동 창조	Living Lab Handbook(2010.)
사용자 참여, 사용자 중심의 연구, 실생활에서의 시제품 제작 및 솔루션 검증에 중점을 둔 이해관계자들과 그 방법	Vinnova (http://www. vinnova. se/sv/EU-internationell-samverkan/Nordiska program-och-samarbeten/NORIA-net-Living-Labs---Nordiskt-baltiskt-samarbete-inom-IT/)
무선·센서기술과 같은 생활지능(ambient intelligence)과 유비쿼터스 기술을 활용해 정보통신기술의 복잡한 해결방안을 지각, 시제품화, 검증할 수 있는 집과 같은 환경	Ståhlbröst and Bergvall-Kåreborn(2008.)
이해관계자들이 실생활에서 새로운 서비스, 제품 및 시스템을 개발하고 시제품을 만들고, 검증하기 위해 협력하는 기업, 공공기관, 대학, 기관 및 사람들의 민관협력(Public-Private- Partnership)이 형성된 기능적인 지역. 지역은 도시, 마을, 교외, 산업단지 등이 될 수 있음.	CoreLabs project(2007.)

출처: Dell'Era·Landon,i 2014:138 에서 인용. 저자가 국문으로 번역

으로 공공연구부문, 민간기업, 시민사회가 협력하여 혁신활동을 수행하는 일종의 혁신모델, 또는 혁신 플랫폼'으로 리빙랩을 정의하였다. 다양한 연구자들은 다음의 <표 1-1>과 같이 사용자 주도, 파트너쉽, 실생활, 해결방안, 기술과 같은 핵심 개념들을 중심으로 리빙랩을 정의하고 있다.

앞선 연구자들의 정의를 갈무리하고 리빙랩을 새로이 개념화하기 위해서는 리빙(living)과 랩(lab)을 구분하여 살필 필요가 있다. 리빙은 살아있고 유연하

며 변화가 가능하여 유기체적인 거버넌스를 할 수 있다는 의미를 가진다. 이는 현장에서의 아이디어와 피드백을 바탕으로 혁신하는 것을 뜻한다. 기존의 이론에서 실생활 환경과 다양한 주체의 참여를 강조한다는 점에서 '리빙'의 의미를 찾을 수 있다. 랩은 '실험'을 의미하며 실험결과를 활용해 솔루션을 제공, 증명함을 뜻한다. 랩은 혁신적인 솔루션을 발견, 개발하여 문제를 해결하는 방법이 된다. 위 <표 1-1>의 다양한 정의의 공통점 중 하나는 혁신과 실험을 통해 문제를 해결한다는 점이다. 살아있고 가변적인 대상과 거버넌스(리빙)로 실험(랩)을 한다는 것이 리빙랩과 실험실에서의 전통적 실험이 차별되는 점이다. 종합하면, 본 연구는 리빙랩을 '실험설계자들과 더불어 실제 현장의 여러 이해관계자들이 함께 문제를 인식하고 이에 대한 실험을 시행한 결과로 솔루션을 도출해 문제를 해결하는 과정'으로 정의한다. 기존의 문제 해결 메커니즘에서 수혜대상, 수동적 참여자, 관찰의 대상이었던 시민과 사용자[2]들이 혁신활동의 핵심적인 주체가 되는 것이 리빙랩에서 주목할 점이다. 또한 리빙랩의 목적이 참여자들의 공동의 문제 인식과 문제 해결에 있음을 강조한다.

3. 문제해결을 위한 협력모델로서의 리빙랩

그렇다면 리빙랩이 필요한 이유는 무엇인가? 리빙랩은 한국 사회의 정치상황 뿐만 아니라 시대적 배경에서 나타나는 여러 현상과 이론들에 연관 지어 설명할 수 있다. 오늘날의 사회는 잉글하트(Ronald Inglehart)가 말한 탈물질주의의 가치관이 확산되고 지속되는 성격을 띄고 있으며, 시민들의 현실정치 참여 욕구가 커지고 가치체계의 다변화가 발생하는 구조로 변화해가는 사회이다. 이는 벡(Ulrich Beck)이 말한 하위정치(sub-politics)나 기든스(Anthony Giddens)가 이

2 여기서 사용자는 지금까지 실험이나 제품을 설계하던 전문가나 생산자와는 달리 실제 기술, 정책들을 '사용'하는 시민들을 지칭한다. 그러나 리빙랩의 개념에서는 새로운 기술과 정책을 단순히 '사용'하는 것이 아니라, 생산자, 정책결정가, 전문가들과 함께 혁신을 이루는 주체이다.

야기한 생활정치(Life politics)와도 맥락을 같이 하는 것으로, 정치적 동력과 역할의 가중치가 점차 시민들에게 옮겨가고 있음을 보여준다(윤성이, 2017: 183). 시민 개인들과 그들 집단들을 중심으로 사회의 다양한 이슈들에 관계된 주체들이 상호작용을 통해 참여하는 오늘날의 모습은 리빙랩의 구조적 특성인 "사용자 중심의 개방형이고 혁신적 접근"으로 구체화 될 수 있으며, 그 필요성과 흐름에 따라 학문과 산업분야 모두에서 세계적인 관심과 동력을 얻어 오고 있다(Ståhlbröst 2008).

리빙랩에 참여하는 행위자 간의 협력모델은 사회문제 해결을 위한 기존의 방법과 차별화된다. 한국의 사회문제는 대체로 정부주도의 하향적이고 시혜적인 정책의 대상이 되어왔으며 이러한 문제해결 시도는 해당 사회와 지역의 독자적인 특징과 자생 능력의 발전을 저해한다(성지은 외, 2016.). 문제의 특수성을 고려하지 않는 획일화된 정책은 정책실패로 이어지기도 한다. 리빙랩은 지역사회의 문제를 해결하는 데 있어 현실적인 기술 개발과 사용자의 내재적인 지식을 바탕으로 이러한 문제점을 보완한다. CoreLabs(2007.)가 제안한 리빙랩의 다섯 가지 핵심 원칙인 계속성(Continuity), 개방성(Openness), 현실성(Realism), 사용자 권한부여(Empowerment of users), 즉시성(Spontaneity)은 기존의 방식과 다른 리빙랩을 설명하고 있다.

또한, 리빙랩은 민관협력을 의미하는 PPP(Public-Private Partnership)를 PPPP(Public-Private-People Partnership)로 확장하는 개념이다. PPPP는 PPP에 사용자(시민사회, People)가 더해진 개념이다(성지은 외, 2017.). 리빙랩에는 대학, 기업, 정부, 사용자의 다양한 이해관계자가 참여하기 때문에 PPP와 비교해 더 다양한 관점이 반영된다. 특히, 실제 사용자의 의견이 더해지기 때문에 혁신의 현실성과 사회적 수용성을 확보할 수 있다. 연구(lab)의 측면에 있어서, 리빙랩은 산-학-연의 삼중나선적 연구방법을 민-산-학-연의 사중나선적 연구로 확장한다. '민'이 추가된 사중나선적 연구구조는 연구 성과물이 실질적인 문제의 해결로 이어지도록 사용자와의 상시 피드백이 가능한 체계로 사회문제 해결이라는 기술의 목적을 달성할 수 있게 한다(성지은 외, 2016.).

III. 리빙랩의 정치교육 적용

1. 리빙랩을 활용한 정치교육

본 연구는 대학생의 정치교육에 있어 리빙랩을 교육방법론으로 활용하는 것을 다루고 있다. 대학이 리빙랩의 플랫폼을 제공하고 대학 차원에서 다양한 니치(Niche)수준의 실험을 진행하는 사례가 없었던 것은 아니다. 연구기능을 갖춘 대학은 리빙랩의 혁신 플랫폼을 구축하고 지속성을 강화하는데 기여한다(성지은, 2017.). 브리티시 콜롬비아 대학의 사례와 같이 전문가와 연구 여건을 갖춘 대학은 해당 캠퍼스 및 지역사회 리빙랩의 중심점이 된다. 브리티시 콜롬비아 대학의 이사회는 캠퍼스의 지속가능성과 에너지 효율화를 위해 2010년부터 리빙랩을 진행하여 친환경적인 캠퍼스를 만들기 위해 노력해왔다(성지은 외, 2017.). 이 외에도 미국과 유럽을 중심으로 한 몇몇 국외의 대학들과 서울대, 한동대와 같은 국내 대학들에서 리빙랩을 실시하고 있다.[3]

그러나 대부분의 대학 주도의 리빙랩 사례에서 학교 이사회 및 교직원, 연구자들을 중심으로 리빙랩이 이루어지고 있으며 이를 학생들의 교과 교육, 특

3 서울대는 국내에서 가장 많은 온실가스를 배출하는 대학으로, 과도한 에너지 사용량을 줄이기 위해 에너지 절약을 유도하고이를 실천하는구성원들에게 인센티브로 장학금을 부여하는 등 리빙랩을 진행하고 있다. 한동대의 경우, ICT창업학부 학생과 교수가 공동으로 문제를 선택한후, 4~6개월동안 문제해결을 위한 리빙랩을 진행하고 있다. 해당 지역을 탐방하여 지역민들과 관계자들의 협업을 통해 문제 해결에 직접 참여하고 있다.

히 정치교육에 활용하는 경우는 찾기 어려웠다. 그러나, 리빙랩은 지역사회를 포함한 협력적인 혁신을 지향한다는 점, 자발적이고 주체적인 문제해결을 추구한다는 점에서 학생들의 정치교육에 효과적인 방법이 된다. 리빙랩을 활용하는 정치교육은 왜 필요한가? 리빙랩은 대학생들을 대상으로 한 정치교육에 어떻게 기여할 수 있는가? 아래에서는 이러한 질문에 답하기 위해 지역사회 기반학습(CBL)과 문제기반학습(PBL)을 중심으로 리빙랩 정치교육의 필요성과 목표, 방법론을 설명한다.

2. 현장 중심의 학생참여 정치교육과 리빙랩

리빙랩을 활용하는 정치교육은 어떠한 형태로 이루어지는가? 이는 필연적으로 강의실 밖에서 학생들이 직접 활동하고 연구하는 지역사회 기반 학습(Community-based learning, CBL)으로 이루어진다. CBL은 정치교육, 특히 시민정치교육의 한 방법이다. 양민석은 2014년의 논문에서 시민정치교육을 "모든 시민들로 하여금 정치현안에 대한 관심을 갖게 하고, 일상생활과 정치이슈를 가깝게 접맥시켜 생활 속의 정치를 실천하고 적극적인 정치참여의 동기를 부여하는 교육"으로 정의한다(양민석 2014, 408). 대학은 학생들이 수 년 동안 머물며 공부하고 생활하며 심지어 거주하는 공간일 뿐만 아니라 그 자체로서 하나의 공동체로 존재한다. 지역사회는 대학을 포함하고 있다. 학생들이 대학을 둘러싼 지역의 일에 스스로 관심을 갖고 참여하는 것은 시민정치교육의 시작이 된다(이태동, 2016.). 지역사회를 기반으로 하여(community-based) 운영되는 리빙랩은 대학생들의 시민정치교육의 방법론으로 기능할 수 있다.

리빙랩을 통한 정치교육은 강의실에서 수업을 듣고 시험을 보는 기존의 수업과 달리 정치적 현안이 진행되고 있는 현장에서 교육이 이루어진다는 점에서 교육적 중요성을 지닌다. 기존의 많은 대학의 교육 현장에서 학생들은 지식을 수용하는 객체로 머무르며 주도적인 역할을 하지 못한다. 그러나 리빙랩을 통한 정치교육은 학생들이 주체로서 생각하고 연구하도록 교육과정이 구성되며 이러한 과정에서 지역사회 현장 중심의 정치교육이 가능해진다(이태동 외, 2018.). 학생들은 리빙랩을 주도하고 이에 참여하면서 지역사회의 참여자 및 이해관계자들과 소통하며 문제를 해결하기 위해 고군분투한다. 지역사회에 대한 이론 수업과 강의실 밖에서의 지역사회 기반 학습(Community-based Learning)이 보완적으로 병행되어 학생들의 이해를 돕는다.

대학은 필연적으로 어떠한 지역사회에 위치(이태동, 2016.)하게 되며 지역사회에서 일어나는 정치적 현상은 정치 교육의 풍부한 장이 된다(Thomson et al. 2011.). 리빙랩은 지역사회를 교육의 공간적 배경으로 활용한다. 이태동은 2016년의 연구에서 지역에 기반한 시민정치교육이 실제 거주하거나 생활하는 지역의 현안에 대한 교육으로 그 곳에서 발생하는 정치현상을 분석하며 자신이 속한 공동체의 문제에 대해 이해를 높일 수 있다고 지적했다. 또한, 국제, 국가적인 정치현상보다 규모가 작은 지역사회의 미시적 정치과정을 일상생활의 문제로서 관찰할 수 있다는 점에서 시민정치교육이 필요하다고 주장했다. 시민정치교육이 정치적 과정에 참여를 촉진하는 효과는 실질적으로 유의미하게 나타난다. 지역사회 기반 학습방법에 참여한 학생들이 향후 학생단체를 조직하거나 지역단체에서 봉사활동 등 공동체 활동을 할 의향이 높아진다(Lee et al. 2018.)는 연구결과가 이를 뒷받침 한다.

3. 문제중심 학습(PBL)으로서의 리빙랩 정치교육

리빙랩을 통한 정치교육은 지역의 문제를 다룬다는 점에서 CBL인 동시에 문제중심 학습 Problem-based Learning(PBL)의 실질적인 방법론이 된다. 문제기반학습, 문제중심 학습 등으로 풀이되는 PBL은 '실세계의 구조화되지 않은 문제에서 시작하여 문제를 해결하는 과정을 통해 필요한 지식을 학습자가 스스로 배울 수 있도록 하는 교육적 방법'(조연순, 2006.)이다. PBL은 1963년 의과대학에서 학습자의 문제해결력을 증진시키기 위한 목적으로 처음 제안되었으며(Barrows and Abrahamson, 1964.) 이후 다양한 학문 분야로 확장(김연정, 2017.)되어 왔다. PBL을 통해 학생들은 교육에서의 수동적 대상에서 벗어나 주체적 역할을 하며 현실세계의 문제와 이슈에 대한 내용과 지식, 비판적 사고, 문제해결 기술을 익힐 수 있다. 김의영(2018.)은 PBL이 최근 다양하게 시도되고 있는 현장중심의 지역사회기반 정치교육의 프로그램으로 기능하고 있음을 설명하였다.

조연순(2006.)이 앞선 연구자들의 분석을 종합하여 정리한 PBL의 세 가지 특징은 다음과 같다.

1. 쉽게 해결되거나 정확한 답을 구하기 어려운 비구조화되고 복잡한 문제로부터 시작한다.
2. 학생은 문제해결자로 학습에 참여해 해결책을 위해 정보와 지식을 직접 다루면서 학습에 상당한 책임을 가진다.
3. 교수자는 일방적인 지식전달자가 아닌 학습진행자의 역할을 한다.

위를 활용하여 PBL의 방법으로서 리빙랩을 활용할 때의 특징과 목표를 다음과 같이 설명할 수 있다.

첫 번째로, 리빙랩을 통한 정치교육은 학생들이 스스로 지역의 문제적 상황을 찾아내는 데에서 문제 중심적인 학습이 이루어진다. 교수자가 일방적으로 제시한 문제를 다루는 것이 아니라 학생들이 생활 속에서 체감해왔거나 필드에서 발견한 문제를 중심으로 수업이 진행된다. 그 문제는 지역사회의 주민, 학생들 스스로에게 불편함과 어려움을 주고 있으며 이를 해결하기 위한 해답은 뾰족하게 마련되어 있지 않다. 특히, 정치학과 과목이 주로 다루는 사회적이거나 정치적인 문제들은 절대적으로 옳은 정답을 찾기 어렵기 때문에 관련 이해당사자 간의 복잡한 토의와 중재를 거쳐야 하는 복잡한 문제이다. 리빙랩을 통한 정치교육은 학생들이 이러한 문제 상황을 인지하고 문제를 해결하기 위한 조사와 연구를 실시한다는 점에서 PBL의 접근이다.

두 번째로, 리빙랩을 통한 정치교육을 이수하는 학생들은 문제 해결을 위해 교육의 주도적인 주체가 된다는 점에서 PBL의 학습자이다. 조사과정에서 직접 다양한 정보와 지식을 다루고 인터뷰, 답사, 설문 등의 필드스터디 등을 시행하며 좋은 해결책을 도출하기 위해서 노력한다. 이 과정에서 학생들은 문제인식과 해결에 대한 지식과 사고력을 함양하여 사회문제에 대한 문제해결력을 증진시킬 수 있다. 문제를 해결하는 과정은 학생들이 지역사회와 참여에 대한 이론교육과 필드스터디를 통해서 자신을 지역사회의 구성원으로 인지하고 무엇이 문제인가를 인식하는 단계에서 시작한다. 자신을 지역사회의 구성원으로 인지하지 않는다면 무관심하게 지나칠 수도 있었을 문제를 문제점으로 받아들이기 시작하는 것은 리빙랩을 통한 정치교육의 출발점이다. 이에 더해, 발견한 문제가 지역사회에 어떤 부정적 영향을 미치고 있고 따라서 문제를 해결하는 것이 왜 중요하고 왜 필요한지에 대한 이해가 뒤따른다. 리빙랩에 참여하는 이해관계자들을 파악하고 이들과의 소통과 협력을 통해 잠정적인 솔루션을 도출하는 것, 적합한 솔루션을 선정하기 위한 실험을 설계, 진행하는 것은 문제해결의 이어지는 단계이다. 이러한 리빙랩의 과정을 통해서 학생들은 사회문제의 발견부터 해결까지의 과정을 경험하게 된다.

마지막으로, 리빙랩을 통한 정치교육 교과에서 교수자의 역할은 단순히 지식을 전달해주는 것에 그치지 않고 학생들의 학습을 위해 과목을 진행하는 데에 초점이 있다. 이론적 내용에 대한 지도뿐만 아니라 학생들이 필요로 하는 정보를 찾을 수 있는 방법을 지도하고 리빙랩 구성의 방향을 제시해 균형을 유지하게 하고 학생들이 필드스터디를 원활하게 할 수 있도록 지원하는 것이 교수자의 임무이다. 실질적인 지식습득과 문제해결을 위한 노력은 학생의 몫이지만 교수자는 이를 원활히 할 수 있도록 방향과 방법, 균형점을 제시하여 학습 동기를 부여한다.

교수자의 범위를 넓혀 교수, 대학원생, 교직원을 포괄하는 대학은 리빙랩 정치교과를 통해 지역사회를 구성하는 이해관계자가 되며 문제해결의 플랫폼을 제공한다. 리빙랩을 주도적으로 이끌어나가고 여러 이해관계자들을 연결해주는 중간지원조직의 역할이 된다(강지윤, 이태동, 2016). 대학은 리빙랩 교과를 운영하면서 지역사회의 문제 해결에 기여할 뿐만 아니라 대학 자체의 이점을 가진다. 대학의 교수, 연구자 및 대학원생과 같은 연구인력은 연구자금 및 실험장비 등의 자원을 활용해 리빙랩 교과를 통한 연구실적을 기대할 수 있다. 대학은 시민사회 연구의 대상인 지역사회에서 풍부한 연구를 진행할 수 있으며 지속적 연구과제로 삼는 기회를 갖는다.

4. 리빙랩을 활용한 정치교육의 방법론

리빙랩을 활용한 정치교육은 학생들의 직접적 참여를 중심으로 진행된다. 교수자의 지시나 결정에 따르는 것이 아니라 수업을 수강하는 학생들이 직접 발견하고 결정하고 연구하는 것이 리빙랩의 교육효과를 높인다. 유사한 관심사를 가진 학생들이 팀을 이루어 한 학기 동안 함께 문제를 해결하기 위해 고군분투하고 교수자 및 지역사회 구성원들과 소통하는 것이 리빙랩을 활용한 정치교육의 기본적인 틀이다.

교수자는 수업을 시작하기 전에 리빙랩 수업의 큰 틀과 주제를 선정하고 이를 위해 협조가 필요한 민-관-학의 협력 네트워크를 조성한다. 학생들이 리빙랩을 진행하는데 주요 참여자가 되는 시, 구청 및 주민자치센터와 상권,

(Spontaneity)가 확보되는 단계이다. 다음 <표 1-2>에 제시된 질문들은 리빙랩을 활용한 교육에서 학생들에게 문제를 찾고 해결책을 고안, 적용, 제작하는 리빙랩 과정의 기본적인 틀을 제안하고 있다.

수업의 마지막은 리빙랩의 결과를 공유하는 것으로 마무리된다. 학생들은 동료 학생, 교수자, 지역의 이해관계자에게 연구한 결과를 발표하고 최종보고서를 작성한다. 학생들의 리빙랩 결과는 크게 실무적, 학술적 성과의 공유로 확장된다. 실무적 성과의 공유는 리빙랩의 결과로 도출된 프로토타입을 제작하고 실질적 실현에 사용하는 것이다. 한 학기 만에 학생들의 힘과 자원으로 리빙랩이 완성되어 사회문제를 해결하는 것을 기대하기는 어렵다. 그러나, 학생들로부터 시작된 리빙랩이 정책적 추진력과 예산 혹은 자본을 가진 민관의 지자체, 기업과 연계해 지속적인 리빙랩이 이루어질 경우 사업화를 기대할 수 있다. 비교과 활동을 지원하는 프로그램을 활용하는 것도 프로토타입을 현실화, 사업화를 가능하게 하는 방법이다. 이는 리빙랩을 통한 정치교육이 학교를 벗어나 실질적으로 사회문제 해결에 기여하는 사례이다.

학술적 성과의 공유는 리빙랩 정치교과를 운영하고 지도한 교수자와 리빙랩 발전과정을 지켜본 대학원생 연구원들에게 해당한다. 학생들의 리빙랩 활동의 과정과 결과로부터 정치교육 방법론, 실천적 지역문제 해결, 각론적인 주제의 정치적 해법 등과 같은 다양한 학술적 연구가 가능하다. 이는 학술논문과 학회활동에 활용되어 다른 연구자들 및 교수자들과 공유할 수 있으며 유사한 수업운영의 참고적 예시가 된다. 학생들의 리빙랩 최종보고서 및 발표자료 또한 책으로 묶어 출판하여 다른 교과를 수강하는 학생들의 길잡이로 활용할 수 있을 것이다. 리빙랩 교과의 결과를 다양한 청자 및 독자와 공유하는 것은 리빙랩의 계속성과 개방성의 특성과 연관이 있다.

5. 리빙랩의 환경에너지 정치교육 적용

그렇다면 환경에너지 정치교육은 어떻게 이루어지는가? 먼저 환경에너지 정치수업의 전반부에는 리빙랩의 개념과 적용방식 그리고 예상 주제들에 관한 내용들을 다루며 리빙랩에 대한 개념적인 내용을 중심으로 수업이 진행된다. 그 후, 학생들은 3~4명으로 구성된 팀단위로 주제를 정하고 해당 주제의 문제를 해결하기 위한 개별적인 실험을 설계한다. 해당 이슈에 관련된 이 해당사자들 각각의 관점과 의견은 설문조사나 인터뷰를 통해 반영하여 구체화 한다. 프로토타입은 이를 바탕으로 설계되며 그 과정에서 예상되는 난관과 해결방안은 지속적으로 피드백을 통해 확인한다.

리빙랩의 환경에너지 정치교육은 지역이라는 공간적 배경설정(Community-based learning)을 전제로 둔다. 리빙랩은 크게 4개의 단계를 통해 만들어지고 전개된다. 첫 번째로 목표에 대한 비전(Vision) 설정단계, 두 번째로 사용자들이 함께 디자인하고 발전시키는 프로토타입(Prototype) 구성단계, 세 번째로 프로토타입을 평가하는 단계(Evaluation), 마지막 네 번째 단계에 이르러서는 그것을 적용시키고 확산시키는(Adoption and diffusion) 것으로 나뉜다(Tang·Hämäläinen, 2012). 이 4개의 단계는 독립적으로 이뤄지기보다 교수, 대학원생, 지역사회 활동가와 같은 환경에너지 분야의 관계자들과 지속적인 피드백을 통해 유기적으로이어진다.

이를 환경에너지 정치 교육에 적용해보면, 문제 주제에 관한 대학강의의 구성방식, 혹은 이해당사자들 간의 협의체나 조직을 통해 이뤄지는 관리(Management)는 환경적인 장치로써만 기능하며, 중요한 것은 학생들을 비롯한 사용자 기반의 참여적인 디자인 방법론으로써의 리빙랩이어야 한다는 것이다. 특히 사용자를 대상으로 인식하는(User as subject) 사용자 중심의 디자인에서 파트너로 인식하는(User as partner) 참여적 디자인으로의 전환이 일어나는 현상

(Dell'Era·Landoni, 2014.)이 리빙랩에서 참여자들의 다층적이고 지속적인 참여에 그 핵심을 두고 있음을 알 수 있게 한다. 즉, 구조로써 존재하는 랩(Lab)의 구성방식과 요건보다 랩을 이루는 리빙(Living)이라는 형태, 능동적 참여자 중심에 그 방점이 찍혀 있는 것이다.

Ⅳ. 환경 에너지 정치 리빙랩 사례

환경-에너지 정치 수업에서 시도된 11개의 리빙랩은 3~4명의 학생으로 이루어진 팀을 중심으로 진행되었다. 개별 팀들은 저마다의 특정한 문제의식에 기반(Problem-based)하여 실험가설을 설계하고 해결방안을 도출하는 과정에서 이해관계자들과 피드백을 지속하였다. 각 팀들이 디자인한 프로토타입은 또한 그 구성과 해석과정에서 가능한 많은 의견을 수렴하는 방향으로 진행하여 리빙랩의 특성이 반영될 수 있도록 했다. 11개 팀 중 대표적인 사례로는 대학 캠퍼스의 미세먼지 문제를 다룬 '미세먼지 팀', 신촌 지역의 상황과 연계하여 실험을 진행한 '흡연장소 팀', 전국의 모든 가정 단위에서 나타나고 있는 에어컨 사용과 전력 문제에 관련한 '에코니 팀'이 있다. 이 3개 팀은 각각의 문제의식의 주제(공기질 문제, 공공장소 활용 문제, 에너지 사용 문제)가 달랐을 뿐만 아니라 그 공간적 배경 -캠퍼스 내 강의실, 지역사회의 공공 공간, 전국적 가정 단위- 에서도 다양한 과정상의 특징들과 행위자들의 모습을 설명하는데 효과적이었기 때문에 사례 분석의 대상으로 선정하였다.

1. 강의실 내 미세먼지 저감

세계보건기구는 2013년 미세먼지를 1급 발암물질로 지정해 그것에 대한 지속된 노출이 면역력 저하와 함께 질병 발생률을 상승시킨다는 점을 강조하였다(송창근, 2016.). 미세먼지 문제는 심각한 수준에 이른 상태다. 이러한 미세먼지 문제해결의 필요성에 착안하여 '미세먼지 저감'은 리빙랩의 주제로 선정되었다. 그러나 미세먼지 저감을 위한 리빙랩은 목표 설정에 있어 현실적인 어려움이 있다. 미세먼지 문제는 단순히 국내 문제로만 취급할 수 없으며 중국과 몽골 지역으로부터 유입되는 월경성 미세먼지에 큰 영향을 받는 특성을 갖는 등 국외의 영향을 무시할 수 없기 때문이다. 따라서 학생들이 가진 문제의식은 해결 방안과 범위를 디자인하고 설정하는 과정에서 본질적인 한계를 내포하고 있었다. 이러한 한계점을 고려해 미세먼지 팀은 미세먼지 문제해결의 범위를 학교 내부 공간으로 한정하였으며, 캠퍼스 내에서도 오랜 시간 동안 주요행위자들에 의해 활용되는 강의실 내부의 미세먼지 저감에 초점을 두고 리빙랩을 진행하였다. 미세먼지 문제의 심각성은 실내와 실외를 불문하고 존재하고 있으며, 실내에서 발생한 대기오염 역시 인체에 해를 끼치는 효과가 지대하여 실내 공기오염도를 낮추는 것만으로도 기관지 관련 질병의 발생률을 낮추는 것으로 밝혀져 있다(조현수, 2004.). 이러한 관점에서 실내 미세먼지를 저감하는 방안과 그 효과를 확인하는 과정에서 참여자들의 피드백을 통한 리빙랩이 설계되었다.

먼저 미세먼지 팀은 사용자들이 직접 문제해결 과정에 참여할 수 있는 방안을 찾고자 관계당사자들인 학생 48명을 대상으로 미세먼지 문제에 관한 인식을 설문조사 하였으며, 참가자들이 공통적으로 미세먼지 문제의 심각성을 인지하고 있지만 실내보다 실외에 더 큰 관심을 갖고 있음을 확인하였다. 수집된 설문조사의 결과는 에어컨의 공기청정 기능과 관련하여 또 다른 이해당사자인 연세대학교 시설처에 전달되어 강의실이라는 공간에 관련된 가능한 많은 이해관계자들을 리빙랩 진행과정에서 포함시키고자 하였다.

미세먼지팀은 실내 미세먼지 저감을 위해 환기, 입실 전 옷 털기, 건식-습식의 청소, 공기청정 기능이 있는 에어컨 가동의 네 가지 방법을 제안하고 미세먼지 농도 측정을 통해 저감효과를 실험하였다. 각각의 방안들은 이 미세먼지 저감 실험에서 독립변수를 의미하였다. 학생들은 TSI사의 Optical Particle Sizer 3330이라는 미세먼지 측정기를 사용하여 네 가지 방법의 각기 다른 결과를 측정하였다. 먼저 환기는 가장 기본적인 실내 미세먼지 저감 방식으로 적절하다고 예상되었으며, 공기 순환이 외부에 비해 덜하다는 특성상 축적되는 경향이 있기 때문에 일정 수준 이상 축적이 지속된다면 실외 미세먼지보다 그 농도가 더 높게 나타날 수 있다고 평가되었다. 실외 미세먼지가 개인들의 옷에 부착되어 유입되는 경우 입실 전 옷 털기를 통해 그 농도를 감소할 수 있을 것으로 예상하였다. 건식-습식 청소방식의 비교는 생활용품 회사인 애경 관계자로부터 "진공청소기 등의 건식 청소는 공기를 빨아들이면서 배출하기 때문에 바닥에 가라앉은 먼지가 흩어진다"는 조언을 수용한 후, 물걸레와 같은 수분 농도가 높은 청소법을 통해 미세먼지 감소량을 비교하는 방식으로 진행되었다. 마지막으로 공기청정 기능을 갖춘 에어컨의 가동은 필터를 통해 먼지를 잡고 공기를 걸러내는 방식이다. 결과적으로 실내 미세먼지 저감에 있어 환기는 유효한 결과값을 보여주지 못했으며 입실 전 옷 털기, 습식 청소방식, 공기청정 기능 에어컨은 모두 미세먼지가 감소하는 유효한 결과를 보여주었다.

이러한 내용을 바탕으로 미세먼지 팀은 유효 결과를 보인 3개 방식을 적용시키기 위해 조사결과를 이미지화하여 소셜미디어와 학내 온라인 커뮤니티에 배포한 뒤, 3개 방식의 실제 활용 여부를 학생들을 대상으로 2차 설문조사를 진행하였다. 이는 "미세먼지 저감 방안에 대한 정보 제공이 사용자들의 행동 변화를 이끌 것이다"는 가설에 기반한 것이며, 3개 방식 중 중점적으로 관찰된 것은 다수의 행위자들의 전후 비교 관찰이 용이한 입실 전 옷 털기였다. 미세먼지 팀은 일단 학생들의 이동이 잦은 건물을 특정해 출입구를 실험장소로 지정하여 이 곳을 지나는 모든 인원을 실험대상으로 삼았으며, 옷 털기의 유효성을 시각화한 배너를 프로토타입으로 제작하고 학생들이 볼 수 있도록 건물입구에 배치하였다. 효과를 확인하기 위해 해당 장소를 통과한 집단과 그렇지 않은 집단으로 대상자들을 분류한 뒤, 일정 시간 동안 각각의 집단에서 옷 털기를 실시한 인원과 그렇지 않은 인원을 측정하여 그 결과를 비교했다. 나아가 그 결과를 비교하는 것에 그치지 않고 인터뷰를 통해 참여자들의 행위 원인을 파악하는 것도 실험에 포함시켰다.

실험의 결과로 미세먼지 팀은 실험 시간인 1시간 30분 동안 600명의 참여자를 확보할 수 있었고 1%에 그친 6명의 '옷 터는 개인들'을 관찰할 수 있었다. 미세먼지 팀은 이러한 결과를 바탕으로 미세먼지의 심각성과 옷 털기의 효과를 강조한 배너가 사용자들에 유의미한 인식 변화와 행동을 도출해내지 못했다고 결론 내렸으며, 인터뷰를 통해 참여자들의 행위 이유-터는 행위가 유효하지 않을 것이라는 생각과 터는 행위를 실천할 때 받게 될 시선의 부담-를 확인하였다. 결과적으로 1) 실내 미세먼지 문제의 심각성을 사람들에게 인식시킬 수 있다는 차원에서 효과를 확인하였지만, 2) 그것을 해결하기 위해 제시된 유효 방안들의 실행 가능성은 낮음을 발견하였고, 3) 설문조사를 통해 나타난 행위의 이유를 기반으로 캠페인이나 홍보의 필요성을 확인하고 제안하는 실험이 될 수 있었다. 이러한 단계를 거치는 과정에서 교수, 학생, 교직원과 같은 참여자들과의 지속적인 피드백이 비록 미세먼지 전반의 문제 해결에 이르지 못하더라도 인식의 제고와 확산이라는 차원에서 실내 미세먼지 저감에 관한 효과적인 대안을 제시할 수 있었던 것이다.

2. 연세로 흡연구역 설치

길거리 흡연은 보행자들에게 간접흡연을 유발시키는 것뿐만 아니라 담배꽁초에 무분별한 투기로 도시의 미관을 해치는 문제를 드러내고 있다. 또한 버려진 꽁초들이 배수구에 쌓이면서 투수효과에도 악영향을 끼쳐 도시 홍수의 직접적인 원인으로 지목되기도 한다. 담배꽁초를 수거하는데 소요되는 인력과 비용으로 사회경제적 부담이 증가하는 문제 역시 존재한다.

이러한 문제의식을 바탕으로, 흡연구역 팀은 흡연문제가 특히 유동인구가 많은 밀집지역에서 클 것으로 보고 지역적 범위를 번화가인 신촌으로 설정한 뒤 리빙랩을 진행하였다. 먼저 대상자를 신촌 지역의 주요사용자인 연세대학교 학생들로 상정한 뒤, 흡연자와 비흡연자에 따라 이해가 다를 것을 감안하여 별도의 설문을 진행하였다. 흡연자에게 선호하는 흡연장소와 흡연부스의 형태, 실제 설치 시에 이용 용의에 대한 의견을 묻는 설문조사의 결과 대부분의 대상자들이 실외 지정 흡연구역을 선호하고, 재떨이가 갖춰진 흡연부스를 선호하며, 흡연부스 설치 시 높은 이용 용의가 있음을 확인하였다. 비흡연자의 경우, 신촌에 흡연구역을 설치하는 것에 매우 높은 찬성 비율을 보이는 것을 확인할 수 있었으며, 흡연부스 장소 선정에 있어 간접흡연을 가장 많이 경험한 곳을 위주로 3곳의 흡연시설 설치를 선호한다는 결과를 확인하여 그에 기반한 조성 계획을 수립하였다. 독립변수로는 재떨이 설치 여부와 안내문구의 형태를 지정하였으며 그 효과로 나타날 요소는 흡연구역 인근 길가에 버려진 꽁초의 개수와 흡연구역 내 쓰레기통의 꽁초 개수를 종속변수로 설정하였다. 흡연구역의 선정은 흡연자와 비흡연자의 응답을 바탕으로 하면서도 구역의 설치로 인해 직접적인 이해관계가 해당하는 청소 노동자들과 지역 상인들의 의견 또한 적극 반영하여 인터뷰를 진행하였다.

실험을 현장에서 실행하는 방식은 재떨이만 존재하는 가장 단순한 형태의 흡연구역을 설정하였는데, 이는 예산의 한계를 고려한 방안이면서도 실제 흡연자들이 단순 형태의 흡연구역을 선호한다는 설문결과를 반영한 것이었다. 구역의 관리는 흡연구역 팀원들에 의해 이루어졌으며 실제 구역 사용량을 평가하기 위한 것이면서도 상인들의 주기적 관리 요구의 필요성을 확인하고 그

것을 실천하기 위함이기도 했다.

실험의 결과로 흡연구역 팀이 설계한 프로토타입은 모든 참여자들로부터 긍정적인 반응을 얻었으며, 설치 이전과 비교하여 구역에 따라 정도의 차이는 있으나 버려진 꽁초 개수의 뚜렷한 감소를 확인할 수 있었다. 흡연구역을 사용한 흡연자들의 인터뷰 결과에서도 사용자들이 주변의 시선을 의식하지 않아도 된다는 점, 재떨이가 설치되어 있는 곳에 꽁초를 버리는 것을 선호한다는 점 등을 재확인하였다. 사용자들의 니즈가 반영된 해결방안을 적용하여 긍정적인 결과를 도출할 수 있었던 점은 프로토타입이 유의미한 결과를 얻은 것이라고 평가할 수 있다. 정리하자면 흡연부스의 필요성을 각각의 이해관계자들의 입장을 반영하면서 강조하였고, 흡연부스의 위치를 선정하고 그 형태를 결정하는 과정에서 또한 지속적인 행위자들의 의견과 피드백이 수반되었음을 알 수 있는 것이다.

이러한 결과물을 바탕으로 흡연구역 팀은 서대문구 보건소에 흡연구역 지정과 설치의 필요성을 건의하였고, 보건소의 금연구역 담당 직원과 함께 직접 리빙랩 과정에서 지정한 장소들을 돌아보고 관련 사항들을 재확인하였다. 서대문구 관계부서에서는 실제로 흡연구역을 포함 관련 장소들에 관해 흡연부스의 필요성을 인식하고 있었으며, 흡연구역 팀과의 활동 이후 이 사안을 간부정책회의에서 긍정적으로 검토하고 논의할 것을 약속하였다. 흡연구역 팀의 리빙랩은 참여자들과의 지속적인 피드백을 기반으로 문제해결을 추구하는 방식을 성공적으로 이루었을 뿐만 아니라, 리빙랩의 타당성과 효과를 검증함으로써 관계부처의 직접적인 응답과 행동을 이끌어내는 결과를 보여주었다는 점에서 그 의의를 평가할 수 있다.

3. 에어컨 전기 절약 어플리케이션

에어컨 사용 팀은 지속되는 폭염 기간의 증가와 그에 따른 에어컨 사용량의 급증이라는 환경-에너지 문제에 착안하여 리빙랩을 진행하고자 하였다. 2017년 7월의 전력사용량은 9,248만 kW로 정부가 월초 발표했던 최대전력 예측치인 8,330만 kW를 크게 초과하였으며 전력사용량 중 약 30%가 냉방수요로 인한 것으로 확인되어 극심한 폭염의 영향을 알 수 있었다(김부미, 2018.). 김한별(2018)의 연구에 따르면 국내 에어컨 보유 가구 비율은 1994년 9%에서 2013년 68% 로 급격히 상승하였다. 이와 같이 에어컨 사용은 전력 사용 등 에너지 수급 문제에 큰 영향을 주고 있다. 또한, 에어컨 냉각에 사용되는 프레온가스는 오존층 파괴의 주범으로 환경 문제의 원인이다.

에어컨 사용 팀은 폭염으로 인한 에어컨의 필요가 사실상 절대적인 상황에서 공적인 규제를 통해 직접적으로 사용량을 통제하기보다 에어컨 사용의 효율성을 높여 전체 전력소비와 에어컨 사용량을 감소시키는 방안을 추구하였다. 이를 위해 에어컨의 실제 효율성을 상승시킬 수 있는 방안들이 메뉴얼로 존재하는 것을 찾고 이러한 메뉴얼을 알림 형식으로 제공할 수 있는 어플리케이션을 개발하는 것으로 리빙랩을 실현하고자 하였다. 따라서 에어컨 사용 팀의 리빙랩은 어플리케이션의 제작과 그 과정에서의 피드백에 중점을 두고 진행되었다고 볼 수 있다.

에어컨 사용 팀은 환경문제에 대한 인식, 에어컨과 전기세에 대한 인식들을 조사하고자 설문조사를 진행하여 총 306명의 참여자의 응답을 수집하였다. 조사결과 응답자의 57%가 에어컨 문제의 심각성을 인식하고 있었으며, 문제인식의 비중이 프레온 가스와 같은 환경적 요인보다 전기세와 같은 경제적 요인에서 더 높음을 확인할 수 있었다. 또한 효율적인 에어컨 사용을 가능케 하는 어플리케이션을 개발한다면 이를 이용할 용의가 있는지의 여부를 묻는 항목에서는 96%의 응답자가 긍정적인 반응을 보였다.

설문결과를 바탕으로 어플리케이션의 실용성을 확인한 뒤, 기술적인 측면에서 어플리케이션을 발전시키기 위해 공학 전문가, 에어컨 제조업체 관계자와의 인터뷰를 통해 어플리케이션 제작 가능성과 개선 방향에 관한 피드백을 얻고자 하였다. 이와 관련해, 인터넷 상에서 제공되고 있는 온도 확인 서비스나 스마트폰과의 자동 연계 등을 통해 기술적인 부분에서의 구현이 어렵지 않다는 점, 사용자들의 인터뷰를 배경으로 어플리케이션의 필요성을 인정하면서도 정작 사용자들의 편리성을 담보하지 못했을 때의 효과가 미미할 수 있음을 고민해야 한다는 전문가들의 조언을 얻을 수 있었다.

어플리케이션의 실현가능성을 전문가들과의 피드백을 통해 확인한 후, 에어컨 사용 팀은 어플리케이션에 대한 사용자들의 접근성과 편리성을 확보하기 위해 추가적인 설문조사를 진행하였다. 2차 설문조사에서는 주로 어플리케이션의 디자인적 차원에서 어떤 화면 구성과 배열이 사용자들로 하여금 사용을 유도하고 용이하게 하는지를 알아내기 위한 질문들을 제시하였다. 나아가 사용자들에게 에어컨 사용과 관련된 알람을 제공하는 것 또한 시간적 간

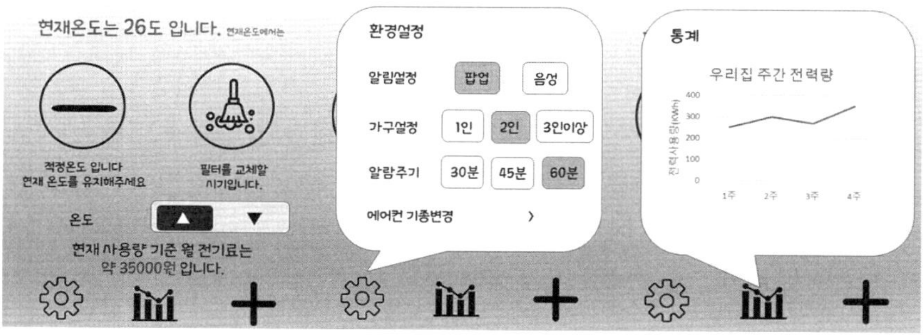

|그림 1-2| 설문조사를 토대로 만든 앱의 화면 구성

격을 어느 정도로 두어야 하는지를 질문함으로써 사용자들의 편리와 수요에 맞는 옵션을 선결적으로 고려하여 반영하였다.

4. 리빙랩 사례들의 종합적 분석

위에서 언급된 세 개의 사례들은 모두 리빙랩의 특징인 다양한 이해관계자의 참여를 기반으로 실험을 설계하고 진행했다는 차원에서 그 유의미한 과정을 확인할 수 있었다. 구체적으로 문제인식, 이해관계자, 문제해결 아이디어 생산의 주체와 방식, 예상되는 장애물과 그것의 해결방향, 프로토타입 모델, 프로토타입의 실현 가능성을 기준으로 세 팀의 리빙랩을 살펴보면 다음과 같다.

<표 1-3> 리빙랩 실행팀 분석표

	미세먼지 팀	흡연구역 팀	에어컨 전기 팀
문제인식	미세먼지와 실내먼지의 심각성	담배꽁초로 인한 쓰레기 문제	폭염 증가와 에어컨 전력 사용량의 증가
이해관계자	강의실 사용자(교수/대학(원)생/학교관계자(시설처, 청소관련)	신촌유동인구(흡연자/비흡연자)/상점점주/서대문구청(청소관련)	에어컨 사용자/제조기업/정부
문제해결 아이디어	환기/입실 전 옷 털기/건식-습식 청소방식/에어컨 공기청정기능	무단투기 꽁초 절감을 목표로 흡연구역 설정	전력 낭비를 줄이는 정보 전달방식 개발
예상되는 난관	문제해결로 제시된 방안들이 사용자들에 의해 실행되지 않음	흡연구역 이용률 저조, 상인들의 반발	리빙랩 운영 시기(여름이 아닌 겨울)
프로토타입	입실 전 옷 털기 방식과 미세먼지 설명 배너	재떨이를 갖춘 꽁초 수거 방식	어플리케이션 '에코니'
프로토타입 실현가능성	가능성 낮음(유효성이 떨어진다는 참여자들의 판단/타인의 시선의식)	가능성 높음(시선을 의식할 필요를 없게 함/꽁초에 버리기를 선호)	가능성 높음(사용자들의 활용 의지가 매우 높음)

미세먼지 팀의 경우 리빙랩 설계에 있어 미세먼지가 갖는 특성을 반영하여 실내 미세먼지로 그 대상을 한정하였다. 그리고 캠퍼스 내 강의실을 주로 사용하는 학생들의 관점에서 실내 미세먼지 문제점을 상기시킨 뒤 그것을 해결하는 방안을 제시, 사용자들이 그 방안을 어떻게 수용하는지를 관찰하였다. 그 과정에서 인터뷰를 통해 사용자의 행위에 대한 이유를 확보하고 그것을 또 다른 이해당사자인 학교측에도 문의가 이뤄지는 방식을 택해 이후 실내 미세먼지 저감을 시도하는 과정에서 고려되어야할 사용자 특성에 맞춘 방식들을 제시하였다.

흡연구역 팀의 경우 먼저 신촌이라는 지역 특성을 고려해 흡연자들이 선호하는 구역과 비흡연자들이 선호하는 구역을 나누어 조사한 뒤, 또 다른 주요 이해당사자인 상인들과의 인터뷰를 통해 흡연구역 위치 선정의 효과를 가능한 다양한 집단의 의견을 반영함으로써 높일 수 있었다. 프로토타입으로 제시된 재떨이의 설치는 모든 이해관계자들로부터 유효한 결과값을 도출해낼 수 있었으며, 이는 이후에 관계부처의 직원들을 통해서도 그 필요성을 재확인하고 실질적이고 제도적인 차원에서의 부처 내 논의를 확인 받을 수 있었다.

에어컨 사용 팀의 경우 전국 단위의 사용자들을 대상으로 하는 만큼 개방된 접근성을 갖기 위해 어플리케이션이라는 프로토타입을 설정하였으며, 어플리케이션의 특성상 발생할 수 밖에 없는 기술적인 문제들을 자문하는 과정에서 해당 분야의 전문가들로부터 지속적인 피드백을 수렴하여 실험을 설계할 수 있었다. 나아가 사용자들을 중심으로 어플리케이션이 선호되는 구성과 배열 자체를 확인하게 함으로써 자문 과정에서 문제점으로 지적된 편리성의 문제를 해결하는 데 초점을 맞출 수 있었다.

위의 세 사례들을 포함해 환경에너지 리빙랩 교과에 참여한 학생 팀들은 목표설정 과정에서 문제의식을 기반으로 리빙랩을 진행하였다. 그 과정에서 사안에 관련된 이해관계자들의 의견을 수렴하고 그들의 요구를 반영하는 방식을 택했으며, 실험 설계자가 초기에 예상하고 계획했던 것들도 행위자들의 참여과정에서 효율성을 드러내지 못했을 때는 교체하거나 수정하는 방식으로 리빙랩의 성격을 살리는 데 중점을 두었다.

V. 결론

정치학과와 정치학 교육의 위기에 대한 우려가 존재한다. 학령 인구가 지속적으로 줄면서, 대학 신입생 자체가 줄고 있다. 이와 함께 국경을 넘나드는 양질의 정치학 온라인 무크(MOOC) 강의도 증가하는 추세이다. 4차 산업 혁명과 교육에 대한 논의와 더불어, 고등 교육 인재들의 문제해결 능력을 강조하고 있다. 정치학 교육도 지식 전달 위주에서 현장 중심의 문제해결 능력 증진 교육 방법(Pedagogies)을 고려하고 실행해 봐야 할 때이다.

리빙랩을 활용한 정치학 교육은 학생들에게 문제 해결 능력을 향상시킬 수 있는 효과적인 방안이다. 문제 해결 능력은 문제에 대한 정의, 문제와 관련된 사람과 조직에 대한 이해를 바탕으로 사용자와 함께 문제를 모색해 나가는 경험을 통해서 키워질 수 있다. 앞선 사례 분석에서 볼 수 있듯이, 학생들은 미세먼지, 에어컨 사용, 흡연 구역 설치라는 작지만 일상에서 부딪치는 문제에 대해 사용자들과 함께 고민하고, 실험을 통해 어떤 문제 해결 방안이 상정한 문제 해결에 효과적인지를 밝혀내고 있다. 문제 해결 과정에서 만난 구청, 기업, 시민과 같은 사용자들은 수업 이후에도 실질적인 문제해결을 위해 함께 노력할 수 있다.

리빙랩을 활용한 정치 교육에 한계가 없는 것은 아니다. 우선, 리빙랩은 사용자들이 실험 과정과 문제 해결 방안 제시에 참여하기 때문에, 수업에서는 큰 규모로 진행하기 쉽지 않다. 그 결과 접근 가능하고 미시적인 문제와 범위를 설정하는 경우가 많다. 지역적 특성이 강하고 미시적인 문제에 대한 해결책을 일반화하는 것은 리빙랩 교육 방식의 숙제이다. 비슷한 유형의 리빙랩을 다른 지역이나 컨텍스트(Context)에서 여러 번 시행하는 방안을 통해 일반화를 시도할 수 있다. 두 번째, 리빙랩을 활용할 때, 사용자들이 문제 인식과 문제 해결 방안에 대한 공감과 합의가 이루어 지지 않으면 접점을 찾기 힘들 수 있다(손효동&이태동, 2016.). 사용자들이 모두 동의할 것이라는 가정은 현실적이지 않다. 리빙랩 실행 시 목적과 방안에 대한 합의, 갈등 관리에 대한 고려가 필요하다. 세 번째, 리빙랩으로 찾은 프로토타입을 구체화하고 실현하는 단계가 필요하다. 시제품이나 가안의 제안만으로는 실질적으로 문제가 해결되기는 쉽지 않다. 학교와 기업, 지방자치단체에서 학생들 주도의 비교과 프로그램 혹은 아이디어 실행팀을 운영하고 학생들이 참여하면, 수업의 연장선 상에서 프로토타입을 실제화 할 수 있는 기회가 늘어날 수 있다.

참고문헌

김연정, 2017. "PBL 교수법에 기반한 대학창업 교육 학습사례 연구." 『한국창업학회지』 12집 3호, 285~309.

김의영, 2018. "지역 기반 시민정치 교육의 내부적 긴장성 문제: 서울대학교 정치외교학부 수업 사례의 분석과 시사점."『한국정치연구』 27권 3호, 79~108.

박봉원, 유영심. 2016. "리빙랩과 지역사회 개선." 강원발전연구원정책메모제 547호.

성지은, 송위진, 정병걸, 최창범, 윤찬영, 정서화, 한규영. 2017. "국내리빙랩 현황 분석과 발전 방안 연구." 『정책연구』 2017-09, 1~194.

성지은, 한규영, 정서화. 2016. "지역문제 해결을 위한 국내 리빙랩 사례 분석."『과학기술학연구』 16권 2호, 65~98.

성지은, 박인용, 2016. "시스템 전환 실험의 장으로서 리빙랩: 사례 분석과 시사점."『기술혁신학회지』 19권 1호, 1~28.

손효동, 이태동, 2016. "거버넌스 다중이해당사자의 목적 합치성과 참여: 도시 에너지 전환 '에누리' 사례를 중심으로."『공간과 사회』 58권 0호, 159~189.

송창근, 2016. "미세먼지 현황 및 대책." 『한국방재학회지』 16(2): 44~49.

양민석, 2014. "독일 여성의 정치적 대표성과 여성정치교육: 멘토링 프로그램을 중심으로." 『인문연구』 71권 0호, 407~436.

윤성이, 2018. 『한국정치』. 파주: 법문사.

이태동, 2016. "지역기반 시민정치교육의 지향, 방법론, 활성과 구조에 대한 연구: '마을학개론' 사례를 중심으로." 『한국정치연구』 25권 2호, 119~143.

이태동, 김한샘, 고인환, 2018. "동네 민주주의 개념과 적용 연구." 『한국정치연구』 27권 2호, 143~171.

조연순, 2006. 『문제중심학습의 이론과 실제 : 문제로 시작하는 수업』. 서울: 학지사.

Barrows, H. S. and Abrahamson, S. 1964. The Programmed Patient: A Technique for Appraising Student Performance in Clinical Neurology. 『Journal of Medical Education』 Volume 39 Issue 8, 802~805.

CoreLabs, 2007. Living Labs Roadmap 2007~2010: Recommendations on Networked Systems for Open User-Driven Research, Development and Innovation.

Dell'Era, Claudio. and Landoni, Paolo. 2014. "Living Lab: A Methodology between User-Centred Design and Participatory Design." 『Creativity and Innovation Management』 Volume 23 Issue 2, 137~154.

ENoLL(European Network of Living Lab). 2016. Introducing ENoLL and its Living Lab community. https://issuu. com/enoll/docs/enoll~print.

ENoLL. What are Living Labs. https://enoll. org/about~us/(검색일:2018. 11. 23.).

Lee, Taedong. , An, Jungbae. , Sohn, Hyodong. and Yoo, In Tae. 2018. "An Experiment of Community-Based Learning Effects on Civic Participation." 『Journal of Political Science Education』.

Ståhlbröst, A. 2008. Forming Future IT. Ph. D. Diss. , Luleå University of Technology.

Tang, T. , and Hamalainen, M. 2012. Living lab methods and tools for fostering everyday life innovation. 2012 18th International ICE Conference on Engineering, Technology and Innovation. Munich. Germany. June.

Thomson, Ann Marie. , Smith-Tolken, Antoinette R. , Naidoo, Anthony V. and Bringle, Robert G. 2011. "Service Learning and Community Engagement:A Comparison of Three National Contexts." 『Voluntas』 Volume 22Issue 2, 214~237.

02. 사람과 제도를 변화시키는
미세먼지 문제 해결 리빙랩

| 유승용, 이수빈, 전윤, 조선빈 |

I. 서론: 미세먼지 문제 설정과 리빙랩 설계

계절을 가리지 않는 미세먼지 문제가 환경문제를 넘어 국내외적인 정치 문제로 발전했다. 국립환경과학원은 한반도의 대기가 2018년 11월 5일부터 8일까지 수도권과 충청·호남권을 중심으로 미세먼지 나쁨 수준을 보일 것으로 예측했다(조선일보, 2018.11.06. a16). 가을철 미세먼지 농도가 짙어지는 이유는 한국의 정체된 대기에서 배출된 미세먼지와 북서풍을 타고 날아오는 중국과 몽골 지역의 월경성 미세먼지가 합쳐졌기 때문이다. 반면 10월 중후반의 경우 한국의 미세먼지가 농도가 낮았다. 특히 제트기류가 강했던 10월 31일에는 미세먼지가 하루 평균 21(pm10), 12(pm2.5)로 11월 6일 기준 96(pm10), 67(pm2.5)에 비해 낮았다.[1] 그 이유는 기후변화로 인해 제트기류가 한반도로 남하하면서 중국과 몽골의 월경성 미세먼지 이동을 차단했기 때문이다. 한국의 겨울철 날씨는 지구온난화로 인해 기압 패턴이 바뀐 제트기류가 남하할 땐 강력한 한파가 닥

1 에어 코리아의 실시간 자료조회 탭에서 미세먼지 농도를 검색하였다. 아래 링크에서 확인이 가능하다.(https://www.airkorea.or.kr/realSearch)(검색일: 2018.11.07.)

쳐오고, 제트기류가 상승할 땐 미세먼지 농도가 높아지는 이중고가 될 것으로 예상된다.

환경의 영역인 미세먼지 문제가 국내외 정치 이슈로 발전하면서 정부의 무능한 대처와 중국의 책임에 대한 비판 여론이 커지고 있다. 국내에서 발생하는 미세먼지에 대한 정부의 저감 정책은 화력발전소의 일시적 가동중단, 차량2부제 실시, 노후경유차량 단속이 대표적이다. 그러나 정부의 정책은 미세먼지 문제를 근본적으로 해결할 수 없다는 점에서 미세먼지로 인해 공기질이 안 좋을 때마다 연일 여론의 질타를 받고 있다. 국외적으로 중국은 최근에 경제 성장에 방해가 된다는 이유로 미세먼지 문제를 적극적으로 대처하지 않고 있다. 오히려 중국 당국은 먼지를 발생시키는 공장들을 산둥반도를 비롯한 동북부 해안으로 이동시키면서 주변국에 대기오염 피해를 전가하고 있다. 한국 국민들은 해마다 반복되는 중국발 월경성 미세먼지에 대해서 주변국에 피해를 주는 중국과 정부의 실효성 없는 정책과 외교적 무능을 강력하게 비난하고 있다. 근본적 해결이 어려운 미세먼지 환경문제가 시민들의 건강 위협은 물론 국내외적인 정치 이슈로 비화되면서 정부에 큰 정치적 부담으로 작용하고 있는 것이다.

본 보고서는 미세먼지 저감을 위한 국내외적인 노력이 부족한 상황에서 사용자 중심의 미세먼지 리빙랩 운영 사례를 제시한다.(성지은, 송위진, 박인용, 2013.). 본 보고서의 주제는 연세대학교 신촌캠퍼스 건물의 실내 공기질의 제고이며 적용범위(Scope)는 연세대학교 신촌 캠퍼스 내 건물의 실내 공기질로 설정하였다. 본 보고서의 주제가 실외가 아닌 실내 미세먼지에 집중한 것은 직업과 학업을 위해 장시간 캠퍼스에서 생활하는 이해당사자(Stake holder), 즉 대학(원)생, 교수, 교직원의 건강과 직결된 다수의 약자 문제이기 때문이다(이태동, 2017.). 실내 미세먼지의 위험성에 대한 연구결과는 아래와 같이 이미 입증되었다. 2000년 9월호 관보에 게재된 세계보건기구(WHO) 보고서에 따르면 공기오염에 의한 사망자 수가 최대 600만 명에 이르고 특히 실내 공기오염에 의한 사망자는 280만 명이라고 제시했다. 동 보고서는 실내 공기질에 주목하여 실외보다 실내에서 방출된 대기오염물질이 사람의 폐에 전달될 확률이 1,000배 높다며, 실내 공기오염을 20%만 줄여도 급성 기관지 질환 사망률을 최소한 4~8% 줄일 수 있다고 강조했다(조현수, 2004.).

본 보고서는 실외 미세먼지를 근본적으로 해결해야 하는 정부 정책의 한계점을 고려하여, 생활공간인 캠퍼스 내 건물의 실내 공기질을 제고할 때 미세먼지 문제를 실질적으로 해결할 수 있다는 점을 제안한다(박효진 외, 2018.). 캠퍼스 내 건물의 공기질 문제는 이해당사자들의 삶의 질과 건강이 직결되기 때문에 반드시 해결해야 한다는 점에서도 당위성을 갖는다. 따라서 우리 팀은 연세대학교 신촌캠퍼스 건물 내 실내 공기질 실험을 통해 이해당사자들에게 경각심을 일으키는 동시에 미세먼지 해결을 위한 사람들의 행태와 학내 제도의 개선 및 변화를 이끌어내는 리빙랩을 설계했다. 리빙랩 설계는 연세대학교의 실질적 주인인 대학생, 교수, 교직원이 미세먼지 문제에 공동으로 대처할 수 있는 해결방안을 설계한다는 점에서 국제레짐이나 정부의 정책적 한계를 동네민주주의로 해결할 가능성을 볼 수 있다는 점에서 큰 의의가 있다(이태동, 2018.). 따라서 본 우리 팀은 객관적이고 명확한 미세먼지 리빙랩과 실험 결과를 연세대학교에 프로포절(Proposal) 형식으로 제안함으로써 이해당사자들의 삶의 질을 개선하고 세계적인 대학인 연세대학교의 경쟁력을 보다 더 제고할 수 있는 계기가 되길 희망한다.

II. 실험 설계

1. 문제해결 아이디어: 컨셉 디자인

미세먼지는 실내에 이미 침투한 경우 그 특성상 제거하기가 까다롭다. 실내 공기질을 제고하는 가장 기본적인 방법인 환기는 실외 미세먼지 농도가 높은 경우에는 역효과를 발생시킨다. 환기를 대체하는 방안으로는 공기 청정기, 건물 공조 시설 내 필터, 출입문 에어샤워 시설 설치가 매우 효과적이다. 그러나 이러한 공기청정 시설을 캠퍼스 내 모든 건물에 설치하는 것은 막대한 시간과 비용이 요구된다는 점에서 크게 제한된다. 따라서 본 보고서는 공기청정 시설 설비 확충보다 이해 당사자들의 행동 변화와 기존 설비를 활용한 해결 방법에 주목하였다. 실내 미세먼지를 효과적으로 저감할 수 있는 4가지 방법을 다음과 같이 검토하였다. 우리 미세먼지팀은 아래 4가지 방법을 상황에 따라 적절히 활용할 경우 실내 미세먼지 저감 효과를 창출 할 수 있다는 가설 아래 관련 실험을 진행하였다.

1) 환기

환기는 가장 기본적인 실내 미세먼지 저감 방법이다. 그러나 실외 미세먼지 농도가 높은 날에는 환기 방법은 크게 제한된다. 미세먼지의 발생원이 없는 실내공간에서 미세먼지 농도는 외부 미세먼지 농도에 영향을 받을 수 밖에 없기 때문이다(백지민, 2015.). 실외 미세먼지 농도가 낮다면 환기를 실시하는 것이 당연하지만, 반대로 실외 미세먼지 농도가 높을 경우 환기 여부를 판단하기가 어렵다. 또한 실내 미세먼지는 실외 축적되는 경향이 있기 때문에 일정 수준 이상 축적될 경우 실외 미세먼지 보다 해로울 수 있다. 즉 환기는 실외 미세먼지 수준에 따라 조건부적 환기가 필요하다.

2) 입실 전 옷 털기

실내에 유입되는 미세먼지 유형은 외부로부터 직접적으로 유입되거나 건물 내부로 이동하는 개인의 옷에 흡착된 경우로 구분된다. 후자의 경우는 미세먼지가 옷 섬유의 미세한 틈을 파고 들어가 흡착되기 때문이다. 따라서 입실 전 옷을 털어 흡착된 미세먼지를 최소화할 때 실내 공기질을 개선할 수 있다(김오희, 2017.).[2]

3) 청소방식(건식-습식 비교)

실내 미세먼지 농도는 청소 방식에 의해서도 영향을 받는다. 실외로부터 새로운 미세먼지가 유입되지 않더라도, 실내에는 중력에 의해 가라앉은 미세먼지도 존재한다. 이러한 상황에서 진공청소기, 빗자루 등의 건식 청소 방식은 가라앉아 있던 미세먼지를 비산시키기 때문에 오히려 미세먼지 농도를 높인다. 반면 습식(물걸레) 청소 방식은 바닥의 미세먼지를 비산시키는 정도가 건식 청소보다 적으며, 수분이 미세먼지를 응집한다.[3] 애경 관계자는 "진공청소기가 공기를 빨아들이면서 배출하는 바람 때문에 바닥에 가라 앉은 먼지가 사방으로 흩어진다"며 먼지가 쌓이기 쉬운 부분들은 물걸레로 청소하는 것이 좋다고 조언했다(박민식, 2018.).

4) 공기청정 기능이 있는 에어컨의 가동

건물 내부에 설치된 에어컨은 기본적으로 필터를 가지고 있다. 에어컨의

2 김오희(2017)에 따르면 입실 전 옷을 터는 방법은 30%의 미세먼지를 제거할 수 있다고 판명되었다. 또한 고무장갑이나 옷 먼지제거 테이프를 이용한 방법도 먼지 제거에 효과적이다.

3 과학적으로 물은 분자들 간의 수소결합 특징상 응집력과 흡착력이 매우 강하기 때문에 바닥 주변에 떠다니는 미세먼지들을 효과적으로 흡착 및 제거할 수 있다.

필터 성능은 제조사에 따라 효과가 다르지만 흡입한 공기를 걸러 내보내는 에어컨의 기본 원리는 실내 미세먼지 저감에 도움이 될 수 있다. 특히 시중에 판매되는 필터식 공기청정기와 크게 다르지 않는 공기청정 에어컨의 활용은 실내 미세먼지 제거에 효과적이다. 그러나 이 방법의 핵심 문제는 경제적 비용과 단시간 내 모든 건물에 공기청정 에어컨과 관련 설비를 설치할 수 없다는 점에서 근본적 한계가 존재한다. 또한 건물의 물리적 특징으로 인해 공기청정 기능이 장착된 에어컨을 설치할 수 없는 구조적 문제도 포함될 수 있다.

2. 실험 및 검증

1) 실험 설계: 컨셉 디자인 계획

실험 설계는 4가지 변인을 독립변수로, 미세먼지 저감을 종속변수로 설정했다. 각 실험들은 독립 변수의 효과를 측정할 수 있도록 설계되었고 그 외의

<표 2-1> 실내 미세먼지 측정을 위한 7가지 실험 방법

번호	독립 변수	실험 방법	인용비고
1	환기	환기 실시 후 시간에 따른 미세먼지 변화 측정	[실험1]
2	입실 전 옷 털기	입실 전 옷을 털지 않은 후 미세먼지 변화 측정	[실험2]와 [실험3] 결과 비교
3		입실 전 옷을 터 후 미세먼지 변화 측정	
4	청소 방식	건식 청소(빗자루) 후 미세먼지 변화 측정	[실험4]와 [실험5] 결과 비교
5		습식 청소(물걸레) 후 미세먼지 변화 측정	
6	에어컨 가동	에어컨(공기청정 기능 無) 가동 후 미세먼지 변화 측정	[실험6]와 [실험7] 결과 비교
7		에어컨(공기청정 기능 有) 가동 후 미세먼지 변화 측정	

변인들을 통제한 상황에서 실시하였다.

[실험1]은 실외 미세먼지 농도가 높을 때 환기의 영향 유무를 측정하는 것으로, 실외 공기질이 '나쁨' 이상일 경우 실험을 실시했다. 측정 기기 특성상 측정 시간 중 초기 5분간은 독립변수(환기)를 처치하지 않은 초기 값을 측정하였으며 이후 독립 변수가 미치는 영향을 측정하였다. [실험2]와 [실험3], [실험4]와 [실험5]는 각각의 독립변수(입실 전 옷 털기, 청소 방식)에 대한 서로 다른 방식의 효과를 측정하는 실험이다. 따라서 각 독립변수에 대한 두 실험을 양자 비교하여 그 효과를 측정하였다. [실험6]과 [실험7]은 에어컨의 기본적인 미세먼지 저감 효과를 검증하면서, 동시에 공기청정 기능의 추가적인 효과를 검증하는 것을 목표로 실험을 진행하였다.

2) 측정 도구

각 실험의 목표는 구체적인 미세먼지 농도 변화 파악이며 이를 시간의 변화에 따라 측정했다. 측정에 사용된 기체는 tsi 사의 optical particle sizer 3330으로, 광산란법(120° light scatter and filter sampling)을 활용하여 0.3~10μm 크기의 미세먼지를 측정했다.

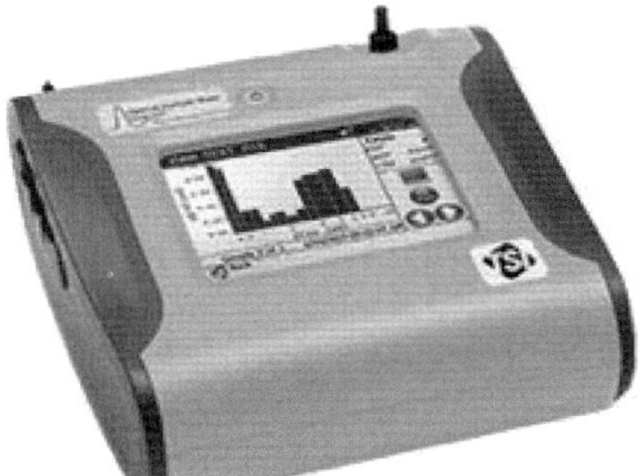

|그림 2-1| tsi incorporated optical particle sizer 3330[4]

4 이미지는 출처: TSI 홈페이지(http://www.tsi.com/optical-particle-sizer-3330/)

3. 실험 결과[5]

각 실험의 데이터는 미세먼지(02.5~10μm), 초미세먼지(1.0~2.5μm), 극초미세먼지의 3가지 범주로 구분되어 측정되었다. 데이터의 통계적 유의미성 검증을 위해 각 실험마다 선형 회귀분석을 통해 추세선을 산출하였다[6]. 추세선에서 기울기(x의 계수)는 독립변수 한 단위가 변화할 때 종속변수의 기대 변화량을 의미한다. 예를 들어 기울기가 0.5라면, 독립변수(변수가 처치된 시간)가 2증가할 때마다 종속변수(미세먼지 농도)가 1증가할 것이라 예측할 수 있다. 즉, 종속변수가 증가세 혹은 감소세에 있는지 파악할 수 있는 것이다. 이를 바탕으로 분석해본 각 실험의 결과는 다음과 같다.

1) 환기-[실험1][7]

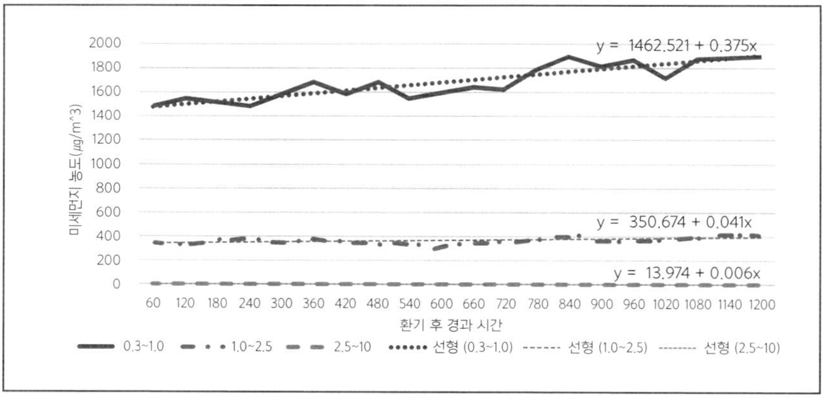

|그림 2-2| [실험1]의 분석 결과

---

5 전체 실험의 생자료들과 통계값에 대한 p-value를 부록으로 별첨하였다.

6 각 변인들이 처치된 후 경과한 시간을 독립변수로, 미세먼지 농도를 종속 변수로 설정하여 두 변수 간 상관관계를 알아보고자 하였다. 사용된 프로그램은 'IBM SPSS Statistics 25'이다.

7 실험 장소는 출입구 1개, 창문 2개가 있는 32.40㎡ 크기의 공간이다. 당시 실외 미세먼지 농도는 미세먼지 65μm, 초미세먼지는 41μm였다. 에어코리아 기상자료 참고. https://www.airkorea.or.kr/realSearch(검색일: 2018.11.19.)

[실험1]의 관측 값을 분석했을 때, 환기에 의한 실내 미세먼지 저감 효과는 유의미하지 않았으며 오히려 증가하는 추세를 보였다. 추세선의 기울기는 [극초미세먼지 0.375(p<.001), 초미세먼지 0.041(p<.05), 미세먼지 -0.006(p<.05)]로 나타났다. 모두 통계적으로 유의미한 값을 나타냈으며, 실외 공기질이 높은 경우 환기가 오히려 악영향을 줄 수 있다는 것이 확인되었다. 특히, 당일 실외 미세먼지 농도가 WHO 기준 '나쁨' 수준에 머물렀으며 공기질이 더 심각한 날들이 자주 발생했다는 점을 상기할 필요가 있다. 따라서 무조건적인 환기는 자제할 필요가 있다. 물론 [실험1]이 다양한 변수(공간의 크기, 유동 인구의 이동, 다양한 실외 미세먼지 농도 수준 등)을 엄밀하게 고려한 실험이 아니기 때문에 본 실험은 한계를 갖는다. 그러나 [실험1]은 환기에 맹신을 갖거나 실내 미세먼지에 영향에 대해 무감각한 이해관계자들에게 위험성을 각인시킬 수 있는 객관적 데이터라는 점에서 실험적 유효성을 확보할 수 있다.

2) 입실 전 옷 털기 행위의 효과 비교–[실험2]&[실험3][8]

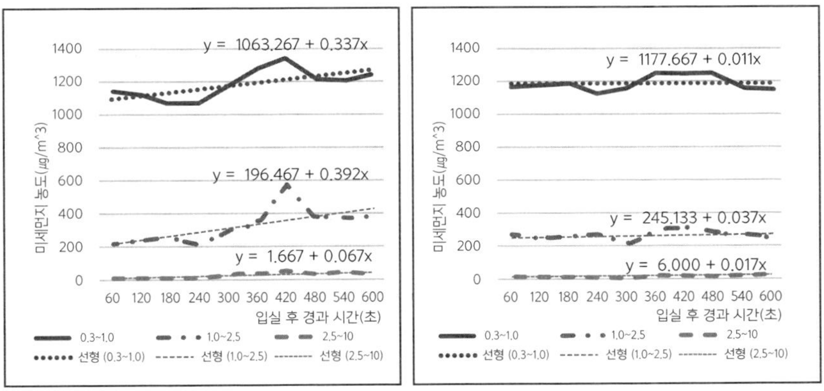

|그림 2-3| [실험2](좌)와 [실험3](우)의 분석 결과

8 [실험2]와 [실험3] 모두 32.40㎡ 크기의 공간에서 모든 창문과 출입문을 봉쇄한 상태에서 실시. 실험 참여 인원은 4명.

[실험2]의 결과 분석해보면 [극초미세먼지 0.337(p<.05), 초미세먼지 0.392(p<.05), 미세먼지 0.067(p<.01)] 모두 추세선의 기울기가 통계적으로 유의미하다. 이는 입실 전 옷을 털지 않는 행위가 실내 미세먼지 증가에 유의미한 영향을 주고 있음을 보여준다. 반면, [실험3]은 세 가지 범주 모두에서 p-value가 0.05보다 크게 나와 통계적으로 유의미하지 않았다. 이는 입실 전 옷을 터는 행위가 실내 미세먼지 농도를 감소시킬 수 없고, 증가하는 것을 '방지'하는 행위이기 때문에 나타난 것이라고 분석된다. 그러나 [실험2]의 결과와 연관시켜 볼 때, 입실 전 옷 털기가 미세먼지 증가와 통계적으로 유의미한 관계가 없다는 것은 그 자체가 옷을 터는 행위의 효과를 입증해주는 것이라 할 수 있다. 결과적으로 위 실험은 의류에 흡착되어 유동 인구와 함께 실내로 유입되는 실외 미세먼지가 실내 미세먼지 농도를 높인다는 것을 확인함과 동시에, 입실 전 옷을 터는 행위가 실내 미세먼지 저감에 도움을 줄 수 있다는 것을 알 수 있다.

3) 청소방식(건식-습식 비교)-[실험4]&[실험5]

[실험4]에서는 빗자루를 통한 청소(건식)가 실내 미세먼지를 극단적으로 높여 줄 수 있음이 나타났다. 추세선의 기울기가 [극초미세먼지 8.106(p<.001), 초

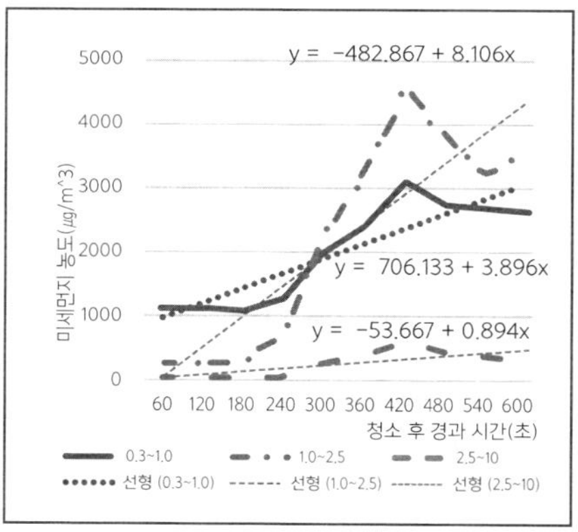

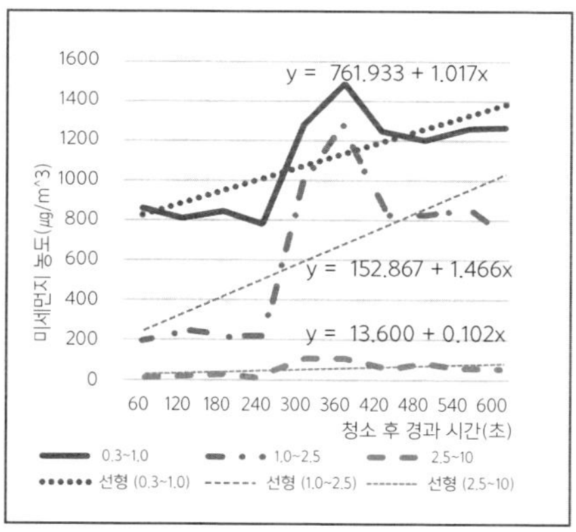

|그림 2-4| [실험4](좌)와 [실험5](우)의 분석 결과

미세먼지 3.896(p<.001), 미세먼지 0.894(p<.01)]로 매우 큰 값을 보였으며 모두 통계적으로 유의미했다. [실험5]에서 물걸레를 통한 청소(습식)에서도 추세선의 기울기가 다른 실험과 비교했을 때 상대적으로 큰 값을 나타냈지만 [극초미세먼지 1.017(p<.05)]만이 통계적으로 유의미하게 나타났다. [실험5]의 다른 범주들에서 통계적으로 유의미하지 못한 결과가 나온 원인은 물의 화학적 특성(수소결합)으로 인한 것으로 보인다. 습식 청소 실시 직후에는 물이 미세먼지를 흡착시켜 비산시키는 실내 미세먼지가 적지만, 시간이 지나면서 걸레가 건조해짐에 따라 효과가 반감되기 때문이다. 즉 건조 효과의 영향으로 그래프(우)와 같이 미세먼지가 갑자기 치솟기 시작하는 형태의 그래프가 그려지고 통계적으로 유의미하지 않은 결과가 도출된 것으로 추정된다.

두 실험 모두에서 통계적으로 유의미한 극초미세먼지 범주만을 비교했을 때 두 청소방식 모두 실내 미세먼지를 증가시키지만 건식 청소가 습식 청소보다 더 큰 증가량을 보였다. 따라서 적어도 극초미세먼지 범주에서는 청소방식의 변화가 실내 미세먼지 저감에 효과가 있으며 다른 범주에서도 비슷한 결과값을 나타내 개연성이 존재한다고 판단할 수 있다.

4) 에어컨 가동-[실험6]&[실험7]

[실험6]에서 관찰한 에어컨에는 공기청정 기능이 없었지만 [실험7]에서 관찰한 에어컨에는 공기청정 기능이 존재했다. [실험6]에서는 추세선의 기울기가 [초미세먼지 -0.001(p<.01)]에서만 통계적으로 유의미하게 나타났지만 그 절대값은 크지 않았다. 따라서 공기 청정기능이 없는 에어컨의 경우 미세먼지 저감 효과가 존재한다고 판단하기 어려운 수치이다. 그러나 [실험7]의 경우 [극초미세먼지 -0.90(p<.0010), 초미세먼지 -0.039(p<.001), 미세먼지 -0.002(p<.001)] 모든 범주에서 통계적으로 유의미한 미세먼지 저감 효과가 나타났다. 즉, 에어컨 설비의 공기청정 기능의 유무와 활용이 실내 미세먼지 저감에 긍

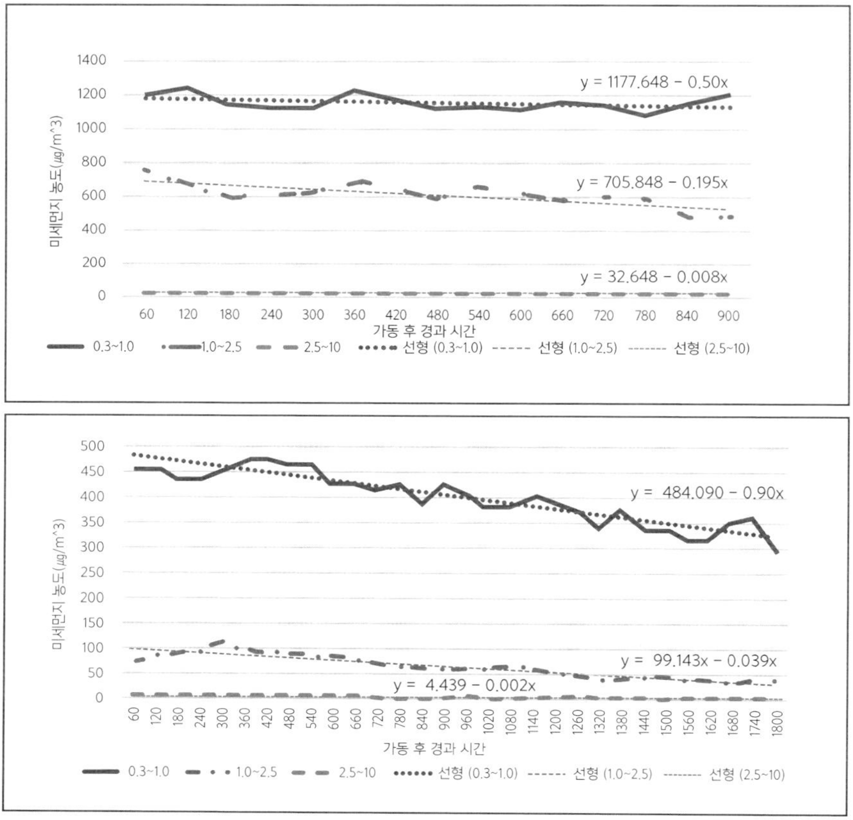

|그림 2-5| [실험6](위)와 [실험7](아래)의 분석 결과

정적 영향을 미칠 수 있음을 알 수 있다.

4. 평가

앞서 실험 데이터 분석을 통해 제시된 문제 해결 아이디어들이 실제로 실내 미세먼지 저감에 효과가 있는지 검증하였다. 실험 결과에 따르면 입실 전 옷을 터는 행위와 습식 청소, 에어컨(공기청정 기능)의 방법 활용이 정량적으로 유의미함을 확인했다. 특히 보편적 방법이었던 환기 방법은 실외 미세먼지 농도 높은 상황에선 오히려 역효과를 산출한다는 것을 입증하였다. 제시된 문제해결 방법들은 자본을 투입하여 설비를 개선하는 것에 비하면 한계가 뚜렷하지만 이해관계자들의 행동 변화가 가능하다면 별도의 예산 투입 없이 효과를 가져올 수 있다. 단기적으로 이해당사자들이 해당 방법들을 실천하면서 장기적으로 설비 투자가 이뤄진다면 미세먼지 환경문제에 효과적으로 대응할 수 있다고 평가할 수 있다.

5. 프로토타입 제시

우리 미세먼지팀은 위와 같은 문제 해결 아이디어의 효과성을 검증함에 따라 이해관계자들의 행동을 실질적으로 변화시킬 수 있는 프로토타입에 대한 연구를 진행했다. 우선 이해당사자들의 실내 공기질을 악화시키는 실내 미세먼지의 심각성 인식 수준 제고와 문제 해결 방법에 대한 인지가 필요하다. 즉 실내 미세먼지 관련된 자료를 이해관계자들에게 효과적으로 정보를 전달하기 위해서 앞서 실험에서 검증한 내용들을 압축적으로 담고있는 매뉴얼을 제작하였다.[9] '실내 미세먼지 저감 매뉴얼'은 아래와 같으며 가독성을 확보하기 위해 한 면으로 분량을 제한하였다. 매뉴얼 전달을 위해 온라인에서의 이해당사자들의 소셜미디어, 학내 온라인 커뮤니티에 배포하기 위해서 이미지 파일 형태(jpg 혹은 png)로 제작하여 배포할 예정이다. 오프라인에서의 매뉴얼 정보 전달은 유관기관 및 단과대학 등과 협의하여 학내 주요 공간에 배치할 예정이다.[10]

9 본문 아래 |그림 2-9| 배너 시안을 참고하면 된다.

10 본 보고서는 오프라인 실험 전 문과대 사무실과 협의 하에 |그림 2-8|같이 배너를 설치하였다.

III. 문제 해결

1. 어떤 문제해결 아이디어를 제시하는가?

앞선 실험은 연세대학교 신촌캠퍼스 내 실내 공간의 미세먼지 농도를 측정하여 유효한 실험 결과를 측정하였다. 또한 이해당사자들이 일상생활에서 실천 가능한 실내 미세먼지 저감 방법을 도출했다는 점에서 의의가 있다. 그러나 유의미한 실험 결과 도출에서 멈춘다면 기존의 실험결과만을 보고한 자연과학 실험의 한계성을 답습하는 행위가 될 것이다. 따라서 우리 미세먼지팀은 연세대학교에서 생활하고 있는 이해당사자들의 실내 미세먼지 위험성에 대한 경각심 제고와 실질적 참여할 수 있는 방안 도출이 동네민주주의에 입각한 사용자 주도 리빙랩의 핵심이라고 보았다. 따라서 본 보고서의 최종적 목표는 실내 미세먼지 저감이지만 그 과정에 있어 공간을 사용하는 이해당사자들의 참여와 인식 변화와 행동이 필수적이라는 점에서 문제 해결 아이디어를 다음과 같이 설계하였다.

우리 팀은 미세먼지 저감에 사용자들이 직접 참여할 수 있는 방안을 찾고 효과적인 정보 전달 방법을 찾기 위해 먼저 이해당사자들이 실내 미세먼지 문제를 어떻게 인식하고 있는지 온라인 설문조사를 통해 확인했다. 이는 구체적인 실험 설계에 앞서 사용자들의 실내 미세먼지의 심각성에 대한 인지 여부, 앞선 실험에서 검증된 미세먼지 저감에 효과적인 방안들에 대한 인지 여부, 그리고 본 방안들의 실천 의지의 정도를 파악하기 위함이다. 우리 팀은 유의미한 저감 방안 중 한가지를 선정하여 이에 대한 정보를 사용자들이 인지할 경우 실제 행동 변화로 이어지는 지를 측정했다.

한편 연세대학교의 또 다른 이해당사자인 연세대학교 시설처 교직원에게

본 실험결과를 전달하려 한다. 교직원은 직업 상의 이유로 연세대학교 캠퍼스 내 실내 공간에서 장시간 생활하는 이해당사자이면서 시스템 개선을 위해 비용을 검토하고 관련 설비 설치 집행을 담당하는 당사자이기도 하다. 우리 팀은 시스템 에어컨이 없는 공간을 개선 하거나 기존 설비에 미세먼지 필터를 설치하는 등의 구체적 요구를 전달함으로써 장기적 관점에서 긍정적 결과를 기대할 수 있다.

2. 실험 결과: 온라인 설문지법(양적 조사방법론)을 이용한 사용자 니즈(needs) 분석

구체적 실험 계획 이전 우리 팀은 이해당사자의 실내 미세먼지 문제에 대한 사전 인식을 조사하기 위해 2018년 11월 20일부터 23일까지 3일간 '미세먼지 인식에 대한 설문'을 진행하였다. 설문 대상은 학내 구성원 중 대학(원)생으로, 총 48명이 응답하였다.

|그림 2-6|에 따르면 실외 미세먼지 체감 정도와 실내 미세먼지 체감 정도의 차이가 확연하게 존재했다. 실외미세먼지에 대해서는 응답자의 50%가 심

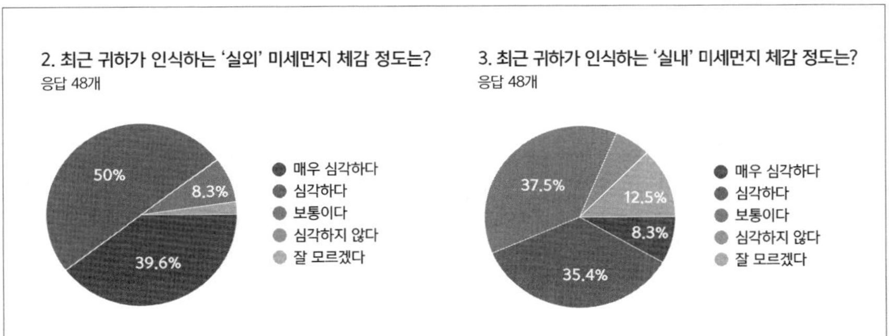

|그림 2-6| 실내와 시외 미세먼지 체감 정도에 대한 설문조사 결과

8. 입실 전 옷을 터는게 실내 미세먼지 저감에 도움이 된다면 입실 전 옷을 털 의향이 있으신가요?
응답 48개

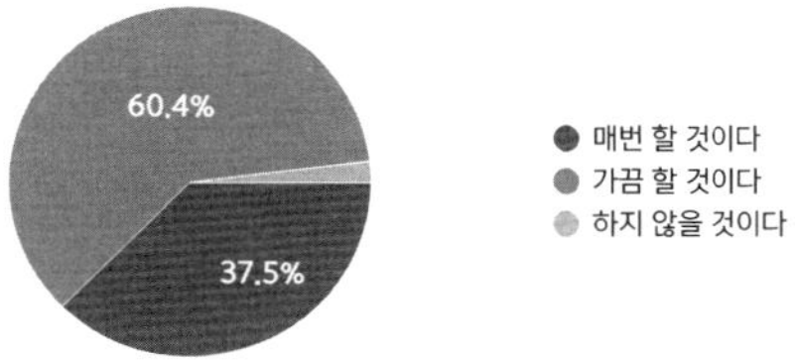

|그림 2-7| 미세먼지 저감 방안에 대한 응답자들의 실행 의지

각하다고 답했으며, 특히 전체 응답자 중 39.6%가 매우 심각하다고 인식하고 있음을 확인했다. 반면, '실내' 미세먼지에 대해서는 응답자의 35.4%가 심각하다고 답하였고, 8.3%가 매우 심각하다고 응답하여 앞선 응답과 대조적인 모습을 나타냈다. 이는 사람들의 실내 미세먼지에 대한 체감 정도가 실외 미세먼지에 대한 체감 정도의 약 절반 수준인 것을 알 수 있다. 즉 연세대학교 내 이해당사자들이 실외 미세먼지에 대한 인식은 높은 반면 실내 미세먼지에 대한 경각심이 상대적으로 낮다는 것을 알 수 있다.

|그림 2-6|은 실내 미세먼지 저감 방안에 대한 사람들의 실행 의지를 측정하고자 한 설문이다. 앞선 실험을 통해 효과성이 입증된 방안 중 '입실 전 옷털기'가 실내 미세먼지 저감에 도움이 된다는 정보를 삽입했고, 옷을 털 의향이 있는지를 질문했다. 이에 대해 응답자의 60.4%가 가끔 할 것이다, 37.5%가 매번 할 것이다, 그리고 2.1% 즉 1명이 하지 않을 것이다라고 답하였다. 이는 응답자 중 약 88%의 사람들이 긍정적인 답변을 내놓음으로써, 미세먼지 저감에 대한 행동 변화 유인이 크다는 것을 알 수 있다.

설문 조사를 토대로 사용자의 실제 행동 변화를 검증하기 위한 가설은 "미세먼지 저감 방안에 대한 정보 제공이 사용자들의 행동 변화를 이끌 것이다."이다. 즉, 미세먼지 저감 방안에 대한 정보 제공이 독립 변수이며, 사용자들의 행동 변

화가 종속 변수이다. 우리 팀은 실험에 적용할 독립변수를 '입실 전 옷 털기'로 설정하였다. 그 이유는 우리가 도출해낸 효과가 입증된 방안 중 사람들의 행태 변화를 가장 관찰하기 쉬우며, 또한 선행된 설문 조사에서 받은 응답의 경향성과 현실 상황을 비교하기 위함이다. 구체적인 실험 설계는 다음과 같다.

1) **실험 장소 :** 청경관 주 출입구(지하1층)

2) **실험 대상 :** 실험 장소를 통해 건물 내부로 들어가는 모든 인원

3) **실험 도구 :** 미세먼지 저감 방법(입실 전 옷 털기)과 미세먼지의 유해성 등에 관한 정보를 담을 수 있는 배너, 의류의 먼지를 털 수 있는 도구(먼지떨이)

4) **실험 방법 :** 실험 대상을 실험 도구를 설치하였을 때 실험 장소를 통과한 집단(실험 집단)과 그렇지 않은 집단(통제집단)으로 구분하고, 일정 시간 동안 각 집단에서 미세먼지 저감 방법(입실 전 옷 털기)을 실시한 인원과 그렇지 않은 인원을 각각 측정한다. 그리고 통제 집단과 실험 집단의 측정 결과를 비교한다.

5) **피드백 :** 실험의 처치가 실제로 효과를 보았는지 아닌지 와는 별개로, 실험 집단 인원 중에서 입실 전 옷 털기를 실시하지 않은 인원에 대한 인터뷰(질적 연구조사방법)를 시행하여 그 원인을 파악하고, 이를 바탕으로 해결 방안을 보완하거나 재구성한다.

3. 프로토타입 실현가능성 검토

앞서 언급했듯이, 실질적인 실내 미세먼지 저감을 위해서는 사용자들의

실내 미세먼지 위험성에 대한 인식 제고와 행동 변화 두 가지 모두가 충족되어야 한다. 그러나 설문 결과와 같이 기본적으로 실내 미세먼지에 대한 심각성 인식이 낮은 상황에서 실외 미세먼지 농도가 좋은 날에는 실험에 참여할 가능성이 낮을 것으로 예측된다. 또한 미세먼지 특성상 눈에 보이지 않고 실험 효능감을 실험 참여자가 바로 느낄 수 없다는 구조적 한계가 존재한다. 또한 선행되었던 설문에 참여한 표본과 프로토타입 실험에 참여할 사람들의 상관관계 규명이 어렵다는 점과 실제 행동 변화가 적극적으로 나타날지에 대한 의문이 존재한다. 특히 옷을 터는 방안은 집단적 행동으로 이어지지 않을 시 효과가 반감될 수 있다는 점이 당면한 문제점으로 예측되었다.

4. 프로토타입 제시

위와 같은 어려움에도 불구하고 프로토타입의 유효성을 검증하기 위해 2018년 12월 4일 오후 12시부터 1시 15분까지 연세대학교 청경관 지하 1층 입구에서 실험을 진행하였다. 연세대학교 이해당사자들이 자주 이용하는 생활공간인 청경관으로 들어가는 출입문에 |그림 2-8|과 같이“옷에 흡착된 미세먼지가 실내 미세먼지를 높일 수 있다”는 사실과 행동변화를 촉구하는 메시지를 담은 배너를 설치했다. 또한 시중에서 구입한 2개의 먼지떨이를 배너 상단에 설치하였다. 실험결과는 다음과 같다. 1시간 30분 동안 건물로 들어가는 인원은 총 600명이었으며, 그 중 6명만이 먼지떨이를 이용하여 옷을 털었다. 즉 1%의 사람들만이 옷을 털고 들어간 것이다. 따라서 본 프로토타입의 현실 적용은 어려울 것이라 판단된다. 그러나 우리는 먼지떨이로 옷을 턴 인원 중 2명과 털지 않은 6명의 인터뷰를 통해 피드백을 얻을 수 있었고 이러한 응답을 바탕으로 보다 실효성 있는 문제해결 프로토타입을 방안을 계획하려 한다.

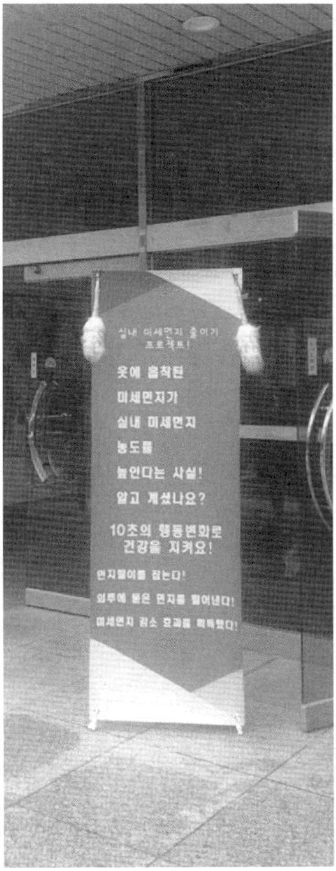

|그림 2-8| 청경관 배너 설치

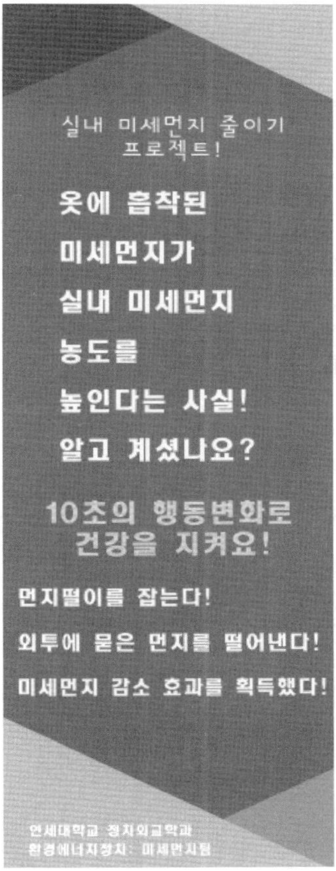

|그림 2-9| 배너 시안

5. 문제 해결 방법의 평가 : 사용자와의 상호작용

우리 팀이 프로토타입을 제시한 후 6명의 응답자와의 인터뷰에서 다음과 같은 피드백을 얻었다. 우선 먼지떨이로 옷을 턴 A(대학원생)는 기존에 실내 미세먼지 문제에 대한 인식은 부재했으나 먼지떨이가 이목을 끌어 한 번 참여하게 되었으며, 실내 미세먼지의 심각성에 대해 제고하는 기회가 되었다고 진술하였다.

B(노어노문학과)는 미세먼지에 대해 '아주나쁨'의 정도가 아니면 크게 신경 쓰지 않으며, 옷에 흡착된 미세먼지가 실내 미세먼지 농도를 높이는지는 몰랐지만 친구랑 서로 먼지를 털어주는 과정이 재미있어서 참여하게 되었다고 밝혔다.

한편, 배너를 인식하였으나, 행동에 변화가 없었던 학우들의 의견은 다음과 같았다. C(성악과)는 본인 전공 특성상 평소 미세먼지에 관심이 많으며 외투에 흡착된 미세먼지에 대해서도 어느 정도 생각은 하고 있었다고 진술했다. 그러나 배너 설치에 대해서는 효과가 없을 것으로 생각되며 그 이유는 혼자 행동에 옮기기에는 민망하다는 의견을 피력했다. D(한국학협동과정)는 실내 및 실외 미세먼지의 심각성에 대해 잘 인지하고 있다고 생각하지만 털지 않은 이유에 대해서는 먼지떨이로 잠깐 턴다고 해서 효과가 있을지 의문이라고 밝혔다. E(익명)는 배너를 읽고 실천하고 싶었으나 24분 후에 발표가 있기에 할 수 없었으며, 다음부터는 참여하고 싶다고 의견이었다. F씨(정치외교학과)는 배너 자체를 보지 못했으며, 배너를 보더라도 혼자 실천에 옮기기에는 부끄럽다는 의견이었다. 마지막으로 G씨(불문과)는 실내 미세먼지에 대한 인지가 아예 부재하였지만, 배너를 보고 문제에 대해 인식하게 되었다고 하였다.

우리 팀이 사용자와의 상호작용으로 얻은 피드백을 정리해보자면 다음과 같다. 첫째, 실내 미세먼지 문제에 대한 인식 제고가 선행되어야만 구성원들의 행동 변화가 가능하다는 점이다. 즉, 배너의 효과로 인한 행동 변화보다 실내 미세먼지의 위해성에 대한 내용 비중을 더 크게 담아야 했다는 아쉬움이 있었다. 둘째, 행동으로까지 이어지지 않았어도 실내 미세먼지 문제에 대한 인식을 제고할 수 있게 했다는 점에서 배너 설치나 홍보물 설치는 유의미하다고 볼 수 있다. 셋째, 유동 인구가 많은 곳에서는 더욱이 외투를 터는 해결 방법이 실현 되기 어렵다. 집단적인 행동으로 이어지지 못할 경우 효과가 없을뿐더러, 개인들도 이를 인식하고 있기에 행동으로의 유인이 부족하다. 또한, 건물 출입구에서 '혼자' 행동에 옮기는 것은 민망함, 부끄러움 등의 감정으로 대체적으로 어려움이 있었다. 이해당사자들의 행동변화를 보다 이끌어내기 위해선 다양하고 참신한 촉발점(tipping point)가 요구됨을 알 수 있었다. 또한 수업 시작 전 5분 전후로 사람이 몰리는 구조적 한계 때문에 기다려서 먼지를 터는 행위가 불가능하다고 할 수 있다. 설문 조사에서는 꽤 많은 비중의 응답자가 실천하겠다고 응답한 것에 비해 현실에서 그렇지 못했던 까닭도 사람이 많은 공간의 특수성이 개입되지 않았기 때문으로 추정된다.

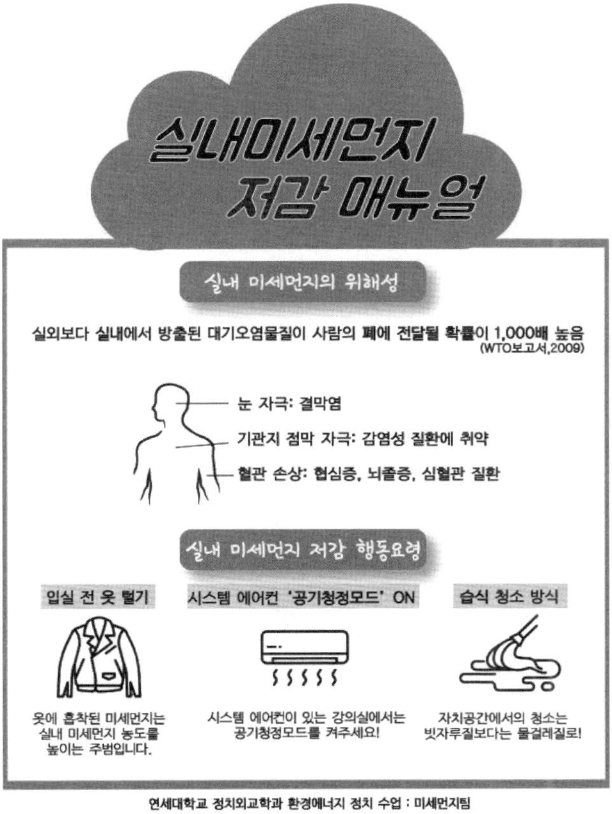

|그림 2-10| 실내미세먼지 저감 매뉴얼

6. 문제 해결 방법의 지속가능성과 영향력: 혁신성

우리 팀은 실내 미세먼지에 대한 인식 제고를 우선적인 목표로 설정하여 위와 같은 저감 매뉴얼을 산출했다. 이는 |그림 2-10|과 같은 형태이며 가독성을 높이기 위해 한 면으로 분량을 제한하였다. 또한 온라인 커뮤니티와 소셜미디어에 매체에 공유될 수 있도록 이미지 파일 형태로 배포할 예정이다. 매뉴얼은 유관기관 및 단과대학 등과 협의하여 배너나 포스터 형태로 학내 주요 공간에 배치되거나 대량 메일의 형식으로 온라인 배포될 것이다. 앞서 배너 설치에서도 인식 변화에 있어서는 영향을 줄 수 있음을 확인한 것처럼, 옷 털기 이외에도 시스템 에어컨이 있는 강의실에서 공기청정 모드를 사용 가능하도록 하고, 습식 청소의 효과를 담은 매뉴얼을 장기 게시하고자 한다.

두 번째, 학교 본부에 우리의 실험 결과를 전달하여 변화를 이끌어낼 예정이다. 우리 팀은 리빙랩 시작 이전 시설처에 기존 환기 시설에 대해 이메일로 문의한 결과, "보다 성능이 향상된 장비, 필터 등을 확인하여 교내의 시설에도 지속적으로 확대 설치하고자 계획하고 있다"라는 답변을 받았다. 또한 시설처는 난방 기간 중 협조 사항 등 실천 방안을 학내 구성원들에게 대량 메일로 발송한 사례가 있다고 답변했다. 우리 팀은 작성한 매뉴얼과 연구 결과를 전달하여 협조를 얻어 메일 발송 또한 요청해 볼 계획이다.

7. 직면한 도전과 해결 방안 분석: 온라인을 통한 인식 제고 도모

본 실험을 진행하면서 직면한 도전은 실내 미세먼지 실태와 공기질에 대한 인식 제고를 위한 방안을 고안하면서 학내 이해당사자에게 정보와 홍보를 전달할 수단이 부족하다는 것을 인지하였다. 우선 학내 오프라인 홍보 공간이 매우 협소하다는 점에서 '실내 미세먼지 저감 매뉴얼'을 효과적으로 전달하기 위한 수단이 제한된다는 점을 확인했다. 학내 오프라인 홍보 공간은 건물 관리를 담당하고 있는 각 학과의 사무실에서 직인을 받은 포스터, 배너만이 부착되도록 관리되고 있다. 그러나 홍보 수요에 비해 학내에 부착할 수 있는 공간이 협소하기 때문에 개별 홍보물에 대한 가독성과 효용성이 떨어지는 것이 현실이다.

오프라인에서의 인식 제고 홍보가 어려운 상황에서 마련한 대안은 온라인을 통한 인식 제고 방법이다. 온라인을 통한 방법에는 이해당사자들에게 쉽게 노출할 수 있는 yscec, 연세포탈, 연세대학교 대량 메일 발송 서비스, 연세대학교 대표 앱이 있다. 이러한 온라인 매체들은 연세대학교 이해당사자들에게 효과적으로 실내 미세먼지에 대한 인식과 매뉴얼을 인지시킬 수 있을 것으로 기대된다. 따라서 시설처와 함께 이러한 매체들을 관리하는 연세대학교 정보팀에 추가 문의하여 지속적인 홍보를 요청할 계획이다.

VI. 결론 및 제언

본 연구는 CBL(Community Based Learning) 수업의 일환으로 심각한 환경 문제이자 국내외적인 정치 문제로 발전한 미세먼지 문제에 대해서 실질적인 해결방안을 고찰하였다. 한국 정부는 중국의 월경성 미세먼지와 국내의 미세먼지로 인해 날로 심각해지고 있는 미세먼지 환경 재난에 대해서 실질적 해결방안을 산출하지 못하였다. 정책적 대안을 제시하기 어려운 정부와 주변국에 피해를 주는 중국에 대한 시민들의 비판 여론이 거세지고 있는 상황에서 본 연구는 기존 레짐(Regime)의 한계를 극복하기 위해 해결방안을 실험을 통해 도출하였다. 본 연구는 통제할 수 없는 실외 미세먼지 대신 연세대학교 신촌캠퍼스 내 실내 미세먼지 측정과 공기질 제고를 위한 해결방안 산출에 초점을 맞추었다. 실외 미세먼지 저감은 주어진 자원과 조건에선 해결할 수 없는 영역이다. 그러나 미세먼지 문제 해결은 호흡이라는 생명에 가장 필수적인 생명 활동 조건이라는 점에서 반드시 해결해야할 문제이다. 따라서 본 연구는 실내에서 대부분의 시간을 보내는 현대인들의 생활 패턴 양식에 착안하여 실내 미세먼지 농도를 낮추어 공기질을 제고한다면 효과적인 해결책(프로토타입)이 될 것이라고 결론지었다. 왜냐하면 연세대학교 소속 이해당사자들 대부분이 학업과 직업 여건상 장시간 실내에서 생활하는 하기 때문이다.

본 연구는 제시된 실내 미세먼지 실험과 인식 제고를 위하여 컨셉 디자인부터 계획하여 프로토타입과 관련된 실험을 시행하였고 여러 유형의 해결책을 과학적으로 제시하였다. 그러나 본 연구에서 확인된 결론은 실내 미세먼지에 대한 인식이 실외 미세먼지에 비해서 상대적으로 부족하다는 점이다. 따라서 본 연구는 과학적으로 검증된 실험 데이터와 여론 조사 그리고 매뉴얼을 연세대학교 시설처와 각 사무실에 배포하여 이해당사자들의 인식 제고와 함께 실내 공기질을 제고할 수 있는 해결방안에 동참시킬 것을 제안한다. 각 국의 정부와 국제 레짐이 해결하지 못하는 미세먼지 문제를 함께 해결해 나가는 연세대학교 학생과 교수, 교직원은 대의 민주주의의 한계를 극복하고 스스로 문제를 해결한다는 점에서 진정한 민주주의의 주체라고 평가할 수 있다.

참고문헌

김오희, 2017. “[스마트 리빙] 환기 어려운 날, 집 안의 미세 먼지는? 外.”mbc news. http://imnews.imbc.com/replay/2017/nwtoday/article/4324051_21414.html (검색일: 18.11.08.)

박민식, 2018. “미세먼지 청소, 진공청소기 보다 물걸레로 닦아야.”한국일보. http://www.hankookilbo.com/news/read/201704051316600033(검색일: 2018.11.08.)

박효진 외, 2018. “학교와 가정에서 실내 미세먼지 실태.” journal of science education for the gifted, 10(1), 43~54.

백지민, 2015. “미세먼지 입경에 따른 실외 미세먼지의 실내 영향도 분석.” 서울대학교 박사학위 논문.

성지은, 송위진, 박인용, 2013. “리빙랩의 운영 체계와 사례.” stepi insight, (127), 1~46.

에어코리아. https://www.airkorea.or.kr/realsearch(검색일: 2018.11.07.)

이상익, 이진국, 2015. “실내 공간별 미세먼지농도 비교 데이터의 시각화.” journal of the korean housing association, vol 26, no.4, 55~62.

이태동 외, 2018. “우리가 만드는 정치 동네 민주주의 실천.” 청송미디어.

이태동, 2017. “토론으로 배우는 환경-에너지 정치.” 청송미디어. 조선일보 2018.11.06. a16

조현수, 2004. “실내공기질 관리방향.” 『환경보전』 26권 7호, 20.

부록1 – 선형 회귀 분석 결과값과 p-value

실험	범주	추세선 (회귀선) 방정식	회귀계수의 p-value
실험1	pm 0.3~1.0	y = 1462.521 + 0.375x	1.07e−07
	pm 1.0~2.5	y = 350.674 + 0.041 x	.021401
	pm 2.5~10	y = 13.974 − 0.006x	.021401
실험2	pm 0.3~1.0	y = 1063.267 + 0.337x	.036132
	pm 1.0~2.5	y = 196.467 + 0.392x	.032645
	pm 2.5~10	y = 1.667 + 0.067x	.009182
실험3	pm 0.3~1.0	y = 1177.667 + 0.011x	.90846
	pm 1.0~2.5	y = 245.133 + 0.037x	.467057
	pm 2.5~10	y = 6.000 + 0.017x	.066663
실험4	pm 0.3~1.0	y = 706.133 + 3.896x	.000569
	pm 1.0~2.5	y = −482.867 + 8.106x	.005956
	pm 2.5~10	y = −53.667 + 0.894x	.005956
실험5	pm 0.3~1.0	y = 761.933 + 1.017x	.014904
	pm 1.0~2.5	y = 152.867 + 1.466x	.28383
	pm 2.5~10	y = 13.600 + 0.102x	.1461
실험6	pm 0.3~1.0	y = 1177.648 − 0.50x	.279866
	pm 1.0~2.5	y = 705.848 − 0.195x	.001379
	pm 2.5~10	y = 32.648 − 0.008x	.313786
실험7	pm 0.3~1.0	y = 484.090 − 0.90x	1.55e−12
	pm 1.0~2.5	y = 99.143x − 0.039x	8.3e−12
	pm 2.5~10	y = 4.439 − 0.002x	.000773

03. 연세로 흡연구역 설치 리빙랩

전현석, 박경민, 김수연, 김수현

I. 문제 설정

1. 문제의 중요성

1) 흡연권 vs 혐연권

2004년 헌법재판소는 흡연권이 사생활의 자유를 핵심으로 하지만, 혐연권은 사생활의 자유뿐만 아니라 생명권까지 연결되는 것이므로 혐연권이 흡연권보다 상위 기본권이라고 판단했다(헌재, 2004.). 흡연권은 혐연권을 침해하지 않는 선에서만 인정될 수 있다고 본 것이다. 또한 한국은 세계보건기구의 담배규제협약 가이드라인에 따라 실내 흡연구역 설치를 점진적으로 금지하고 있다. 결국 실내 흡연구역 부족으로 인해 건물 밖 흡연이 증가할 수밖에 없는데, 이로 인한 비흡연자의 피해가 더 커질 우려가 있다. 따라서 흡연자와 비흡연자 모두를 위해 흡연 공간을 분리하는 것이 필요하다는 문제의식을 갖게 되었다.

2) 환경미화 문제

도로 위에 무단 투기 되는 담배꽁초는 도시 미관을 훼손시킬 뿐만 아니라, 담배꽁초를 수거하는 환경미화 비용으로 인한 사회 경제적 부담 또한 야기한다.

3) 대기오염 문제

세계보건기구가 2015년 5월 31일 세계 금연의 날을 맞이하여 발간한 '담배가 환경에 미치는 연구보고서'에 따르면, 담배 연기에는 수없이 많은 독성물질과 발암물질이 포함되어 있다(연합뉴스, 2017.). 대기 중에 극소량만 있어도 건강에 염려될만한 오염물질이 담배에는 고농도로 들어 있으며, 일산화탄소를 비롯한 온실가스 배출량 또한 연간 수천 톤에 달한다. 무방비로 대기 중에 노출되는 담배 연기에 대한 문제의식을 갖고 대응책을 마련할 필요가 있다.

4) 폐기물(담배꽁초) 처리 문제

세계 보건기구에 따르면 담배꽁초 1개가 자연분해 되기까지는 약 12년이 소요되며, 기획재정부에 따르면 우리나라 1일 담배 판매량은 1억 9,000만 개비에 이른다. 한해 최소 수백억 개의 담배꽁초가 땅에 묻혀 십 년 이상 썩지 않고 쌓이기만 하는데 이에 대한 조치는 미비하다. 일부 선진국은 담배꽁초를 자원화하기 위해 다양한 환경 정책을 추진해오고 있는데 반해 정부는 담배꽁초를 단순히 매립, 소각하는 데 그치고 있다. 정부 차원에서 어렵다면 지자체 단위에서부터 먼저 변화를 만들어가야 한다.

2. 문제의 지역적 범위 및 이해관계자 설정

흡연구역 팀에서는 이번 리빙랩의 지역적 범위를 '신촌'으로 설정하였다. 신촌은 연세대학교 학생들이 매일 지나다니면서 일상을 영위하는 지역으로, 흡연 및 간접흡연을 가장 많이 그리고 자주 접하며 문제 의식을 갖게 되는 곳이기 때문이다.

이에 따라 이해관계자를 1) 신촌 유동인구, 2) 신촌 상점주, 3) 서대문구청으로 설정하였다. 신촌 유동인구는 연세로를 주로 이용하는 주체인 동시에 흡연 및 간접흡연 당사자로, 크게 흡연자와 비흡연자로 구분하였다. 신촌 상점주 또한 흡연구역 설정, 담배꽁초 처리 및 담배연기로 인한 피해의 직접적 당사자로, 상점의 유형은 크게 술집, 음식점, 유흥시설로 구분하여 접근하였다. 마지막으로 서대문구청은 기존의 정책 집행을 담당해온 주체로서 해당 리빙랩을 구체화하고 현실화하기 위해 협력해야 할 중요 이해관계자이다.

II. 문제 해결

1. 어떤 문제해결 아이디어를 제시하려 하는가?

흡연구역 팀에서는 문제 해결 과정에서 리빙랩의 특성인 사용자 중심, 상향식의 정책 결정 과정을 적극적으로 활용하고자 했다. 이는 기존 정책 결정 과정에서 주목할 수 없는 문제를 직접적으로 다루는 데 의의가 있으며, 보다 민주적인 정책 집행을 가능하게 한다. 더불어 리빙랩의 주체가 이해관계자로서 '직접' 일상 속의 문제를 해결하기 위한 모델을 설계하는 것은 문제 해결의 효율을 극대화할 수 있다. 따라서 흡연구역 팀에서는 리빙랩 대상으로 신촌 연세로를 설정하였다. 신촌 유동인구의 상당수를 차지하는 연세대학교 학생들에게 연세로는 캠퍼스 내부 시설만큼이나 필연적으로 이용도가 높은 곳이다. 또한 이 구역은 흡연 인구가 많고, 물리적/심리적 거리가 가깝기에 가장 문제에 대한 참여관찰을 이행하기 용이한 장소라 파악했다. 직접적으로 담

|그림 3-1| 문제해결방법 제시

배꽁초의 자원 순환을 실현하는 방안은 리빙랩의 범주 내에서 해결하기 쉽지 않은 문제이기 때문에, 무단 투기 되는 꽁초의 수 절감을 목표로 하며 흡연 구역을 일상의 공간에서 분리하는 단계까지 진행했다. 리빙랩 결과를 기존 정책 결정 과정의 관계자들에게 제시한다면, 최종적으로 연세로 내 흡연부스 설치를 진행할 때 효과적인 이론적 근거가 될 수 있을 것이라 예상한다.

구체적인 문제 탐색 과정을 거친 후, 담배꽁초의 자원순환을 유도할 수 있는 방안을 마련했다. 크게 1) 규제, 2) 인센티브, 3) 폐기물 관리의 세 가지 범주를 설정했다. 세 요소들은 독립적으로 효력을 지니며 그 효력이 상호 작용할 때 정책의 효율성을 증대할 수 있다.

1) 규제

규제는 대상에게 가장 강하고 효과적인 반응을 불러일으킬 수 있다. 이는 경제적 불이익과 직결되기에 이해당사자들이 가장 민감하게 반응할 수 있어 효율적이다. 담배꽁초의 무단 투기는 흡연 행위 자체에서부터 시작되므로, 흡연을 규제하는 방안을 함께 분석해 보았을 때, 관련된 규제들은 기존에도 큰 효과를 발휘했다. 서울시 지하철 입구 근방 10m 거리에서 흡연을 금하는 정책은 해당 지역 내 1년간 흡연율을 86% 절감시키는 데 성공했다. 반면 지속적으로 시행되고 있는 폐기물관리법 8조와 같은 경우는 무단투기 행위에 대해 50,000~200,000원의 벌금을 부과하나, 실질적인 관리감독이 어려운 까닭에 효과가 크지 않았다. 따라서 리빙랩에서도 규제 및 단속을 강화하여 무단투기를 금하는 것을 우선적인 목표로 설정하였다. 사회 경제적 비용의 최소화를 위하여 전문 인력의 감시 이외에도 일반 시민들의 신고로 운영이 될 수 있게 하고자 한다.

2) 인센티브

공통의 재원에서 흡연자에게만 효용을 제공한다면 비흡연자의 반발로 인해 합의 도출이 어려워질 수 있다. 따라서 흡연자와 비흡연자 모두에게 직접적인 인센티브를 부여하여 손쉬운 합의를 도출하고자 한다. 흡연자에게는 합법적인 흡연구역을 제공함으로써 심리적 부담을 경감시킬 수 있으며, 비흡연자는 이를 통해 길거리에서 일상적으로 경험해야 했던 간접흡연의 빈도를 현저히 줄일 수 있을 것이다. 더불어 설치된 흡연구역은 꽁초 투기의 효과적 유인이 되어 환경미화 문제 해결에 상당한 기여를 할 것으로 예상되며 이는 흡연자와 비흡연자 모두에게 큰 효용으로 작용할 것이다.

이를 위해 흡연구역 팀에서는 흡연자들이 관습적으로 흡연을 하는 공간을 정식 흡연구역으로 만들기 위하여 서대문구청에 흡연구역 설치를 제언할 것이다. 이에 대한 연구는 아직 검증된 바가 없기에, 리빙랩을 통해 효과를 검증해볼 것이다. 설치 장소와 설치 형태 등 자세한 실험 설계는 2.2에서 논의하도록 한다.

3) 폐기물 관리

인센티브와 폐기물 관리에 대한 방안은 구리시의 정책 모델을 활용할 것이다. 구리시에서는 '담배꽁초 수거보상제'를 운영하여 퇴비로 재활용하는 방안을 마련했다(YTN 2018). 시 지자체에서는 꽁초 1개당 10원을 보상하며 경제적 유인을 제공하였고, 이는 2016년부터 2017년까지를 기준으로 총 360만 개 가량을 수거하는 결과를 창출했다. 버려질 담배꽁초를 모아 재활용하여 경제적 이익과 효능을 선사하는 것이다.

2. 어떤 실험으로 검증하려 하는가?

1) 신촌 유동인구 대상 설문조사를 통한 사용자 니즈 분석과 상호작용

리빙랩 설계에 앞서 주요 이해관계자인 흡연자와 비흡연자의 의견을 리빙랩에 반영하기 위해 Google Docs를 통한 설문조사를 실시했다. 조사는 98명의 연세대학교 학생을 대상으로 2018년 11월 1일부터 2018년 11월 5일까지 5일간 실시되었다.

먼저 흡연자에게는 선호하는 흡연 장소와 흡연부스의 형태, 흡연부스 이용 용의에 대해 의견을 물었다. 응답 결과 흡연자들은 실내 흡연구역(4.1%)보다 실외 지정 흡연구역(41.7%)에서 흡연하는 것을 선호하며, 지정된 흡연구역이 아닌 인적이 드문 골목길(41.7%)에 대한 선호 또한 높게 나타났다. 또한 흡연자들은 재떨이만 갖춰진 흡연부스 형태(50%)를 가장 선호했으며, 개방형 흡연부스와 폐쇄형 흡연부스(41.7%)에 대한 선호는 비슷한 수준으로 나타났다. 마지막으로 흡연부스 이용 용의에 대해 조사한 결과 응답자의 33.3%가 항상 이용할 용의가 있다고 답했으며 66.7%는 접근성이 용이하면 이용하겠다고 답했다. 이를 바탕으로 흡연부스 사용자인 흡연자 집단의 니즈를 반영하여 리빙랩에서 실현할 흡연부스의 형태로 재떨이를 갖춘 형태를 채택하였으며, 흡연자의 효과적인 유인을 이끌어낼 수 있도록 흡연자가 선호하는 흡연 장소의 특성을 리빙랩에 반영하고자 하였다.

다음으로 비흡연자에게는 신촌에서 간접흡연을 가장 자주 경험한 구역, 신촌 흡연구역 지정과 흡연부스 설치에 대한 찬반 여부에 대한 의견을 물었다. 설문조사에 대한 응답을 수합한 결과 비흡연자 집단이 간접흡연을 주로 경험하는 구역은 연세로에 위치한 'HOLLYS COFFEE' 건물 뒤쪽/복성각 앞쪽(24.3%), '칠칠켄터키' 맞은편 골목길(43.2%), '형제갈비' 옆 공터(27%), '리코스타 코인노래방' 옆 골목(10.8%), '현대백화점' 옆 골목(58.1%), 연세대학교 정문 횡단보도 맞은편에 위치한 굴다리에서 연세로로 나가는 길목(20.3%)이며 총 6개 구역 중 '현대백화점' 옆 골목(58%)에서 간접흡연 경험의 빈도가 가장 높은 것을 확인할 수 있다. 또한 신촌에 흡연구역을 지정하는 것에 대해 비흡연자의 93.2%가 찬성, 6.8%가 반대하는 것으로 집계되었다. 구역 지정을 반대하는 이유에 대해 추가적으로 조사한 결과 특정 구역을 흡연구역으로 지정한다면 인근 상업 또는 보행자들에게 피해의 우려가 있음이 확인되었다.

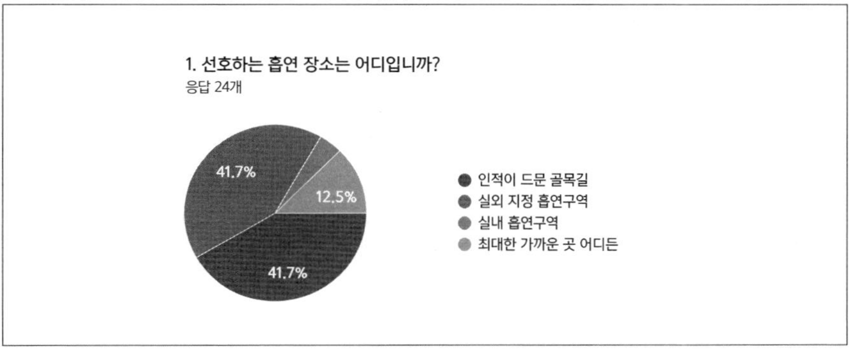

|그림 3-2| 흡연자의 선호 흡연 장소

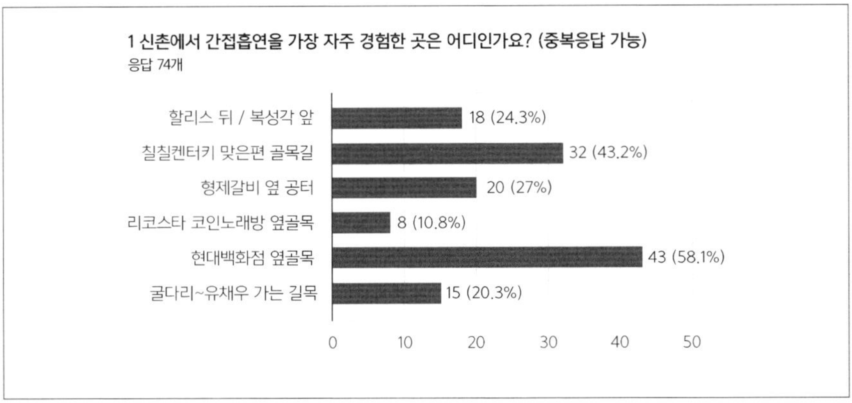

|그림 3-3| 비흡연자의 간접흡연 경험 빈도수

이에 대해 논의하고자 팀 회의를 한 결과 비흡연자가 간접흡연을 자주 경험하는 구역인 'HOLLYS COFFEE' 건물 뒤쪽이자 복성각 앞쪽, '칠칠켄터키'맞은편 골목길, '형제갈비' 옆 공터에 리빙랩을 위한 흡연시설을 조성하되 인근 업주와의 협의를 통해 흡연구역 지정으로 인한 피해가 최소화될 수 있도록 함께 방안을 모색하고자 했다. 이와 관련한 사항은 2.3에서 더욱 자세히 살펴보도록 한다. 설문조사와 인터뷰를 통한 사용자의 니즈 분석과 상호작용에 더불

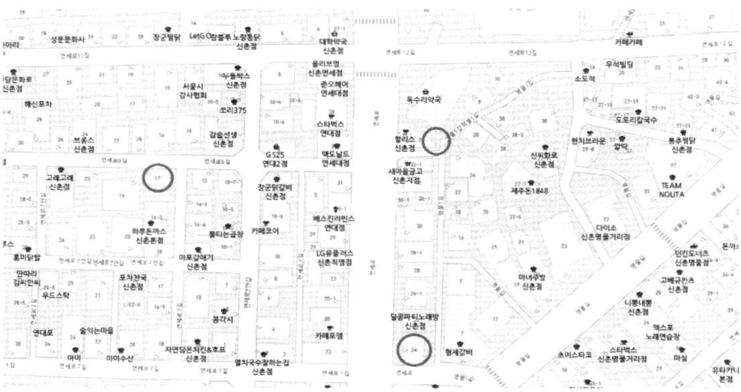

|그림 3-4| 실험구역 지도

어 여러 차례의 CBL을 통해 논의를 확장하여 기타 변수를 설정하고자 했다.

2) 실험 설계(리빙랩 프로토타입 디자인 계획)

흡연구역 설정과 흡연부스의 실효성을 확인하기 위해 흡연구역 인근 길바닥에 버려진 꽁초의 개수, 흡연구역 내 쓰레기통에 모인 꽁초의 개수를 종속변수로 설정하였다. 종속변수에 영향을 미칠 것으로 예상되는 독립변수는 재떨이 설치 여부와 안내문구의 형태로 설정하였다.

먼저 비흡연자가 간접흡연을 자주 경험하는 구역인 'HOLLYS COFFEE' 건물 뒤쪽이자 복성각 앞쪽, '칠칠켄터키' 맞은편 골목길, '형제갈비'옆 공터를 재떨이 설치 구역으로 지정하였다. 비교집단으로는 '현대백화점' 옆 골목, '리코스타 코인 노래방' 옆 골목, 연세대학교 정문 횡단보도 맞은편에 위치한 굴다리에서 연세로로 나가는 길목의 세 구역을 설정하여 이 구역들은 흡연구역을 설정하거나 재떨이를 설치하지 않고 참여관찰을 통한 꽁초 개수 비교를 시행했다.

효율적인 참여관찰을 위해 조원 각자 '마미손' 고무장갑과 20L 규격의 종량제 봉투를 구입, 약 6시간 간격으로 재떨이와 쓰레기통을 비웠다. 처음 계획은 집게를 이용하여 쓰레기를 분리하는 것이었지만, 최대한 철저하게 분리하고자 손을 적극적으로 활용하였다. 하지만 재떨이 옆에 설치된 쓰레기통에는 담배꽁초 뿐만 아니라 다양한 쓰레기와 오물이 섞여있었다. 사실 조원들은 쓰레기통을 비우면서 재떨이만 설치할 걸 그랬다는 뒤늦은 후회를 했다. 그러나 얼마 지나지 않아 마미손이 익숙해지기 시작했고 한 조원은 집에 가는 길에 마미손을 벗는 것을 잊은 채 지하철역까지 걸어간 웃지 못할 해프닝을 겪었다.

다음으로 흡연자들을 흡연구역으로 유인할 수 있는 안내문구 형태의 변화를 통해 독립변수가 종속변수에 미치는 영향을 살펴본다. 재떨이가 설치된

|그림 3-5| 실험구역 지도 설치된 재떨이와 쓰레기통

세 구역에 각각 규제, 배려, 질서를 강조하는 안내 문구를 부착하여 흡연구역의 존재를 알리고 그 효과를 비교할 것이다. 본 리빙랩의 목적인 꽁초 무단투기 행위 규제에 대한 제재의 효과성 판단에 있어 규제를 어떤 방식으로 접근하는가에 주목하고자 했다. 이를 위해 안내문구의 성격을 규제 본연의 특성을 강조하는 경우, 책임을 강조하는 경우, 시민의식을 강조하는 경우로 범주화 하였다. 규제를 강조하는 안내 문구로는 '<집중단속기간> 담배꽁초 무단투기 과태료 최대 10만 원 부과', 배려를 강조하는 안내 문구로는 '비흡연자를 배려하는 성숙한 흡연 문화는 당신으로부터 시작됩니다!', 질서를 강조하는

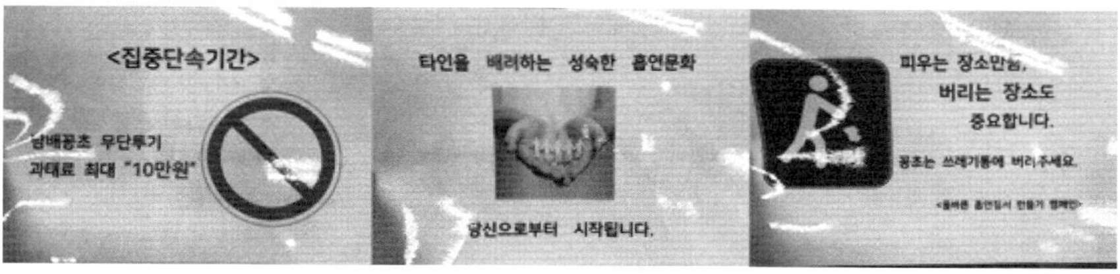

|그림 3-6| 규제, 배려, 질서 강조 안내문구(왼쪽부터)

안내 문구로는 '<올바른 흡연문화 만들기 캠페인> 피우는 장소도 중요하지만 버리는 장소도 중요합니다. 꽁초는 재떨이에 버려주세요!'를 구상했으며 재떨이가 설치되는 세 구역 인근에 안내문구 피켓을 설치한다. 7일의 관찰기간을 설정하고 두 독립변수가 종속변수에 미치는 영향을 살펴볼 것이다.

3. 그 아이디어는 실현 가능한가?: 난관 및 해결방안

1) 난관 : 흡연구역 이용률 저조

본 리빙랩의 실험기간은 약 1주일 내외로 설정했다. 기존에 없었던 흡연구역이 생기자마자 흡연자들이 골목길 등에서의 흡연을 하지 않고 설치한 재떨이를 이용할 것이라고 기대하기는 힘들다. 흡연구역임을 모르는 사람들이 가장 많을 것이고, 일부는 알더라도 여러 가지 이유로 인해 기존 행동을 고수하기도 할 것이다. 이에 대한 해결방안으로 흡연구역 이용률을 높이기 위해 흡연구역 팀에서 제시한 방안은 다음과 같다.

첫째, 장소선정에 있어서 흡연자들의 선호를 반영하였다. 흡연구역의 이용주체는 흡연자이기 때문에 이들이 원하는 곳에 흡연구역이 존재해야 유의미한 효과를 얻을 수 있을 것이다. 그래서 흡연구역 팀은 흡연구역 지정에 앞서 이해관계자의 니즈를 리빙랩에 반영하기 위해 설문조사를 진행했다.

둘째, 안내표지판을 활용하여 흡연구역의 인지도를 높일 수 있다. 초기에 팀 내 논의를 거쳐 구상한 흡연구역의 형태는 재떨이와 작은 쓰레기통을 구비하는 정도였다. 그러나 이들 만으로는 흡연구역임을 확실히 각인하는 데 부족함이 있을 수 있다. 따라서 사용자의 유인을 높이기 위해 안내문구와 표지판을 활용하는 방향이 병행되어야 한다.

2) 난관 : 예산 부족

형태에 따라 다르지만 흡연부스 설치 가격은 높은 편이다. 특히 외부에 설치하는 폐쇄형 흡연부스의 경우 가격대가 2,000,000~10,000,000원에 이른다. 이는 수업에서 지원받을 수 있는 활동비인 100,000~200,000원 선에서 감당하기엔 무리가 있었다. 또한 많은 양의 꽁초를 수용할 수 있는 대용량 재떨이의 경우도 대부분 수십만 원을 넘어간다. 이처럼 한정된 예산을 감안하여 다음과 같은 두 가지 해결책을 생각했다.

첫째는 예산이 많이 드는 흡연부스가 아닌 단순한 형태의 흡연구역을 만드는 것이다. 부족한 예산을 최대한 활용하기 위해 목표를 수정했다. 설문조사 결과 또한 예산이 많이 드는 폐쇄형 흡연부스보다 재떨이만 있는 단순한 형태의 흡연구역 선호가 높게 나타났다. 이러한 설문조사 결과와 예산을 감안해서 재떨이가 구비된 단순한 흡연구역을 리빙랩의 형태로 설정했다.

둘째로 재떨이는 가장 단순하고 저렴한 것으로 선택했다. 3개의 구역에서 동시에 실험을 진행하기 위해선 3개의 재떨이가 필요했기 때문에 비용 절감을 위해 저렴한 재떨이를 선택할 필요가 있었다. 그런데 가격이 저렴한 재떨이의 경우 수용할 수 있는 담배꽁초의 양이 적다는 문제점이 있었다. 이를 보완하기 위해 재떨이 옆에 작은 쓰레기통을 함께 비치하도록 했다.

3) 난관 : 인근 상인들의 반발(혐오시설로서의 흡연구역)

흡연구역 이용률을 높이기 위해서는 흡연자들이 기존에 자주 흡연을 하는 곳, 즉 신촌 상권과 인접한 골목길 근처에 흡연구역을 설정해야 한다. 그러나 이 경우 흡연구역과 인접한 가게와의 마찰이 불가피하다. 당장 본인의 가게 옆에 흡연구역이 조성되면 그로 인한 담배연기, 꽁초 투기 등 가게 영업에

피해를 입는다고 생각할 수 있기 때문이다. 흡연구역은 대체로 혐오시설로 인식되기 때문에 모두가 흡연구역의 필요성은 인정하면서도 자신의 가게 주변에 설치되는 것은 원치 않는 경향이 있다. 이에 대한 해결책으로 인근 상인들의 피해와 이로 인한 반발을 최소화하고자 사전 인터뷰를 진행했다. 흡연구역 팀이 설치하고자 하는 흡연구역 인근 음식점인 '야쏘 라멘'과 'to be with you' 호프집 상점주를 대상으로 11.5(월) 저녁에 인터뷰를 진행했으며 주목할 결과는 다음과 같다.

첫째, 흡연구역 설치 자체에 대해서는 대체로 호의적인 반응이었다. 인터뷰를 진행한 두 곳은 평소 흡연자들이 줄곧 암묵적으로 흡연하는 구역 근처였는데, 인터뷰 결과 담배꽁초 등 쓰레기 무단 투기에 대한 우려가 현재 가장 큰 문제인 것으로 나타났다. 대부분의 흡연자들이 흡연하는 곳은 공식적인 흡연구역이 아니기 때문에 꽁초 이외에 다른 쓰레기를 무단 투기함으로써 발생할 수 있는 화재의 위험 또한 제기되었다. 이를 반영하여 꽁초만 수용할 수 있는 형태의 재떨이와 쓰레기통을 갖춘 구체적인 흡연시설을 구상하였다.

둘째, 흡연구역 지정에 대해 찬성함과 동시에 우려를 표하기도 했다. 우선 흡연구역의 위치가 가게와 인접할 경우 가게로 유입되는 담배연기로 인해 피해가 발생할 수 있다는 문제가 있다. 이는 상점의 매출에 직접적인 타격으로 작용할 수 있으므로 가게로부터 일정거리 떨어진 곳에 흡연구역을 설치할 것을 요구했다. 또한 흡연구역 설치와 더불어 주기적인 관리가 필요하다는 점을 강조했다. 흡연구역에 비치된 재떨이와 쓰레기통을 통해서 무단 투기를 막는 것 자체는 좋지만 그곳의 쓰레기를 주기적으로 비우고 관리하는 등의 노력이 뒷받침되지 않으면 설치하지 않는 것만 못할 수 있기 때문이다. 따라서 이와 같은 업주의 요구에 따라 실험이 진행되는 일주일 동안 조원 각자의 공강, 여유 시간을 유동적으로 활용하여 설치된 흡연시설을 관리하였다.

4. 프로토타입 제시

먼저 흡연구역의 형태는 폐쇄형이 아닌 재떨이만 있는 단순한 형태로 설정했다. 첫 번째 이유는 앞서 예상 가능한 난관에서 언급했던 예산부족 때문이다. 폐쇄형 흡연부스의 경우에는 보행자들의 간접흡연 피해를 줄일 수 있다는 장점이 있지만 설치하는데 드는 비용이 매우 높다. 크기와 형태에 따라서 가격대가 다양하며, 200만 원에서 1,000만 원 사이의 금액이 예상된다. 이는 구청으로부터 승인을 받은 후 최종적인 결과로서는 가능하지만 흡연구역팀이 직접 비용을 들여 프로토타입으로 만들기는 불가능했다. 따라서 흡연구역팀은 한정된 예산을 고려해서 폐쇄형 흡연부스 형태를 포기하고 개방형, 그 중에서도 가장 단순한 형태의 흡연구역을 프로토타입으로 대체했다. 두 번째 이유는 흡연자들의 설문조사 결과, 흡연자들은 재떨이만 있는 단순한 형태를 가장 선호하는 것으로 나타났기 때문이다. 흡연자 24명을 대상으로 한 중복응답이 가능한 설문에서 재떨이만 있는 흡연구역은 가림막이 있는 개방형 흡연구역, 폐쇄형 흡연부스보다 높은 선호도를 보였다. 흡연구역 프로토타입에서 가장 중요한 사용자 중 하나인 흡연자들의 선호가 이와 같이 나타남에 따라 흡연구역팀의 프로토타입도 이를 반영해서 설계하게 되었다.

둘째는 팀원들의 주기적인 재떨이 관리다. 흡연구역 설치에 앞서 주요 이해관계자 중 하나인 인근 상인들과 했던 인터뷰에서 이들은 주기적인 관리가 중요하다는 점을 강조했다. 흡연구역 설치의 필요성 자체에는 동의하지만 이를 제대로 관리하지 못하면 해당 지역이 지저분해지고 설치하지 않는 것만 못한 결과가 나타날 수 있다는 것이다. 이를 반영해서 흡연구역팀은 하루 2회씩 흡연구역을 관리하기로 했다. 이를 위해서 조원들은 각자의 시간표를 공유하고 실험이 진행되는 7일간 각자 최소 5번 이상 꽁초 개수 측정 및 관리를 담당하기로 하고 담당날짜를 정했다. 확정된 계획표에 따라 각 조원들은 자신의 담당 시간에 고무장갑, 비닐장갑, 나무젓가락 등을 이용해서 재떨이를 비우고 흡연

|그림 3-7| 꽁초 개수 확인 및 수거 시 촬영한 사진

구역 주변이 쓰레기들을 정리한 후 미리 구입한 20L 종량제 봉투에 이를 담아서 버렸다. 하루 2번 흡연구역을 꾸준히 관리한 덕분에 꽁초 외 다른 쓰레기들은 거의 찾아볼 수 없었고 실험 기간인 7일동안 비교적 청결하게 유지되었다.

셋째는 안내문구의 활용이다. 흡연구역팀의 프로토타입에서 중심이 되는 것은 물론 재떨이 설치여부다. 그런데 앞서 말했듯 7일 간의 짧은 실험기간으로 인해 흡연구역 이용률이 낮을 우려가 있었고 이에 따라 안내문구를 함께 설치하기로 했다. 안내문구는 각각 질서, 배려, 규제를 강조하는 문구로 제작되었으며 이에 따라서 흡연구역 이용률에 어떤 차이가 발생하는지를 함께 보기 위해서 프로토타입에 안내문구를 추가하였다. 안내문구의 차이에 따른 결과를 분석함으로써 추후에 흡연부스 등이 설치되었을 때, 이와 더불어 어떠한 내용을 강조해야 효과가 좋을지를 확인하고자 했다. 각각의 결과에 따라 그 방법은 달라질 것이다. 가령 규제 안내문구의 효과가 가장 좋았다면 흡연부스 설치와 더불어 인근 지역의 무단투기에 대한 단속을 강화할 수 있을 것이다. 반대로 배려, 또는 질서의 효과가 높게 나왔다면 이를 강조하는 표지판이나 광고 등을 설치할 수 있을 것이다.

이러한 프로토타입은 흡연구역팀이 최종적으로 목표하고 있는 서대문구청에의 정책 제안과 연결된다는 점에서 의미가 있다. 사전 인터뷰, 설문조사 등을 통해 만들어진 프로토타입은 약 1주일의 기간 동안 이를 이용하는 흡연자, 주변을 관리하는 상인 등의 사용자와 상호작용할 것이며 이 과정에서 나오는 각종 반응(Feedback)들을 확인하고 이를 고려한 최적의 안을 서대문구청에 제시할 예정이다.

III. 문제 해결 방법의 평가

1. 사용자와의 상호작용

먼저 흡연자들과 두 가지 방식으로 상호작용했다. 첫 번째 방식은 설치된 흡연구역의 이용률과 효과를 확인해보는 간접적인 상호작용이다. 흡연구역팀이 설치한 흡연구역을 흡연자들이 많이 이용한다면 이는 흡연구역팀이 만

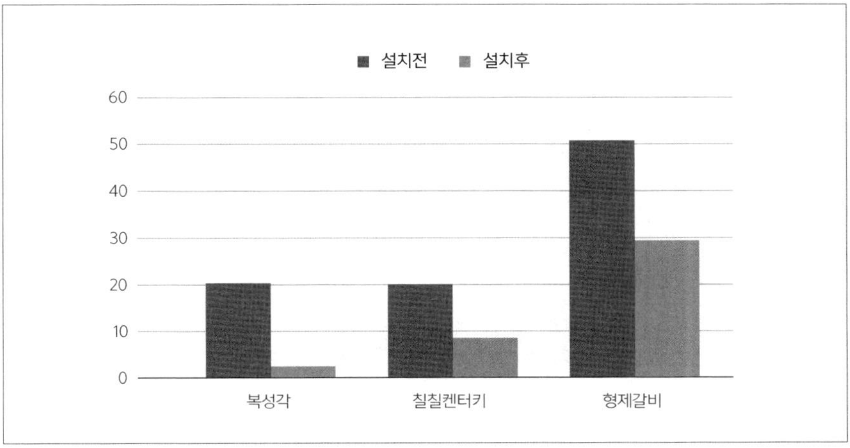

|그림 3-8| 설치 전·후 길가에 버려진 꽁초 개수 비교

든 프로토타입에 대해 긍정적인 반응을 보이는 것이며, 흡연자들이 이를 많이 이용하지 않는다면 이는 프로토타입에 대해 부정적인 반응을 보이는 것이라 판단할 수 있다. 11월 13일(화)부터 11월 19일(월)까지 진행한 실험결과를 분석한 결과 세 구역 모두 설치 이전에 비해 바닥에 버려진 꽁초의 개수가 현저히 줄어든 것을 확인할 수 있었다. 설치 이전 일주일 동안 복성각에는 평균 21.3개, '칠칠켄터키'에는 20.5개, 형제갈비에는 51.1개의 꽁초가 버려져 있었다. 그런데 설치 이후 일주일 동안에는 '복성각' 4.3개, '칠칠켄터키' 7.3개, 형제갈비 29.4개로 그 수가 확연히 줄어들었다. 이는 적게는 약 40%, 많게는 약 80% 감소한 것이다. 이러한 관찰 결과를 통해 흡연구역팀이 만든 프로토타입이 흡연자들로부터 큰 호응을 얻은 것을 확인할 수 있었다.

흡연자와의 상호작용 두 번째 방식은 직접적인 상호작용이다. 흡연구역을 이용하고 꽁초를 재떨이에 버리는 흡연자를 대상으로 짧은 인터뷰를 진행했다. 흡연자에게 흡연구역을 이용한 이유와 소감을 물었을 때 흡연자들은 다음과 같이 답했다. 우선 흡연구역에서 담배를 피는 것이 다른 지역에서 흡연을 하는 것보다 눈치가 덜 보인다는 점에서 편하다고 말했다. 또한 평소 길거리에서 흡연을 할 때는 꽁초를 쓰레기통에 버리고 싶어도 버릴 곳이 없어서 어쩔 수 없이 꽁초가 모여있는 곳에 무단 투기를 하는 경우가 많았는데, 재떨이 등에 꽁초를 버릴 수 있어서 무단 투기를 하지 않아 큰 효능감을 느낀다고 했다. 이처럼 흡연자들을 상대로 한 상호작용에서 흡연구역팀이 만든 프로토타입이 직·간접적으로 긍정적인 반응을 얻었다.

다음으로 흡연구역 설치 이후 인터뷰를 통해 인근 상인들과의 상호작용을 진행했다. 프로토타입을 설계할 때 흡연구역 인근 두 가게 상인들의 입장을 듣고 이를 반영하였지만 리빙랩 실시 이후의 반응은 당초 상인들의 예상과 다를 수 있기 때문이다. 따라서 흡연구역 설치 실험 이후 또 다른 흡연구역 인근 상권인 '복성각'에 찾아가 조원들과 식사 후 관계자 인터뷰를 진행하였다. 가게 앞에 설치된 재떨이 등 흡연시설의 존재를 인지하고 있는지를 물었을 때 관계자는 알고 있다고 답했다. 이에 흡연구역팀은 설치 전과 후 달라진 점이 있는지를 물었고 직원은 다음과 같이 답하였다. 재떨이를 누가 설치했는지는 몰랐지만 재떨이가 생기고 난 뒤부터 주변 바닥에 버려지는 꽁초가 확실히 줄어들었으며 이로 인해 평소보다 해당 구역을 청소하는 것이 수월해졌다고 말했다. 흡연구역팀이 만든 프로토타입이 해당지역 무단 투기를 줄여서 이를 관리하는 인근 상인으로부터 긍정적인 반응을 얻은 것이다.

2. 문제 해결 방법의 지속 가능성과 영향력

지속가능성은 '현재 세대의 욕구를 충족시키는 동시에 미래 세대가 그들의 욕구를 충족시킬 수 있는 능력을 저해하지 않는' 거시적인 정의와 더불어 실질적으로 '이어질 수 있는가'에 대하여 말하고 있다(이태동, 2018). 흡연구역 팀은 이러한 지속가능성의 다차원적인 정의에 부합하도록, 신촌 거리의 직접적인 사용자로서 Bottom-up 방식을 통해 상세하게 분석하였다.

연세로 내에는 흡연 관련 시설이 설치되어 있지 않다. NIMBY(Not In My Backyard) 현상을 유발할 수 있고, 더불어 흡연을 권장한다는 인식을 줄 수 있기 때문이다. 공식적인 흡연구역 설정은 근래의 국가 단위로 시행되어오던 금연 정책들과는 상반된 기조이기도 하다. 하지만 흡연은 개인의 욕구와 밀접하게 관련이 되어있는 문제로, 흡연 자체의 중독성으로 인하여 한 순간에 단절할 수 없는 사안이다. 따라서 흡연구역 팀에서는 정책적 차원에서 흡연을 지양하는 추세와는 별개로, 공리의 극대화 차원에서 비흡연자와 흡연자의 공간 분리를 염두하며, 폐기물 집약에 집중했다.

1) 사용자의 인지

이러한 문제의식을 바탕으로 흡연구역 팀이 제시하는 문제 해결 방법인 흡연시설의 운영에 있어 우선 '사용자의 인지'를 확보할 수 있어야 지속적인 운영이 가능하다고 보았다. 생활공간에 흡연 관련 시설들이 마련되어 있을 때, 시설에 대하여 사람들이 '인지하고 있어야만' 실험이 효과적으로 지속될 수 있기 때문이다. 연세로는 유동인구가 많은 지역으로, 개인의 영역 내에 흡연 부스를 설치하거나 새로운 흡연 구역을 지정하는 것은 불가능에 가깝다. 따라서 기존의 관습적인 흡연 공간을 타겟팅하였다. 이는 연세로의 사용자들의 흡연 행태 분석을 통한 상향식 결정과정의 일부로, 하향식으로 흡연구역을 지정하는 것과 비교하여 더욱 효과적인 결과를 창출할 수 있다.

2) 관리점검의 문제

꽁초가 투기되는 시설은 지속적인 화재의 위험에 노출되고 있다. 담배꽁초와 여타 쓰레기들이 완전히 분리되어 투기되고 있지 않기 때문이다. 실제로 실험을 진행하였을 때 재떨이 위에 발화성이 높은 쓰레기를 놓아두는 경우가 있었다. 흡연시설을 주기적으로 점검하며 재떨이와 쓰레기통을 비우지 않았을 때 쌓이는 꽁초의 양은 상당했다. 재떨이 또한 수용 가능한 꽁초의 양에 한계가 있기에 관리 시점이 적절하지 않을 시에는 효능이 떨어진다는 단점을 파악할 수 있었다. 모든 이해관계자의 이익 구조를 수용 가능할 때 시설은 가장 큰 효과를 드러냈다. 따라서 지속적으로 시설 관리를 해주어야 한다는 부담, 관리주체의 설정과 함께 기존 연세로 골목의 관리 주체들과 의사소통을 지속가능성의 필수적인 요소로 분석하였다.

실험 결과에 따르면, 재떨이나 간단한 페트병, 즉 꽁초를 버릴 수 있는 시설만 마련되어있다면 충분히 사람들은 바닥에 꽁초를 투기하지 않는 것을 알 수 있었다. 위 분석에서 나타난 바닥에 버려진 꽁초 개수의 감소에서 이를 확인할 수 있다. 이는 흡연부스의 설치로 확대되었을 때, 폐기물관리법 시행령에 따른 기존 연세로 단속 인원과 비용을 최소화할 수 있을 것이다. 흡연구역과 시설이 마련되어있을 때 꽁초의 투기는 특정 공간에서 집약적으로 발생할 것이기 때문이다. 이러한 꽁초의 수용이 효과적으로 이루어질 때, 흡연 부스는 최대의 효과를 창출할 것이라 판단되었다.

3. 직면한 도전은 무엇이고, 이를 어떻게 해결하려고 하는가?

1) 2차 실험

기존 1차 실험에서는 변수 두 가지가 동시에 적용되어 각각의 효과를 정량적으로 확인하지 못함에 따라, 독립변수 중 하나인 안내문구 형태별 효과의 차이를 파악하기 위하여 안내 문구만으로 바닥에 떨어진 담배꽁초의 개수를 측정하는 실험을 진행하였다. 안내문구의 위치는 기존의 재떨이 설치 장소와 동일한 곳과 동일했다.

- 11월 23일(설치 이전) : 77켄터키 7, 복성각 1, 형제갈비 28, 매 저녁 10시 관찰
- 11월 23~25일 : 77켄터키(질서) 4, 복성각(배려) 4, 형제갈비(규제) 15
- 11월 25~27일 : 77켄터키(규제) 2, 복성각(질서) 9, 형제갈비(배려) 19
- 11월 27~29일 : 77켄터키(배려) 5, 복성각(규제) 3, 형제갈비(질서) × 값

2차 실험에서는 이틀 간격으로 문구가 설치된 지역에 저녁 10시마다 관찰을 진행하였다. 1차 실험에서 늦은 저녁시간, 10시 가량부터는 꽁초의 개수가 급증한다는 사실을 발견했기 때문이었다. 더불어 이틀이라는 시간 사이의 오차를 최소화하기 위하여 동일 시간대에 측정을 진행하였다. 이는 관리 주체가 개입할 여지를 최소화한 것이기도 하다. 또한 각 문구마다의 영향을 정확하게 측정하기 위해 지역마다 이틀에 한 번 꼴로 문구를 교체하여 효과를 분석하

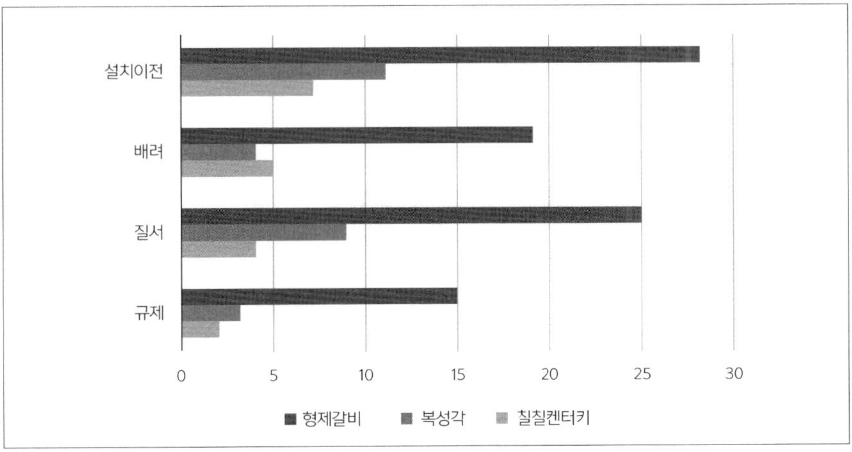

|그림 3-9| 2차 실험 결과

였다. 이틀간의 실험 결과, 질서-> 배려-> 규제 순으로 관련 안내 문구의 효과가 크게 나타난다는 점을 파악할 수 있었다. 형제갈비 앞 습관적 흡연 구역은 흡연 인구가 통상적으로 가장 많았기에 이를 극명하게 드러낼 수 있었다. 하지만 재떨이와 같이 실질적으로 담배꽁초를 응집할 수 있는 시설이 없을 시에 안내문구는 현실적인 효과를 발휘하기 힘들었다 파악할 수 있다. 따라서, 2차 실험을 통하여 시설이 마련되고 '규제'를 강화했을 시에 가장 정책의 효과를 효율적으로 담보할 수 있다는 사실을 파악하였다.

2) 재떨이 도난

2018년 11월 7일부터 2018년 11월 14일까지 8일간 진행되었던 초기 실험에서는 이해관계자와의 소통이 원활하게 이루어지지 않아 실험 초반 재떨이를 도난당했다. 예측 불가능했던 변수였던 만큼, 당황스러운 사태였다. 하지만 흡연구역 팀은 빈 페트병으로 재떨이의 형태를 대체하는 방식으로 위기에 대처했다. 이를 통해 투기 시설의 수용 형태를 변경함으로써 가장 효과적인 투기 시설의 형태와 크기에 대한 분석을 함께 진행하였다. 실험결과 일반 쓰레기와 담배꽁초를 분리할 수 있는 형태의 재떨이가 가장 효율적이라는 사실을 파악할 수 있었다.

추가적으로 실험 구역의 지역적 특성이 모두 대로변이 아닌 상권 인근이었던 점을 실험의 한계로 제시하고자 한다. 흡연부스 건설에 대한 정책 제언 과정에 있어 이에 대한 문제의식을 반영할 계획이다. 세부적인 논의는 4. 결론에서 확인할 수 있다.

3) 이해관계자 인터뷰

이를 교훈으로 삼아 흡연구역팀은 이해관계자들 간의 합의를 적극적으로 도출하는 것을 목표하였다. 우선적으로 1차 실험과 2차 실험 모두에서 가장 효과가 컸던 복성각 앞을 타겟팅하여, 관계자와 인터뷰를 진행하였다.

① 복성각

- 재떨이 설치 존재를 알고 있었는가? 부정 또는 긍정효과?

알고 있었다. 까맣고 예쁜 재떨이 놓고 간 이후로는 많이 깨끗해졌다. 원래 옆에 깡통이 있었는데 누가 뒀는지는 모르겠다. 쓰레기랑 담배꽁초가 섞여 있어서 관리하기가 힘들었는데, 지금은 재떨이가 분리되어 있어서 관리하기가 더 편하다.

- 흡연부스가 설치된다면 어떨 것 같은지?

실제로 흡연부스가 설치되거나 흡연구역으로 지정이 되면 담배 연기 냄새도 많이 들어오고 안 좋다. 하지만 안 들어오는 게 차라리 나을 것 같다. 관리가 안 될 것 같기 때문이다. 구청에서 관리한다고 해도 옆 애견샵 사장님부터 반대하실 것 같은데. 공식적으로 지정하기 보다는 지금처럼 암묵적으로 피게 하고 우리가 관리하는 게 차라리 낫다. 흡연을 한 후 주변을 깔끔하게 정리만 잘 해줬으면 좋겠다.

또한 구청 도시청소과 소속 청소원분들에게 프로젝트에 관련한 내용을 전달하였다. 추가적으로 리빙랩의 구체적 실천 내용과 관련된 흡연부스 설치에 대한 직접적인 의견을 여쭈었다.

② 서대문구 청소운영과

"거리를 청소하거나 흡연을 단속하는 입장에서는 흡연부스 설치가 하나의 대안이 될 수 있다고 본다. 그런데 부스 구조물을 설치하는 과정에서 여러 부서와의 협업이 필요하다는 점을 고려해야 한다."

③ 서대문구 환경미화원

"관할은 중요 간선만 해당되고 그 외의 골목길까지 들어가기에는 인력 측면에서 관리가 힘들지 않을까 생각한다. 관리한다면 24시간 항시 가동되어야 할 텐데 근무시간이 한정적이다. 사실 사유지에서는 건물주나 건물 이용 상인들이 치워야 하는 것인데, 치우는 업무는 넘기기만 한다."

관계자들과의 인터뷰를 통하여 현실적으로 기존 청소 주체 이외의 사용자들이 자발적으로 자신들의 영역을 관리하려는 경향이 적다는 것을 알 수 있었다. 실제로 님비현상이 발생하는 것을 파악할 수 있었으며, 관습적 흡연구역의 법제화 이외에도 새로운 지역, 제 3의 지역에 흡연부스 설치 가능성 또한 고려해야 한다는 사실에 대해 논할 수 있게 되었다.

IV. 결론

1. 리빙랩의 시사점과 정책 제언

프로젝트의 궁극적 목표인 연세로 인근 흡연구역 설치를 위한 정책 제언을 위해 흡연구역팀은 리빙랩을 설계했다. 설계 과정에서 리빙랩의 효과성을 높이기 위한 사용자의 니즈 분석을 위해 신촌 유동인구를 대상으로 설문조사를 실시했으며, 설문 결과는 크게 3가지로 요약할 수 있다. 먼저 설문에 응한 흡연자 모두가 흡연부스를 이용할 용의가 있다고 밝혔다. 또한 흡연자들은 흡연부스의 형태로 재떨이만 갖춘 형태를 가장 선호했다. 마지막으로 비흡연자 설문 결과 연세로와 인접한 지역 중 'HOLLYS COFFEE' 건물 뒤와 복성각 앞, '칠칠켄터키' 맞은편 골목, '형제갈비' 옆 공터가 암묵적인 흡연장소로 여겨져 비흡연자들이 가장 잦은 간접흡연을 경험한다는 사실을 확인할 수 있었다.

이러한 설문결과를 반영하여 리빙랩을 설계, 실행한 결과 도출할 수 있는 흡연시설의 원활한 운영을 위한 전제조건은 다음과 같다. 먼저 사용자(흡연자)의 적극적인 활용이 중요하다. 또한 흡연시설의 존재에 대한 신촌 유동인구의 인지가 기반이 되어야 한다. 그리고 시설에 대한 지속적인 유지와 관리가 필수적이다. 더불어 시설 운영에 있어 기존 관리주체와의 의사소통과 사용자간 이해관계의 조정 과정을 거쳐야 한다. 뿐만 아니라 리빙랩 결과에서 도출한 흡연시설의 적절한 운영 형태를 예측해보면, 먼저 담배 꽁초 투기를 유인할 수 있는 시설의 존재가 가장 핵심적인 요소이다. 우리의 실험에서 확인할 수 있듯이 재떨이와 쓰레기통의 존재만으로 길거리에 투기 되는 담배 꽁초 수를 효과적으로 줄일 수 있었다. 이는 리빙랩 사전 설문조사에서 흡연자가 가장 선호하는 흡연부스의 형태가 재떨이만 갖춘 형태라는 응답과도 상응하는 결과이다.

리빙랩의 시사점을 바탕으로 팀 내에서 자체적인 논의를 거친 결과 정책 제언으로 이어지기 위해선 관련 이해관계자와의 상호작용이 필요하다고 판단되었다. 2018년 11월 29일 흡연구역 팀원 모두가 서대문구청 제4별관으로 찾아가 청소행정과, 서울특별시청소노동조합 서대문지부 관계자와 인터뷰를 진행했으며 이를 바탕으로 구상한 흡연구역 팀의 정책 제언을 요약하면 다음과 같다.

<표 3-1> 연세로 인근 흡연부스 설치 제언

흡연부스의 필요성	사용자 차원	• 흡연자 대상 여론 조사 결과 흡연부스가 설치되면 이용 용의가 100% 있음을 확인 • 비흡연자 대상 여론 조사 결과 흡연부스 설치에 93.2%가 찬성 • 리빙랩 결과 흡연시설이 높은 효과성을 입증
	환경미화, 폐기물 관리 차원	• 흡연시설 설치 전후 거리에 무단 투기 되는 꽁초 수가 현저히 감소했음을 확인 • 실험구역 인근 업주 인터뷰 결과 재떨이가 효과적인 유인으로 작용하여 청소가 용이했음을 확인
흡연부스 위치 선정 : 창천문화공원	문제의식	• 흡연부스의 접근성이 보장되어야 사용자의 높은 참여를 이끌 수 있음 • 그러나 흡연부스가 연세로 중심지역 또는 사적 영업장과 지나치게 인접한 경우 관련 이해관계자 모두의 반감을 유발할 수 있음
	해결방안	• 창천문화공원은 유동인구가 잦은 현대백화점 U-Plex 인근에서 30m 떨어진 공간 • 사용자의 접근성, 인근 상권과의 적당한 분리, 보행을 방해하지 않는다는 점에서 최적의 장소
흡연부스 형태 선정	• 폐쇄형 흡연부스 또는 가림막을 이용하여 공간이 분리된 흡연부스 • 흡연자의 요구를 반영하고 기타 유동인구의 피해를 최소화할 수 있는 형태	
기타 요구사항	• 공무관 인터뷰 결과 흡연부스의 실질적인 운영을 위해선 행정적으로 합리적인 근로 시간, 근로 강도 등의 개편이 이루어져야 함을 확인. • 흡연구역 팀이 제공한 관계자 인터뷰를 정책 실현에 반영할 것을 제안	

2018년 11월 29일 팀원 모두가 서대문구청 본관 정책기획부로 찾아가 송월섭 정책기획팀장에게 직접 제언 내용을 전달했다. 기획팀장은 12월 3일에 있을 간부정책회의에서 이를 긍정적으로 검토할 것을 약속했다.

2. 정책제언 피드백

2018년 12월 3일 간부정책회의 결과 해당 안건은 서대문구 보건소로 인계되었고, 12월 14일 보건소 금연구역 지정 담당자와 함께 신촌 일대 금연구역과 암묵적 흡연구역을 함께 둘러보며 본 프로젝트에 대한 피드백을 받고 향후 정책 추진 과정에 대해 의논하는 시간을 가졌다.

흡연부스의 필요성 – 보건소에서도 흡연부스 설치 및 흡연구역 지정의 필요성에 대해 인지하고 있었다. 흡연부스 설치 및 흡연구역 지정은 사용자 또는 환경미화/폐기물관리 차원에서 필요하며 효과적인 방식이다. 본 프로젝트를 통해 신촌 유동인구 (흡연자와 비흡연자), 신촌 상점주의 니즈 또한 확인된만큼 적극적인 검토와 정책 추진이 필요하다.

흡연부스 형태 – '흡연구역 설치 가이드라인'의 '제 1장 6조(주요원칙)' 1항에서 '담배의 규제에 관한 세계보건기구 기본협약(WHO Framework Convention on Tobacco Control, 이하 기본협약(FCTC)이라 함)'에 근거해 폐쇄형 흡연시설물 설치가 불가하다는 점을 명시하고 있다. 여기서 "폐쇄형"이란 개방형의 조건(자연 환기가 가능하며, 지붕을 포함한 열린 면적이 전체 면적의 50% 이상)을 충족하지 못한 흡연구역을 뜻하며, "완전 폐쇄형"이란 출입구를 제외한 모든 공간(지붕, 벽면, 바닥 등)이 밀폐된 흡연구역을 말한다. 결론적으로 가림막을 통해 공간을 구분하는 방식은 가능하지만, 폐쇄된 형태의 흡연시설물 설치는 사용자의 2차적 간접흡연을 발생시키는 우려로 인해 어려울 것으로 보인다.

구리시의 사례를 벤치마킹하여 '담배꽁초 퇴비화 시설'을 설치하는 방안은 매우 혁신적이다. 예산 확보가 가장 중요한 문제이겠지만, 그 필요성과 효과성에 충분히 공감하고 있기 때문에 향후 안건을 구체화시켜 나가는 과정에서 적극적으로 고려하겠다.

흡연부스 위치 선정 – '서울시 실외 금연구역 내 간접흡연 피해 방지를 위한 흡연구역 설치 가이드라인 (서울시 시민건강국 건강증진과, 2016.)' '제2장 2조(설치위치) 2항에서 버스 정류장, 지하철역 출입구, 횡단보도, 어린이 놀이터, 청소년 활동시설, 공연시설, 공중화장실 등으로부터 최소 10미터 이상 떨어진 곳으로 하도록 명시하고 있다. 창천문화공원에 향후 들어서게 될 '청년전진문화기지'도 이에 해당되며 공원 이용시민 및 보행자의 간접흡연 피해를 최소화하도록 해야 한다. 다만 아차산배수지 체육공원(광진구), 등나무문화공원 주차장(노원구)에 흡연시설이 들어선 사례가 있어, '도시공원 및 녹지에 관한 법률'을 검토한 후 흡연부스 설치 가능성을 신중하게 논의해볼 필요가 있다. 창천문화공원 외에 신촌 지하철역 2번 출구 앞도 고려 대상이 될 수 있다.

기타 의견 – 흡연시설 설치와 달리 골목길 흡연 구역 지정의 경우 실제 운영 및 담당 관리 부서인 청소관리과의 협조가 필수적이다. 담당 부서와 논의한 후 결과를 전달하겠다.

참고문헌

헌법재판소, 2004.08.26. 2003헌 마457, 판례집 제 16권 2집 상, 355

국민건강증진법시행규칙 제7조 위헌확인(2004.08.26. 2003헌마457전원재판부)

성지은 외, 2013. “리빙랩의 운영 체계와 사례.” 『STEPI Insight』 127호, 1~46

이태동, 2017. 『토론으로 배우는 환경에너지 정치』, 청송미디어, 09~15

인터넷 자료

이광철, 2017. “매년 700만 목숨 빼앗는 담배 … 환경에도 재앙”, https://news.naver.com/main/read.nhn?mode=LSD&mid=sec&sid1=103&oid=001&aid=0009302884(검색일: 2018.10.31.)

주현웅, 2018. “미세플라스틱 주범 ‘담배꽁초’ 태우거나 묻으라고?” http://www.greenpostkorea.co.kr/news/articleView.html?idxno=97675 (검색일: 2018.11.25.)

김성현, 2018. “구리시, 전국 최초 담배꽁초 수거 보상제... 1개당 10원 보상”, https://news.naver.com/main/read.nhn?mode=LSD&mid=sec&sid1=102&oid=052&aid=0001135777(검색일 : 2018.10.21.)

[별첨 1] 설문지 항목과 응답 결과

1. 흡연자이십니까?

총 응답자: 98명

흡연자	24.5%
비흡연자	75.5%

2. [비흡연자 대상] 신촌에서 간접흡연을 가장 자주 경험한 곳은 어디입니까?(복수응답 가능)

총 응답자: 74명

할리스 뒤/복성각 앞	24.3%
칠칠켄터키 맞은편 골목길	43.2%
형제갈비 옆 공터	27%
리코스타 코인노래방 옆골목	10.8%
현대백화점 옆골목	58.1%
연세대 정문 맞은편 굴다리~연세로 길목	20.3%

3. [비흡연자 대상] 신촌에 흡연구역을 지정하는 것에 찬성하시나요?

총 응답자: 74명

찬성	93.2%
반대	6.8%

4. [흡연자 대상] 선호하는 흡연 장소는 어디입니까?

총 응답자: 24명

인적이 드문 골목길	41.7%
실외 지정 흡연구역	41.7%
실내 흡연구역	4.2%
최대한 가까운 곳 어디든	12.5%

5. [흡연자 대상] 신촌지역에 흡연구역 지정이 필요하다고 생각하시나요?

총 응답자: 24명

필요하다	91.7%
필요하지 않다	8.3%

6. [흡연자 대상] 선호하는 흡연부스 형태는 무엇인가요?(중복응답 가능)

총 응답자: 24명

재떨이만	50%
재떨이+간이의자	20.8%
개방형 흡연부스(재떨이+가림막)	41.7%
개방형 흡연부스+간이의자	4.2%
폐쇄형 흡연부스	41.7%
폐쇄형 흡연부스+간이의자	20.8%

7. [흡연자 대상] 흡연부스가 설치되면 이용할 용의가 있나요?

총 응답자: 24명

항상 이용하겠다	33.3%
접근성이 용이하면 이용하겠다	66.7%
이용하고 싶지 않다	0%

04. 도시홍수 문제 해결을 위한 리빙랩

- 물순환도시, 서대문구 : 유출은 0으로, 활용은 100으로

| 고현창, 방주현, 윤현종, 최윤지 |

I. 서론

2010년 9월 추석 연휴에 최대 시간당 108㎜의 기습 폭우가 쏟아지면서 광화문이 침수되었다. 2011년 7월에는 시간당 113㎜의 폭우가 찾아와 우면산 산사태가 발생했다(강정은 · 이명진, 2012.). 홍수 설계 빈도가 10년인 서울시가 감당할 수 있는 배수량은 시간당 75㎜(강상준 · 이양주, 2011.), 턱없이 부족한 상태다. 문제는 바로 집중호우의 강수량과 일수 모두 증가하고 있다는 것이다.[1] 이는 인구밀집 지역인 도시에서의 온실가스 배출과 기후변화에 대한 취약성을 부각하며, 특히 우리나라는 재난의 심각성에 대한 인식이 저조한 채 보여준다. 급격한 산업화를 거치면서 정작 필요한 안전대책 개념이 도시개발에 반영되지 못해 앞으로 점점 더 심화할 것으로 예상한다(김근영, 전경수, 2005; 김현주, 2005.).

특정 시간에 집중적으로 많은 비가 쏟아져 내리는 집중호우는 도시홍수(Urban Flooding)[2]으로 이어지며, 도시가 한 마디로 '물바다'가 되면서 보행은 물

---

1 1980년대 이전에는 8월 평균 강수량이 224mm인 것에 비해 80년대 이후에는 300mm로 증가했고, 2000년을 전후로 집중호우 일수를 비교했을 때도, 서울은 32일에서 37일, 광주는 19일에서 27일, 부산은 21일에서 43일로 각각 증가했다(권오현 외, 2009.). 최근 10년간 1일 100mm 이상의 집중호우 발생빈도는 1.5배 증가(소방방재청, 2011.)

2 '도시홍수'란 배수시설이 폭우를 감당하지 못해 도심이 물에 잠기는 현상으로 버스정거장이 5cm 이상 물에 잠기는가를 기준으로 설정(강상준, 이양주, 2011.)

론 차량이동도 매우 어려워지고 길가의 폐기물 처리가 잘 안 되어 있는 경우 담배꽁초 등의 쓰레기들이 떠다니는 현상도 일어난다. 정도가 심해질 경우 가로수가 무너져 차량이 휘말리거나 앞서 언급했듯 산사태도 일어나는 등 여러 심각한 문제점을 일으킨다. 즉 교통마비부터 수질오염, 재산피해에 이어 인명 피해까지 일어날 수 있으므로 대비책이 필요하다.[3]

도시홍수의 원인으로는 배수 불량, 도시화에 따른 불투수면적 증가[4],저지대 물 저장 능력 부족 등이 꼽힌다(강상준 외, 2011.). 이들은 기존의 건축·설계의 문제로, 정부 차원에서도 배수량을 늘리고, 불투수면적은 줄이는 등의 정책을 내놓고자 했다. 실제로 각 도시별로 배수시설의 기준치를 높이도록 소방방재청(2011.)에서 계획이 세워졌는데, <표 4-1>에서 볼 수 있듯이 서울은 시간당 95mm, 다른 지역도 평균 시간당 70mm~80mm으로 계획이 잡혀있는데, 최근 시간당 90mm 이상 폭우가 내리면서 기준이 기후변화를 못 따라가고 있다는 평가를 받기도 한다. 불투수면적의 문제도, 미국에서는 Depave라는 단체가 물이 스며들 수 있게끔 도시화에 따른 불필요한 아스팔트화, 시멘트화된 길이나 건물을 뜯어내는 작업을 적극적으로 실행하고 있고 그 결과 연간 15,000톤에 달하는 물의 양을 땅에 스며들게 하는 효과를 볼 수 있었음에도 불구하고 우리나라에선 아직 투수블럭의 효과성에 대한 인식이 부족하다.

우리는 배수불량의 또 다른 원인으로서 생활쓰레기 등에 의한 배수구 및 하수관의 막힘 문제가 있음을 확인할 수 있었는데, 특히 배수시설에 쓰레기들과 담배꽁초가 많이 버려져 있었다는 배경이 있었다(강상준 외, 2011.). 이를 토대로 우리는 이 문제를 해결하는 방법으로서 리빙랩을 실험해보기로 했다. 단순히 정부의 하향식 정책실행이 아닌, 이해관계자인 주민, 상권, 해당 기관 등

3 2010년 수도권 주택피해 29,891세대, 최근 10년간 인명피해 72명과 재산피해 1조 7천억 원(소방방재청 2011.)

4 서울지역의 불투수면적은 1962년 7.8%에서 2006년 47.5%로 증가(소방방재청 2011.)

모두가 함께 협력하는 리빙랩 접근법은 보다 더 실질적으로 일상문제 해결에 효과가 나타날 것이라고 믿는다. 배수로에 쓰레기들이 즐비해 있었다는 것은 배수시설의 중요성에 대한 시민들의 인식이 부족하다는 것이다. 이러한 사람들의 인식을 개선해 나가는 데 필요한 방안들을 고안해보았다. 또한 서울시에서는 물순환정책과에서 '빗물저금통'이라는 빗물저감/저장탱크 설치를 지원하고 있었다는 것을 알 수 있었는데, 빗물저금통이라는 시설이 현재 어떤 지역에서 어느 정도 활용되고 있는지, 그 효과가 어느 정도인지 등에 대한 고민들을 서울시와 서대문구청, 필요시 그 외의 공공기관, 그리고 신촌지역의 상권들과의 연락을 통해 현황과 실태를 파악하였다. 필요시 지역주민 또는 학생들과의 협력도 도모하여 개선책이나 우리가 앞으로 해 나갈 수 있는 것들을 모색해보기로 하였다.

<표 4-1> 지역별 방재성능목표 설정을 위한 1시간 목표강우량 분석결과

(단위 : mm)

자치단체별	현재 설계강우량	방재성능 목표실험 방법		
		단기계획('15년)	중기계획('30년)	장기계획('60년)
서 울	75(10)	95(30)	105(70)	120
부 산	73(10)	85(20)	95(30)	115(100)
대 구	55(10)	60(30)	65(40)	75(100)
인 천	64(10)	75(20)	85(50)	100(100)
광 주	55(10)	65(15)	75(30)	90(100)
대 전	68(10)	75(30)	80(50)	85(100)
울 산	58(10)	65(20)	75(50)	85(100)
수 원	68(10)	75(20)	85(30)	95(100)

출처: 소방방재청. 2011. "지역별 방재성능목표 설정 · 운영 지침".

II. 배경

우리 조는 서대문구의 홍수 피해 문제에 대해서 '물순환'이라는 개념에 기반을 두고 그 해결방안을 모색하고자 했다. 물이 자연스럽게 순환하는 환경을 조성해 궁극적으로는 서대문구를 '물순환도시'로 만드는 것을 최종적인 목표로 한다.

급격한 도시화에 따라 자연계의 물순환에 왜곡이 발생한 것에 대한 반성으로부터 물순환도시의 개념이 출발했다. 본디 자연계에서는 떨어지는 빗물이 땅 속으로 스며들어 지하수로 함양돼 하천으로 유출되거나 증발산을 통해서 기온을 낮추는 작용을 하는 방식으로 자연스럽게 물이 순환된다. 하지만 도시화에 따라서 불투수면적이 증가하여 도시홍수와 도시가뭄이라는 문제를 동시에 안게 되었다. 이와 더불어 인류의 활동으로 인한 예측불가의 기후변화는 특정 지역에 짧은 시간 동안 집중적으로 내리는 형태의, 이른바 국지성 집중호우를 증가시켰다.

특히 우리 조의 관심 지역인 서대문구의 경우 그 피해가 상당히 크다. 기습폭우로 인해 신촌의 저지대를 중심으로 도로가 물에 잠기는 일이 심심치 않게 언론에 보도되고 있다. 특히 유동인구도 많고 번화가가 저지대에 위치해 있는 특성상 더 많은 사람들이 이로 인해 불편함을 겪고 있었다. 따라서 우리 조는, 서대문구 두 지역을 선정하여 이러한 폭우로 인한 도시침수 문제를 해결하고, 더 나아가서는 물순환 개념을 통해서 폭우를 새로운 자원으로 활용하는 방안까지 모색해보고자 했다.

1. 물순환이란?

물순환도시란, 도시 내에서 도시개발 이전의 자연스러운 물순환 체계를 달성하는 것을 의미한다(도시미래신문, 2016.06.20.). 도시화 이전에는 빗물이 지하로 흡수되어 이것이 자연스럽게 하천으로 흐르는 순환이 이루어졌다. 하지만 도시화로 인해 불투수면적이 증가하면서 빗물의 침투가 어려워져 도시홍수가 발생하고, 물이 필요한 곳으로 흘러들어가지 않아 하천의 기저유량이 감소하는 도시가뭄의 문제가 동시에 발생했다. 따라서 물순환이란 '저영향 개발'을 도입해, 도시개발 이전의 상황과 유사하게 유출수가 발생하는 단계에서부터 배수가 잘 이루어지도록 하고, 그것을 소규모·분산식으로 저장 및 처리해 필요한 곳에 쓰이도록 관리하는 방식으로 이루어진다.

우리는 물순환을 위해 활용되는 빗물관리시설을 크게 빗물침투시설과 빗물이용시설으로 나누어보았다. 빗물침투시설은 빗물의 배수를 원활하게 해 빗물유출량을 저감시키기 위함이고, 빗물이용시설은 이렇게 모인 빗물을 다른 용도로 다시 쓸 수 있도록 저장 및 정화하려는 목적을 가지고 있다. 우리조는 이러한 점에 착안해서, 물순환의 개념을 서대문구의 주민들이 더 친숙하게 받아들일 수 있도록, 머리에 쉽게 각인될 수 있을만한 캐치프레이즈를 뽑았다: "물순환도시 서대문구, 유출은 0%로, 활용은 100%로". 여기서 '유출 0%'는 빗물침투시설을, '활용 100%'는 빗물이용시설을 이용한다는 의미가 담겨있다. 이를 통해 정책의 대중 인지도를 높여 정책의 수용성과 효과성을 높이고자 했다.

III. 서대문구 지역 선정

우리 조는 '서대문구를 물순환도시로 만들기'라는 목표를 달성하기 위해서 우선적으로 침수피해가 심각한 두 지역에 우선적으로 빗물마을 조성사업을 진행해보자는 계획을 세웠다. 침수피해가 심각한 지역일수록 그곳에 사는 주민들의 홍수 문제에 대한 인지나 걸린 이해관계가 크기 때문에 더 적극적인 주민들의 참여를 이끌어 낼 수 있기 때문이다. 상향식 사회혁신을 꾀하는 리빙랩의 특성상 이러한 주민의 수용성과 참여는 매우 중요한 요소이다.

두 지역으로 우리 조는 '1) 연세대학교 앞 신촌 번화가'와 '2) 남가좌동 주거지역'을 선정했다. 그 이유는 다음과 같다. 우선 연세대학교 앞 신촌 번화가는 상습 침수 구역이기 때문에 가장 직접적인 피해를 입기 때문이다. 실제로 이 지역은 기습적인 폭우가 있을 때마다 도로가 물에 잠겨서 행인들과 주변 상가가 피해를 입은 일이 언론에 자주 조명된다. 또한 이 지역은 유동인구도 많고 상가가 밀집해 있기 때문에 많은 불특정 이해관계자가 존재한다.

또 다른 중요한 이유는 이곳의 침수피해 문제는 리빙랩을 통해서 학생 차원에서 해결할 수 있기 때문이다. 도시침수의 경우 다양한 원인이 존재하나, 하수처리용량 부족과 같은 원인은 대규모의 공사를 필요로 하기 때문에 학생들이 리빙랩 차원으로 접근하기에는 현실적인 어려움이 따른다. 하지만 자료조사를 통해서 신촌 지역의 문제는 이외에도 '빗물받이 내의 담배꽁초 유입' 같이 대학생 차원에서 해결할 수 있는 부분 또한 존재한다는 것을 알게 되었다. '우리가 해결할 수 있는 문제인가?'라는 질문도 리빙랩의 실현가능성을 위해서는 중요하게 고려해야하는 문제라고 생각했다.

이와 같은 문제의식을 바탕으로 우리는 신촌 상가밀집지역으로 현장조사를 나가 그 실태를 알아보고자 했다. 우리의 예상처럼 많은 빗물받이가 담배

|그림 4-1| 신촌 상가 일대 빗물받이

꽁초로 막혀 있거나 아예 유입을 원천 봉쇄하고자 덮개로 막혀 있는 경우가 대부분이었다. 이를 통해 실제로 신촌 침수 문제의 많은 부분이 담배꽁초라는 원인으로 설명이 가능하다는 확신을 얻게 되었다.

하지만 실제로 가게 주인분들의 인터뷰를 시도해본 결과, 침수 피해에 대한 사람들의 인식이나 해결에 대한 의지는 생각보다 그리 크지 않다는 사실을 깨달았다. 예컨대 '양푼이 국수집'이라는 한 음식점을 운영하시는 사장님을 인터뷰했을 때, '신촌 지역은 개발되기 전인 40년 전에는 침수 피해가 컸지만 현재는 현대백화점이 들어오면서 그 일대의 작은 매장들을 제외하고는 상위 지대의 가게들이 직접적으로 입는 침수 피해는 크지 않아 사람들이 그러한 활동에 동참하지 않을 것이다.'는 사실을 알게 되었다. 이러한 상황에서는 사용자들의 적극적 의지를 이끌어 내기 힘들다는 판단 하에, 서대문구에서 실제로 침수 피해가 큰 다른 지역을 알아보고자 했다. 그 결과 남가좌 2동 주거지역의 반지하방들의 침수피해가 크고, '마봄협의체'라는 단체에서 그 복구작업을 돕고 있다는 기사를 접하게 되었다(서대문자치신문, 2018.10.08.). 남가좌동 침수

취약지역의 경우 그 피해가 직접적이고 문제 해결의 필요성에 대한 공감대가 민관에 걸쳐 널리 형성되어 있으므로 우리 조 또한 이 지역에서 리빙랩을 통해 침수 피해 예방을 위한 아이디어를 보태는 것이 의미 있고 시급할 것이라고 판단했다. 따라서 남가좌동을 두 번째 장소로 선정하게 되었다.

1. 신촌 상권

1) 유출 0% "담배꽁초 실험"

(1) 설계

담배꽁초의 유입을 막기 위해 서울시는 환경부와 함께 2017년 빗물받이 주변 아트작업 캠페인과 문구스티커 부착 사업을 진행했다.[5] 빗물받이 주변에 보기 좋은 아트작업이나 문구를 통해 빗물받이와 쓰레기 투기에 대한 사람들의 인식을 바꿔보자는 취지였다. 그러나 이 캠페인은 단기적으로 보았을 때 효과가 있었지만, 장기적으로는 또 다른 문제가 발생하였다. 실제로 서대문구청에 따르면, 2017년 11월 신촌 일대를 대상으로 하여 아트작업 캠페인을 진행했지만, 눈이 오고 제설 작업을 동반하면서 제설 작업에 사용되는 염화칼슘으로 인해 아트작업이 지워지거나 망가져 오히려 빗물받이 주변 미관이 망가졌다고 한다. 결국 흡연자 인터뷰를 통해 인식 개선보다는 실질적인 해법이 필요했음을 파악할 수 있었다. 따라서 담배꽁초의 유입을 줄이기 위한 방안으로, 모든 술집에 자체적인 재떨이통 설치를 의무화하는 방안과 흡연밀집구역을 대상으로 한 재떨이통 설치를 구상했다. 이 방안의 효과성을 확인하기 위해 "재떨이통" 설치를 통한 "사람들의 담배꽁초 투기 행동변화 유도 실험"을 설계하였다.

---

5 "빗물받이가 예술이 되다"라는 친환경 인식향상 캠페인을 환경부에서 진행했었다.

이 실험은 2주에 걸쳐 이틀 동안 3시간씩으로 진행하며, 사후 변화 비교를 목적으로 설계했다. 실험 설계의 구체적인 내용은 다음과 같다.

---

① 실험 장소는 현장 조사와 흡연자 인터뷰를 통해 담배꽁초 유입과 흡연자 수가 가장 많이 몰리는 두 곳으로 선정한다.

- 서대문구 창천동 '포차스미스' 앞 골목
- 서대문구 창천공원 뒤

② 실험 시간은 위와 동일한 방법으로 21시~24시로 선정한다.

③ 실험을 위한 재떨이통은 흡연자 인터뷰를 반영하여 제작한다.

- 높이가 높고 눈에 잘 보일 것
- 간단한 문구를 표시할 것

---

(2) 실현가능성

이 실험의 실현가능성을 파악하기 위해서는 먼저 그 아이디어가 문제해결에 얼마나 도움을 줄 것인지, 그리고 비용측면에서 부담이 없는 아이디어인지, 마지막으로 아이디어의 효과가 지속 가능한지를 알아야 한다. 따라서 앞서 제시한 아이디어의 실현가능성을 "아이디어의 효과성", "비용부담", "지속가능성" 이 세 가지 기준으로 판단할 것이다.

① 효과성

신촌일대를 사전조사 한 결과 |그림 4-2|에서 보이듯이 표시된 지역의 빗물받이 주변에서 많은 흡연자들이 담배를 피운다는 것을 알 수 있었다. 그들은 보통 피운 담배꽁초를 주변 쓰레기 더미나 빗물받이 혹은 그 주변 바닥에 버린다. 왜 그러는 것일까? 신촌 일대에서 흡연을 하시는 분들을 인

터뷰한 결과 대부분의 사람들은 “담배를 피울 만한 공간이 얼마 없고 마땅히 꽁초를 버릴 곳이 없어서 바닥이나 빗물받이에 버린다.”라고 답하였다. 또한 신촌 일대의 술집들을 보면 종종 스테인리스 통이 비치되어 있는 것을 볼 수 있다. 하지만 비치한 술집이 얼마 없으며 그마저 임시 재떨이기 때문에 화재 위험을 내포하고 있다(MoneyS, 2018.09.17.).

이런 것들을 볼 때 [방안1: 신촌일대 술집에 의무적 혹은 권고적으로 재떨이 배치]와 [방안2: 서대문구 중심 대량 흡연지역에 재떨이 설치]의 효과성이 클 것이라고 기대할 수 있다. 먼저 방안 1은 흡연자들의 접근성 측면에서 큰 효과를 발휘할 수 있다. 신촌 흡연자의 대부분이 술집이나 식당에서 술을 먹다가 잠깐 나와서 피는 사람들이라는 점에서 상가(술집 및 식당 등)당 한 개 이상의 재떨이 설치한다면 사람들이 보다 쉽게 접근할 수 있기 때문에 빗물받이를 재떨이로 이용하는 비율이 떨어질 것이다. 방안2는 서대문구가 중심이 되어 직접 재떨이를 설치하는 방안이다. 방안 2의 효과성을 높

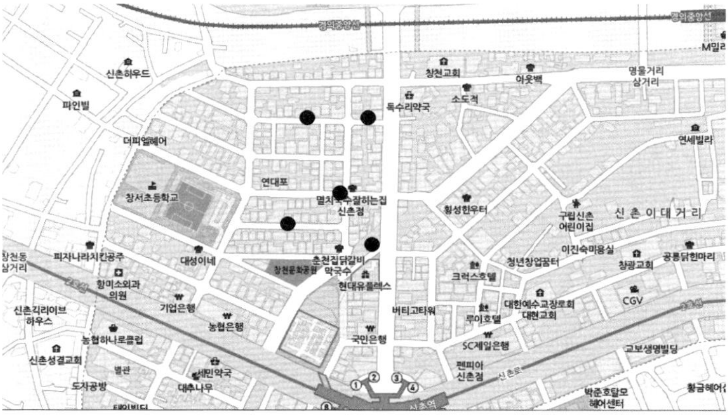

|그림 4-2| 신촌 일대 사전답사 중 빗물받이 주변 최빈 흡연장소

출처: 네이버 지도

이기 위해서는 재떨이가 빗물받이보다 접근성 측면에서 뛰어나야 한다. 그 문제를 해결하기 위해서는 선정 지역 일대의 유동인구와 흡연자수를 파악해야 하는 수고가 동반된다. 하지만 영국의 HUBBUB라는 단체에서 만든 투표재떨이(허핑턴포스트코리아, 2015.09.07.) 등 사람들의 행동변화에 유인이 될 수 있는 형태로 설치된다면 방안 1과 마찬가지로 큰 효과성을 예측할 수 있다.

② 비용부담

재떨이 설치 방안의 비용은 크게 설치비용과 관리비용이 있다. 먼저 방안 1의 비용을 살펴보면 상가에서 자체적으로 설치하기 때문에 가게에서 나오는 철제 통을 재활용할 수 있다. 그리고 시중에서는 약 3만원 내외이기 때문에 비용 부담 측면에서는 충분히 가게들이 부담할 수 있는 영역이다.

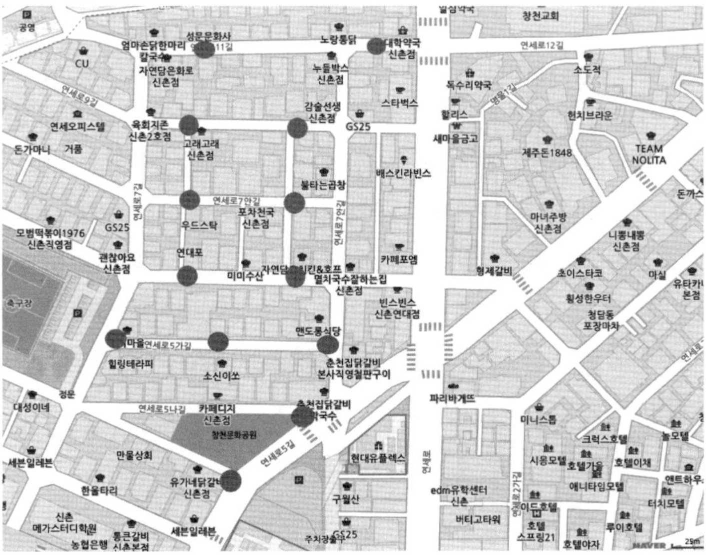

|그림 4-3| 방안2 서대문구 중심 대량 흡연지역에 재떨이 설치의 방안

출처: 네이버 지도

또한 관리비용 측면에서 매장 내 쓰레기 청소와 함께 재떨이 청소도 같이 이루어 지기 때문에 기존 청소비용과 크게 차이가 나지 않을 것이다.

방안 2의 경우 서대문구가 자체적으로 재떨이를 제작 혹은 구매해야 하기 때문에 비용문제가 더욱 중요하다. 하지만 |그림 4-3|과 같이 일정구간마다 재떨이를 설치하기 때문에 설치비용의 부담이 적다. 물론 고정 재떨이를 설치하는 데 비용이 들 것이다. 하지만 기존 빗물받이 청소 비용 및 신촌 일대 담배꽁초 청소에 인력이 투입됐던 것을 고려할 때 충분히 부담할 수 있는 영역이라고 생각한다. 관리비용 측면에서도 큰 부담이 없을 것으로 예상된다. 신촌상가 일대 바닥에 상당한 양의 담배꽁초가 버려진다. 재떨이를 설치한다면 바닥에 있었던 담배꽁초들이 한 곳에 모이기 때문에 청소에 있어서 한결 수월해질 수 있다.

③ 지속가능성

방안 1의 경우 신촌의 일부 상가에서 임시 재떨이를 설치 및 관리해 오고 있으며 어느 정도 지속적으로 운영되고 있다. 이 부분을 본다면 재떨이 설치 방안을 확대 시행했을 경우 긍정적인 반응을 기대할 수 있다. 방안2의 경우 지속적으로 재떨이를 관리해줄 필요성이 존재한다. 신촌일대는 앞에서 말한 바와 같이 무수한 꽁초가 길거리나 빗물받이 주변에 버려지는 대신 재떨이에 대부분이 모일 것이기 때문에 청소 노동자 분들이 수월하게 관리할 수 있을 것이다. 또한 장소 선정 부분에서 접근성이 좋은 지역에 설치한다면 이용이 활발할 것이고 지속적으로 운영될 가능성이 높아질 것이다.

(3) 프로토타입 제시 및 평가

앞서 언급한 방법과 실현가능성을 토대로 실험을 진행하였다. 실험 과정은 다음과 같다.

① 실험 장소 및 시간

흡연자 인터뷰와 현장조사를 반영하여 흡연자 밀집 구역 두 곳(포차 스미스 앞 골목, 창천공원 뒤)로 선정하였으며, 시간도 동일하게 21시~24시로 선정하였다.

② 실험 방법

실험 장소 근처에서 3시간동안 흡연자들의 행동을 직접 관찰하였다.

③ 재떨이통 제작

흡연자 인터뷰를 반영하여 앞서 설계와 동일하게 제작하였다.

|그림 4-4| 실험 장소

출처: 네이버 지도

|그림 4-5| 실험용 재떨이통

출처: 조원 현장답사 중 직접 촬영

다음은 실험 결과를 정리한 표이다.

<표 4-2> 신촌 일대 '담배꽁초 실험' 결과표

구분	장소	날짜	전체 투기수	빗물받이 근처	길거리 바닥	기타	실험용 재떨이	빗물받이 투기비율
통제집단	술집 앞	11/16(금)	68	45	3	20	X	66.20%
		11/17(토)	25	18	3	4	X	72%
	공원 뒤	11/16(금)	18	18	0	0	X	100%
		11/17(토)	41	38	0	3	X	92.70%
실험집단	술집 앞	11/23(금)	51	30	6	0	15	58.90%
		11/24(토)	37	18	1	2	16	48.60%
	공원 뒤	11/23(금)	17	1	4	0	12	5.90%
		11/24(토)	14	2	2	1	9	14.30%

이 실험을 통해 우리는 과연 실험용 재떨이 설치여부가 전후를 비교하였을 때 얼마나 유의미한 차이를 나타내는지 확인할 수 있었다. 즉 기존에 우리가 인지한 — 폭우로 인한 침수현상을 발생시키는 이유 중 하나인 빗물받이에 담배꽁초가 쌓여 유수입구를 막는 — 문제를 해결하기 위한 방법으로, 사람이 빗물받이에 담배꽁초를 버리지 않는 행위를 유도할 수 있는 실질적 대안을 모색한 것이다.

결과를 살펴보자면, 먼저 우리는 빗물받이에 담배꽁초가 버려지는 문제가 도시침수의 문제로 이어질 수 있기 때문에 '빗물받이 근처'로 버려지는 것에만 주목해보고자 한다. 공원 뒤 재떨이통 설치 전은 평균 약 82.7%의 투기율을 보였으나 설치 후에는 평균 약 31.9%의 투기율을 보였다. 술집 앞에서는 재떨이통 설치 전 평균 약 69%의 투기율을 보였으나 설치 후에는 평균 약 53.75%

를 보였다. 술집 앞에서의 투기율의 변화가 공원 뒤에서의 투기율의 변화보다 상대적으로 낮게 나타났지만, 이를 이해하기 위해서는 '기타'를 주목할 필요가 있다. 빗물받이와 길거리바닥 이외에 기타 지역에 꽁초를 투기한 비율이 공원 뒤보다 술집 앞이 더 많은 이유는, 술집 앞에 쓰레기더미가 있어 몇몇 사람들이 그냥 길바닥에 버리는 것보단 쓰레기더미에 버리는 게 덜 양심에 찔린다고 판단했을 거라고 추측할 수 있다.

실제로 실험대상 중 임의의 사람을 선정하여 간단한 질문을 하였다. 재떨이 통을 봤는데도 재떨이통에 버리지 않은 사람들 중에는 "넣으려고 한 건데 안 들어갔다.", "잘 모르겠다. 그냥 습관적으로 그랬던 거 같다." 등 재떨이통의 효과 확인과 동시에 크기 개량의 필요성 및 흡연문화의 개선 및 재떨이에 대한 인식 강화도 진행되어야 함을 확인할 수 있었다. 유독 흡연 중에 지긋이 재떨이통을 확인하는 사람도 있었다. 그 분에게도 왜 그랬는지 질문을 하였는데, "그냥 신기해서 그랬다. 누군가가 계속 무엇을 개선하려고 하는 거 같아 좋은 거 같다."고 대답함으로써 분명 이러한 변화의 움직임의 필요성 또한 확인할 수 있었다.

결과적으로 재떨이통을 설치함으로써 빗물받이에 유입된 담배꽁초 수가 공원 뒤는 확연히, 술집 앞에서도 어느 정도 감소하는 효과가 가시적으로 관찰되었다. 실험 결과를 통해 재떨이통의 설치가 흡연자의 담배꽁초 투기 행동을 방지하는 유인 효과가 있다는 결론을 도출할 수 있다. 재떨이통은 한번 설치만 하면 그 이후로는 지속적으로 흡연자들의 꽁초 무단투기를 최소화할 수 있고 이것이 내년 장마철까지 유지한다면 신촌에서의 흡연문화와 재떨이에 꽁초를 버리는 습관을 기르는 데는 충분한 시간이 될 수 있기 때문에 이후의 신촌 일대의 침수피해를 막는 지속가능성을 담보한다고도 할 수 있다.

재떨이통을 설치하는 데에는 두 가지 난관이 예상된다. 첫 번째는 설치 비용의 문제이다. 재떨이통 한 개체의 비용은 그리 크지 않다. 실제로 우리가 썼던 작은 재떨이통은 5천원에서 1만원 사이였는데 크기나 튼튼함 등을 개량한 재떨이통으로 구비한다고 하더라도 이 가격에서 크게 벗어나진 않을 거라고 예상한다. 그렇기 때문에 앞서 언급한 대로 신촌 일대에 있는 상점에서 자체적으로 재떨이통을 구비하는 경우 서대문구청의 재정적 부담을 더욱 절감할 수 있다. 실제로 실험을 진행했던 지역 곳곳의 술집이나 상점에서 자발적으로 작은 재떨이통을 마련한 것을 확인할 결과 그 주변의 담배꽁초는 확연히 적었다. 이처럼 상점에서 자체적인 재떨이통을 구비하도록 서대문구의 협조가 필요하다.

두 번째는 관리의 문제이다. 재떨이통을 설치하였을 때 그 관리를 어떻게 할 것이며, 재떨이통이 오히려 도시 미관에 문제가 된다는 주장이 있을 수 있다. 그러나 기존의 용역 인력을 재떨이통 관리에 투입한다면, 길거리에 흩어져 있거나 빗물받이 내에 들어간 담배꽁초를 청소하는 것보다 재떨이통을 관리함으로써 더욱 효과적인 관리가 가능할 것이다. 또한 이를 통해 길거리에 흩어져 있는 담배꽁초가 줄어 도시 미관에 더욱 도움이 될 것으로 보인다. 또한 재떨이통 설치의 방안과 더불어 흡연문화가 개선될 필요성 또한 보인다.

|그림 4-6| 빗물 저금통

출처: 주택문화사 2016

2) 활용 100% "흡연밀집구역 빗물 저금통 설치"

서울시에서는 '빗물저금통' 지원 제도를 통해 빗물 이용시설 확대 방안을 마련하였다. 서울시에 따르면 빗물 저금통 설치 금액의 90%를 지원해주어 빗물을 재사용 하는 방안을 확대하고자 했다.[6]

이에 서울시와 서대문구청 인터뷰를 통해 빗물 저감시설 및 이용시설의 활용 현황 및 효과를 알아보고자 한다. 서대문구청에 따르면, 서울시에서 시행 중인 '빗물 저금통'은 현재 서대문구 자체적으로는 시행되고 있지 않다. 또한 빗물 이용 시설 담당 부서는 존재하나 의무적으로 서대문구청에서 주관하여 서울시의 지원 제도를 운영하는 구조가 아닌 개인이 필요에 따라 개별로 신청하는 구조이다. 빗물 저금통을 통한 빗물 재활용은 조경 및 텃밭 관리용 또는 청소 용수로 가장 많이 사용된다. 따라서 신촌 상가 밀집 지역에서 '청소 용수'로 빗물 재활용이 가능하게 하기 위해 빗물 저금통을 설치하기 위한 사전 조사를 진행한다.

빗물 저금통이 가장 잘 활용되고 있는 강북구 수유동 빗물마을에서는(빗물마을에 대해서는 뒷부분에서 더욱 자세히 다룰 것이다.) 활용도도 매우 높으며, 이에 대한 주민들의 평가도 매우 긍정적이다. 그러나 앞서 서울시 정보에 따르면, 빗물 저금통 관리 책임이 개인에게 부여된다. 빗물저금통을 통해 효과적으로 빗물을 재활용하기 위해서는 동시에 빗물저금통 관리가 중요하다. 수유동 빗물마을 주민들은 개인적으로 업체를 통해 자체적으로 관리를 할 수 있어 오히려 더욱 세심한 관리가 가능하다며 긍정적인 반응을 보였다. 이처럼 빗물저금통 활용의 활성화를 위해서는 관리의 책임성에 대한 동기부여가 중요한 매개 요인이 될 것으로 보인다.

---

6 "빗물저금통 설치비 90% 지원". 2016.03.03. 서울시(내 손안에 서울)

그러나 신촌 상가 사장님과 인터뷰를 진행한 결과, "현재 현대백화점 일대를 제외하고는 신촌 상가 침수 피해는 크지 않다며 빗물저금통 설치에 대한 뚜렷한 의지가 없을 것"이라고 말했다. 이어서 "또한 설치를 위해서는 건물주와의 컨택이 필요한데 대부분 70대 이상 노인분들이기 때문에 컨택에 어려움이 있을 것"이라고 덧붙였다. 또한 침수피해가 있었던 상점의 주인들은 대부분 부정적인 반응을 보이거나 인터뷰를 거절했다. 이처럼 빗물 저금통 설치에 대한 상인들의 이해관계가 크지 않을 것으로 예상이 되어 이에 대한 문제점을 좀 더 조사해보는 과정에서 남가좌동 주거단지에 대한 아이디어를 도출해냈다.

2. 남가좌동 주거단지

1) 유출 0% "투수블럭 확대"

(1) 설계

마봄협의체에 따르면, 남가좌동 주거지역의 침수피해 지역은 반 지하 독방 건물로 이루어져있다. 실제로 서울시의 주택침수 사례 중 90%가 반지하주택일 정도로 반지하주택은 도시홍수에 치명적이다(강상준·이양주, 2011.). 따라서 침수피해가 우려된다. 소방대원과 마봄협의체 봉사활동팀이 직접 나서서 물리적인 지원을 하지만 그럼에도 침수에 쉽게 노출되어 있기 때문에 해결책이 시급하다. 그러나 남가좌동 주거지역은 빈곤가정 또는 독거노인이 집중된 지역으로 자체적인 해결을 취하는 것은 불가능할 것으로 보인다.

이에 대한 방안으로 투수블럭 설치를 확장해야 한다. 투수블럭이란 블럭의 틈새를 통한 빗물의 투수기능을 높여 도시홍수를 방지하고 물순환을 가능하게 하는 블럭이다. 블럭과 블럭 사이를 이용하여 투수가 가능하게 하며, 블록

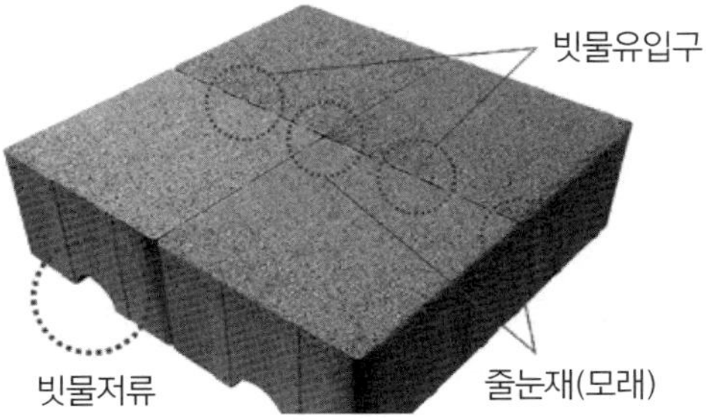

|그림 4-7| 줄눈 틈새투수 블럭

출처: 생협 (http://www.saenghyup.co.kr/catalog/catalog_detail.asp?num=1556&cnum=71&m=y)

틈새의 하부 공간은 빗물의 저류기능을 함께 수행한다.

실제로 투수블럭을 활용하고 있는 빗물마을을 조사해보았다. 빗물마을 조성사업은 빗물저류조, 빗물저금통 등 빗물이용시설을 설치해 하수도로 버려지는 빗물을 활용하고 빗물침투시설(투수블럭, 레인가든 등)을 통해 빗물을 땅속으로 스며들게 하는 등 빗물 활용을 극대화하기 위한 사업이다. 서울시는 2017년을 기준으로 동대문구 제기동, 강북구 수유동, 은평구 불광2동 등 사업 지역을 선정하여 빗물마을 조성사업을 실시하였으며, 2018년까지 10곳으로 확대할 계획이다(중앙일보, 2017.11.30.). 사업지역 중 하나인 '강북구 수유동' 현장 조사 및 인터뷰에 따르면, 수유동 빗물마을은 설치되어 있는 투수블럭으로 물 흡수 효과가 뛰어나다는 의견이다. 반면, 남가좌동 주거지역에는 매우 일부분만 투수블럭이 설치되어 있어 그 필요성이 매우 강조되는 바이다.

사실 남가좌동 주거지역과 수유동 빗물마을의 지역적 차이는 매우 크다. 수유동 빗물마을과 다르게 남가좌동 주거지역은 빈곤가정과 독거노인의 비중이 높으며, 남가좌동과 다르게 수유동 빗물마을은 침수피해가 크지 않다. 그러나 수유동 빗물마을이 주는 시사점은, 침수피해가 적은 지역에서도 침수 방지뿐만 아니라 물 순환을 위해 투수블럭을 설치하고 그 효과가 실제로 증명이 된다는 것이다. 따라서 그 필요성이 더욱 강조되는 침수피해 지역뿐만 아니라 침수피해 사전 방지를 위해서도 투수블럭 설치가 확장되어야 할 것이다.

(2) 실현가능성

① 효과성

서울일대에 있는 빗물마을에는 빗물저금통과 더불어 빗물이 유출되지 않고 땅으로 스며들 수 있도록 하는 투수블럭이 설치되어 있다. 빗물마을 중 한 곳인 수유동을 답사한 결과 투수블럭이 마을 곳곳에 설치되어 있었는데, 마을 관계자 분과의 인터뷰에 따르면 "투수블럭이 있어 물이 길가에 고이지 않고 땅으로 흡수되면서 투수블럭 주변 화단이 잘 가물지 않는다"라고 답변하셨다. 또한 "블록 두께 75㎜의 경우에는 높이에 따라 73.8~147.6L/㎡의 저류가 가능하며, 저류율은 49%를 나타난다"라는 연구결과도 존재한다(박성기 외, 2018.), 이를 통해 투수블럭이 빗물 치수와 물 순환에 도움이 되는 것을 알 수 있다.

② 비용부담

투수블럭 설치는 빗물마을사업의 일환으로 시행될 수 있다. 서울시에서는 매년 "빗물마을 사업 공모"를 통해 일정 금액을 지원해 주고 있다.[7] 먼저 시범적으로 침수피해가 컸던 가재울로 8길[8]을 시작으로 설치를 확대해 나간다면 충분히 비용을 충당할 수 있을 것이다.

③ 지속가능성

수유동 빗물마을이 불광동과 제기동 빗물마을과 달리 성공할 수 있었던 이유는 바로 주민협의체의 존재 유무였다. 수유동 빗물마을 사업이 지자체 주

7 서울특별시 홈페이지의 환경분야 '새소식'에서 찾아볼 수 있었다.

8 마봉협의체와의 인터뷰를 통해 실제 침수피해가 있었던 지역이다.

도가 아닌 주민들 주도로 시작되었다. 주민협의체가 시와 긴밀한 소통을 통해 결국 수유동 빗물마을이 탄생한 것이다. 수유동 주민협의체는 한 달에 한번 이상 주민협의체가 모여 빗물마을을 관리하고 투수블럭 관리와 마을 조경을 위해 같이 일을 해 나가고 있다.

마찬가지로 남가좌동에도 비슷한 문화가 자리 잡혀 있다. 남가좌동 주민분의 인터뷰에 따르면 마을 문제에 대해 주민들이 협력하여 해결해 나간다는 것을 알 수 있었다. 실제로 그들은 인터뷰를 하러 간 날에도 노인정에 삼삼오오 모여 놀이를 하며 즐기는 중이었으며, 주민센터와의 전화 인터뷰를 통해서도 당시 마을 침수피해가 일어난 가구에 이웃들이 경찰서 직원들과 주민센터 직원들과 함께 모여 물을 빼주고 청소를 해주는 등 힘을 합쳤다고 한다. 또한 마을 주변 백련시장에서는 번영회라는 조직을 시장 운영에 있어 주민들이 협력하고 있다. 이런 이야기들을 통해 남가좌동 주민들도 충분히 서로 간의 신뢰를 바탕으로 살아가고 있고 필요시 협력의 의지를 보여주고 있음을 알 수 있다. 수유동 빗물 마을처럼 투수블럭 설치를 주민들이 주도 하에 서로 협력하여 관리해 나간다면 지속적으로 시행할 수 있을 것이다.

2) 활용 100% “빗물 저금통 설치”

신촌 상가의 빗물 재활용 활성화 방안으로 ‘빗물저금통’을 제시한 것과 같은 맥락에서, 남가좌동 주거지역에도 빗물저금통 설치를 통한 빗물 재활용이 이루어져야 한다. 모아진 빗물은 텃밭 및 조경, 청소 용수, 화장실 등에 활용할 수 있다. 실제로 수유동 빗물마을에서는 주민들이 가정의 텃밭이나 조경 가꾸기, 마당 청소 등에 적극적으로 활용한다. 아직 생소한 빗물 저금통에 대해 남가좌동 지역주민들은 의아해하였지만, 침수피해가 실제로 있었고, 여러 집에서 마당 텃밭을 기른다는 점, 그리고 앞서 언급한 주민들 간의 협력성과 신뢰가 남아있다는 점으로 미루어 보아, 남가좌동 주거지역에 적용하는 것에 대한 좋은 선례가 될 수 있다.

남가좌동 주거지역 근처에는 시장가도 활성화되어 있어 주민뿐만 아니라 시장 상인도 사용할 수 있을 것으로 보인다. 실제로 지역주민 인터뷰를 통해 시장에서도 작년 여름에 큰 피해를 입어 물난리가 있었음을 알게 되었는데, 이를 저장하여 침수의 속도는 늦추면서 시장 청소에 사용하는 데에는 적격일 것이다. 조사에 따르면 투수 시설을 재정비함으로써 빗물의 투수 정도를 높일 수도 있지만 동시에 빗물을 '흘려보내는 것'이 아니라 '저장'함으로써 속도를 줄일 수도 있다. 시민일보에 따르면, 2018년 여름 집중호우 당시 중구 남산골 한옥마을에서도 설치된 빗물저류조가 청계천으로 흐르는 빗물을 저장해 청계천 범람을 막아 이 일대 비 피해를 줄인 것으로 나타났다(오마이뉴스, 2010.09.28.). 따라서 빗물저금통을 모아지는 빗물을 재활용하는 것은 주민들에게 전환점이 될 수 있으며 빗물 저장을 통해 침수 피해 또한 방지할 수 있다.

|그림 4-8| 수유동 빗물 저금통

출처: 조원 현장답사 중 촬영

IV. 결론

위에서 논의된 내용들을 리빙랩의 구성요소에 따라 표로 정리하면 다음과 같다.

<표 4-3> 도시홍수 문제를 해결하기 위한 '환경-에너지정치' 리빙랩 설계표

<table>
<tr><td>왜 그 문제가 중요한가?</td><td colspan="4">홍수 침수 피해로 인한 문제 심각(ex. '신촌 물바다' 사건)</td></tr>
<tr><td>누가 이해관계자인가?</td><td colspan="4">신촌의 생활 및 거주 주민, 흡연자, 남가좌동 생활 및 거주 주민, 상권,
공공기관(서대문구청, 서울시) 등</td></tr>
<tr><td rowspan="3">문제해결
아이디어 및 설계
"물순환도시, 서대문구"
유출은 0%
활용은 100%</td><td colspan="2">신촌상가</td><td colspan="2">남가좌동 주거지역</td></tr>
<tr><td>유출 0% :
재떨이통 설치를 통한 사람들의 담배꽁초 빗물받이 투기 행동변화 유인 실험
→</td><td>재떨이통의 효과 확인</td><td>유출 0% :
투수블럭 설치 확장
→</td><td>침수피해 방지</td></tr>
<tr><td>활용 100% :
신촌 상가밀집 지역에 빗물저금통 설치
→</td><td>상인들의 이해관계 부족으로 인한 문제점 파악</td><td>활용 100% :
빗물저금통 설치 →</td><td>주민들의 상호관계를 통한 빗물재활용 활성화</td></tr>
<tr><td>예상되는
난관은 무엇인가?</td><td colspan="2">(1) 재떨이 설치방안
• 비용 문제
• 관리 문제</td><td colspan="2">(2) 남가좌동 주거지역 적용
• 개인의 의지
• 비용 문제</td></tr>
<tr><td>실현가능성이
있는가?</td><td colspan="2">(1) 재떨이 설치방안
• 흡연자들의 재떨이 필요성 O
• 재떨이 실험 결과 유의미
• 비용 부담 X</td><td colspan="2">(2) 남가좌동 주거지역 적용
• 매년 침수 피해 O,
But 사후적 처방만
• 주민들 협력 多&주민센터와 소통 원활
• 빗물마을 조성 사업으로 비용 충당
• 주민들 요구에 반응하여 단계적 설치 방안</td></tr>
</table>

위와 같이 설계한 리빙랩이 실제로 효과를 보기 위해서 가장 중요한 것은 시민들과 지자체와의 소통과 상호작용일 것이다. 그것은 실제로 우리 조가 아이디어를 구상하는 초기 단계에서 봉착한 문제와도 깊은 관련이 있다. '도시홍수'라는 구조적인 문제에 대한 해결책으로 떠올릴 수 있는 아이디어들은 모두 학생 수준에서는 실행하기 어려운 거창한, 혹은 거시적인 해결방안들뿐이었다. 이를테면 빗물저장탱크의 용량을 늘린다든지, 도시 투수면적을 확대하는 것들이었다. 도시설계 자체를 다시 해야 하는 문제이기에 일개 학생수준에서는 실행하기 어렵다는 무력감마저 들었다.

하지만 초점을 '일상'과 '시민'으로 옮기자 우리가 해결해야 할 문제들은 좀 더 명확해졌다. 담배꽁초로 막힌 빗물받이가 홍수의 원인이 된 사례에서 볼 수 있듯, 미시적 차원에서 일상을 영위하는 우리 시민들 또한 충분히 홍수 문제 해결에 기여할 수 있다는 것을 알게 되었기 때문이었다. 자료조사를 하면서 도시설계문제 외에도 서울시나 서대문구청에서 홍수 피해 문제를 줄이기 위해 추진하는 각종 정책이나 캠페인이 있다는 것을 알게 되었다. 하지만 별다른 효과를 거두지 못하거나, 홍보부족으로 널리 시행되지 못한 경우가 많았다. 실제 서대문구청과의 인터뷰를 통해서는 정책결정자의 시선에서 바라본 프로젝트 진행과정에서의 어려움을 알 수 있었다. 따라서 가시적으로 확인할 수 있었던 효과를 통해 실질적인 해법안을 제공하고자 했으며 이에 대한 지자체와의 협업의 필요성이 매우 강조된다.

또한 다양한 차원에서의 선례 및 사전 조사와 인터뷰를 통해 우리 조는 아무리 좋은 정책이어도 활성화를 위한 시민들의 의지가 존재해야만 소기의 성과를 거둘 수 있음을 깨달았다. 그렇다면 우리가 할 수 있는 것은 침수 피해가 있는 남가좌동 주민들과 정책결정자의 원활한 커뮤니케이션을 돕기 위한 다리를 놓아주는 것이다. 시민들의 목소리를 정책결정과정에 반영할 수 있도록 하며 나아가 그 정책이 유지되고 촉진될 수 있도록 주민들과 정책결정자 간의 상호작용을 도모한다면 수유동의 빗물마을의 사례처럼 상향식 동네민주주의를 실현할 수 있을 것이다.

참고문헌

강상준·이양주, 2011. "천사의 선택을 위한 장마철 홍수대책". 『이슈&진단』 2011 제6호, 1~25

강상준·조성한·홍순영, 2011. "도심형 빗물저류공간 조성을 위한 기초연구". 『기초연구』 2011-09, 1~117

강정은·이명진, 2012. "퍼지모형과 GIS를 활용한 기후변화 홍수취약석 평가 -서울시 사례를 중심으로-". 『한국지리정보학회지』 15권 3호, 119~136

권오현·박영주·서동현, 2009. "기후변화에 대비한 보강토옹벽의 설계 및 시공기준 고찰". 『한국토목섬유학회 가을 학술발표회 논문집』. 91~100

김근영·전경수, 2005. "도시홍수 피해 감소를 위한 방재와 도시계획의 연계방향". 『대한토목학회지』 제53권 제9호, 13~20

김현주, 2005. "우리나라 도시계획에서 방재계획 부문의 현황과 개선 방향". 『國土計劃』 제40권 제2호, 65~79

도시미래신문, 2016. "지속 가능한 물순환 도시 만들기". 2016.06.20. 주간특집. http://urban114.com/news/detail.php?wr_id=3339 (검색일: 2018.12.15.)

박성기·김황희·전지홍, 2018. "저류형 투수블럭의 유출량 저감효과 분석". 『한국물환경학회·대한상하수도학회 공동 춘계학술발표회』 Vol.2018, 275~276

생협, LID 빗물침투관련 제품. 빗물투수포장블록 http://www.saenghyup.co.kr/catalog/catalog_detail.asp?num=1556&cnum=71&m=y

서대문자치신문, 2018. “남가좌2동 마봄협의체 침수피해 복구에 구슬땀”. http://www.newsjj.net/news/articleView.html?idxno=4104 (검색일: 2018.12.15.)

서울특별시, 2017. 환경>새소식. “2018 빗물마을 조성사업 공모”. http://news.seoul.go.kr/env/archives/77064 (검색일: 2018.12.15.)

소방방재청, 2011. “지역별 방재성능목표 설정·운영 지침”

오마이뉴스, 2010. “’침수’ 오세훈 시장, 빗물 받아야 산다”.
http://www.ohmynews.com/NWS_Web/view/at_pg.aspx?CNTN_CD=A0001452108 (검색일: 2018.12.05.)

주택문화사, 2016. “최대 90%까지 지원되는 빗물저금통”. 『전원속의 내집』 2016년 4월호 Vol.206.
http://www.ezday.co.kr/bbs/view_board.html?q_sq_board=7434117 (검색일: 2018.12.05.)

중앙일보, 2017. “서울시, 빗물활용도 높인 ‘빗물마을’ 10곳으로 확대”.
https://mnews.joins.com/article/22162896#home (검색일: 2018.12.05.)

허핑턴포스트코리아, 2015. “거리의 담배꽁초를 막아내는 재밌는 공중 재떨이”.
https://www.huffingtonpost.kr/2015/09/07/story_n_8097952.html (검색일: 2018.11.28.)

Depave Homepage/Our Work/Dapaved Projects. “Annual Impact Report - 2017”.
https://depave.org/wp/wp-content/uploads/2018/09/Impact-Report-Depave-2017_Final_published-9.18.pdf(검색일: 2018.12.15.)

MoneyS, 2018. “‘명문대 거리 신촌’의 두 얼굴, 주말 밤엔 꽁초천지”.
http://moneys.mt.co.kr/news/mwView.php?no=2018091713228039545 (검색일:2018.12.05.)

05. '이젠 모두 에코니!' : 에어컨 전기 절약 앱 리빙랩

조정인, 박주완, 성하림, 박민석

I. 문제

2018년 여름, 110년 만의 기록적인 폭염으로 인해 전력 소비가 상당할 것이라 어느 정도 예측되었다. 실제로 지난 7월 24일 최대전력이 9,248만 kW를 기록하면서 최고 기록을 세웠다. 이는 정부가 7월 초 발표했던 여름 최대전력 예측치인 8,830만 kW를 훨씬 상회하는 수치였다. 또한 7월 24일에 측정하였던 전력수요 중 30.6%인 2,829만kW가 냉방수요로 나타났다(김부미, 2018.). 이는 올해의 기록이 나타나기 전까지 최고 폭염으로 기록되었던 2016년 여름의 수치인 27.3%보다 3.3%p 증가한 수치였다. 이렇듯 해를 거듭할수록 이상기온으로 여름의 폭염이 심해지고 또 장기화되는 문제가 생기고 있다.

<표 5-1> 가구당 에어컨 보유 대수와 보유 가구 비율의 연도별 비교

(김한별, 2018.)

연도별 비교	가구당 에어컨 보유 대수 (대)	에어컨 보유 가구 비율 (%)
1994	0.09	9.0
2013	0.78	67.8

불과 몇 해 전만 해도 에어컨은 더위를 이겨내는 데에 있어 주된 해결책으로 사용되지는 않는 부수적인 존재였다. 실제로 1994년 가구당 에어컨 보유 대수는 0.09대에 불과했고 에어컨 보유 가구 비율은 10%도 채 안되었다. 반면, 2013년 에어컨 보유 가구 비율은 평균 67.8%에 이른다. 과거에는 그저 부의 상징이었던 에어컨이, 점점 높아지는 이상기온으로 인해 이제는 TV, 냉장고 등과 더불어 없어서는 안 될 필수적 기기가 된 것이다.

1. 에어컨, 에너지와의 연관성

1) 프레온 가스 배출과 기후 변화

에어컨의 냉매로 사용되고 있는 프레온 가스는 지구의 오존층 파괴의 주범이다. 프레온 가스가 대기 중으로 배출되면 분해되지 않고 성층권까지 올라간다. 성층권에 도달한 프레온 가스는 자외선에 의해 자연 분해되고 염소원자를 발생시킨다. 여기서 발생한 염소는 성층권에 있는 오존(O^3)과의 화학적 결합을 통해 산소를 발생시킨다. 그러나 염소는 촉매로 작용할 뿐 반응 후에 다시 복구되기 때문에 하나의 염소 원자가 오존과 연쇄반응을 일으킬 수 있다. 이러한 현상의 반복으로 오존층은 점차 파괴된다. 그로 인해 태양의 자외선이 여과 없이 그대로 지표면에 도달하고 지구 온난화를 가속화한다. 결국, 온도의 상승으로 인해 인간은 에어컨을 더욱 가동하게 되는 악순환이 반복된다.

몬트리올 의정서에 의해서 당시 주로 사용하던 CFC의 사용을 금지했고 이를 대체할 새로운 물질이 HCFC, HFC 등이었다. 하지만 이들 역시 온실효과를 유발하는 온실가스라는 것이 밝혀져 사용이 규제되고 있다. 결론적으로 시중에 판매되고 있는 에어컨에 사용되고 있는 냉매들은 여전히 지구온난화를 일으키는 핵심적인 물질들이기 때문에 에어컨의 무분별한 사용에 대한 제재가 필요한 것이다.

2) 전기 문제

여름철 항상 대두되는 문제가 바로 냉방 전력비용이다. 앞서 보았듯, 여름철 전력의 상당한 비율이 냉방을 위해 소비되었기 때문에 이를 부정할 수 없다. 여름철 급증하는 에어컨 사용에 대처하기 위해서 정부는 늘 예비 전력을 계산하여 전기 공급에 차질이 없도록 하고 있다. 그러나 해가 거듭될수록 이상기후는 심해지고 전력사용량 예측이 어려워진다.

또한 가정용 냉방의 경우 기업, 영업자들과 달리 누진세 정책이 적용되고 있다. 올해 여름 누진세 폐지를 촉구하는 국민 청원 글이 7만 명을 넘었고 '누진세 폭탄 피하는 방법', '냉방비용 줄이는 방법' 등이 화제였다. 한국전력공사에 따르면 4인 가구가 1.8 kW 스탠드형 에어컨을 하루 평균 3.5시간씩 사용하면 월 전기세가 에 어컨 사용 전보다 6만 3,000원이 더 나온다(홍승희, 2018.). 여기서 에어컨을 2시간 더 사용하면 9만 8,000원, 한 달 동안 하루 10시간씩 에어컨을 튼다고 가정하면 17만 7,000원을 더 납부해야 한다(홍서윤, 2018). 이렇듯 일반 가정들에서는 누진세로 인해 원하는 만큼 에어컨을 자유롭게 가동할 수 없을 정도로 비용적 제재를 받고 있는 실정이다.

2. 이해관계자의 분류

1) 수요자(사용자)

수요자는 실제 에어컨을 사용하는 사람들을 뜻한다. 즉, 일반 가정에 구비되어 있는 에어컨을 사용하는 개인들이나 일반 영업점이나 사업체에서 에어컨을 사용하는 사람들이다. 누진세의 적용이 일반 가정에만 적용되기 때문에 일반 가정에서 에어컨 사용에 더 민감할 것이라고 여겨지고 효율적 사용을 위한 리빙랩의 대상이자 정책의 직접 참여자가 된다.

2) 공급자(에어컨 제조기업)

공급자는 에어컨을 생산하고 공급하며 이익을 추구하는 기업을 뜻한다. 에어컨이 생활필수품이 되었지만 전기세 문제, 환경 문제 등의 이유로 에어컨의 사용을 꺼리거나, 구매 자체를 미루는 사용자들이 있기 때문에 공급자들은 에어컨 자체의 효율성을 높이고 단가를 줄이는 등 여러 효과적 정책을 활용하여 사용자가 그들의 제품을 구매하도록 연구하고 있다.

3) 정부(환경부, 한전 등)

정부는 공공기관을 뜻한다. 이번 리빙랩에서의 정부행위자는 환경 문제를 다루는 환경부, 한국전력공사, 에너지 관리공단 등이 될 것이다. 이들은 국민들의 쾌적한 생활을 위해서 여름철 에어컨 사용이 급증을 대비하여 필요한 전력을 안정적으로 공급하도록 시스템을 구축해야 한다. 또한 전기세에 대한 국민들의 불만을 고려하고 효율적인 정책을 계속해서 연구해야 할 것이다.

II. 문제해결

1. 에어컨 사용의 효율성을 높이자

1) 해결의 중요성

앞서 정리했듯, 에어컨은 무더위를 견디기 위한 주된 문제해결의 책임이면서 동시에 환경문제의 원인 제공자의 역할을 하는 것으로 인식할 수 있다. 과도한 에어컨 사용에 대한 범국가적 규제는 이전부터 공공연하게 논의되어왔다. 그러나 에어컨은 현재 대체 불가능한 기기이기 때문에 사용량, 사용 시간에 대해 개인에게 부과되는 공적인 규제는 국민의 반발을 일으킬 수 있고 개인적인 생활에 심각한 피해를 주는 것이라 인식될 가능성이 있다.

따라서 에어컨을 대체할 정도의 첨단 기술이 개발되고 상용화되기 전까지는 에어컨의 효율성을 직간접적으로 높여 사용량을 줄일 수 있는 대안을 연구하는 것이 가장 근본적인 해결책에 가까워지는 방식이라 할 수 있는 것이다.

현 상황을 해결하기 위해서 기업들은 에어컨에 '인공지능'을 탑재하는 방식을 이용하는 추세에 있다. 에어컨에 부착된 센서가 주변 환경을 감지하여 적정온도나 습도를 측정하여 알려주고, 인공지능이 스마트폰과 연동되어 사용자가 실내, 외에서 효율적으로 제어할 수 있도록 많은 정보를 준다. 이처럼 기술이 발전할수록 에어컨의 효율성 또한 높아지기에, 현재의 기기들은 구세대의 기기들만큼 높은 전기세의 부담을 주지 않으면서 온실가스 배출을 최소화하는 방향을 향해 나아가고 있다.

그러나 전기세의 부담을 심각하게 겪는(문제 제기 부분에서 언급된) 취약계층은 기술의 발전으로 주어지는 혜택을 누리지 못한다. 효율적인 사용을 위해 첨단 기술을 갖춘 최신 기기를 구매하는 중산층 이상의 소비자가 있지만, 반면에 당장 과한 냉방 전기세를 지불하기 힘들어하면서도, 신제품을 구매할 여력이 되지 않아 현재를 버티는 취약계층의 국민 또한 그 비율이 낮지 않다. 그들에게 있어서 최신 기술이란 사용할 필요가 없는 항목이 아니라, 사용이 가능하지 않은 항목인 것이다.

기업의 처지에서도 자신들의 제품을 구매하지 않는 집단은 사업 고려할 만한 대상으로 인식되지 않는다. 그렇기에 이러한 국민은 가장 무더위에 타격을 많이 받는 집단임과 동시에 가장 사회로부터 등한시되는 부류가 되고 만다.

더하여, 에어컨을 연구하는 많은 기업은 연구의 대상을 그들 소유의 기기로 제한하고 있다. 그 예로 현재의 인공지능은 메이커별로 연결되는 기능이기 때문에 인공지능이 활용하는 빅데이터 또한 당사 제품 사용자의 데이터로 제한되어있다. 그러나 모든 국민이 하나의 메이커 제품을 사용하는 것이 아니라, 여러 기업의 제품을 혼용하고 있기에 빅데이터를 수집할 수 없게 된다.

따라서 우리 팀은 첨단 기술로 무장한 인공지능 기기들의 혜택과 효율성을 만끽하지 못하는 취약계층을 기본 대상으로 삼고, 더 나아가 다양한 기업의 제품을 혼용하는 사용자들의 참여 또한 독려하여 기존의 IoT가 가진 한계를 극복하고 언제든 사용자의 의견을 반영할 수 있는 새로운 방안을 연구하도록 방향성을 확립하였다.

2) 에어컨 알림 애플리케이션: 에코니

우리는 에어컨의 사용 시간을 최소화하면서 그 효율성을 극대화하는 방안을 연구하였다. 리빙랩(living Lab)의 취지에 맞게, 실현 불가능한 첨단 기술의 개발이 필요하지 않으면서도 일반인들도 쉽게 참여할 수 있는 방식의 대안을 탐색하였고 한 가지 대안을 도출하였다.

한국전력공사나 에너지 관리 공단 등에서 설명하는 '에어컨 효율성 쉽게 높이기' 도움말을 검색해 본 결과 생각 외로 최대 30%까지 에어컨의 효율성을 상승시킬 방안이 다양하게 존재했다. 이러한 정보들은 전문적인 지식이 필요하지 않으면서, 약간의 시간만 투자한다면 충분히 실행할 수 있다는 공통점이 있었다. 만약 각 온도에 따라 유용한 정보를 제공해주는 애플리케이션이 있다면 개인의 소소한 노력으로 전력 소모를 최소화할 수 있다는 확신을 하게 되었다.

3) 애플리케이션의 추상적 구상

전력 낭비를 줄이는 정보들에는 공통점이 있다. 누구나 충분히 할 수 있는 행동이지만 아무도 선뜻 나서서 찾아보고 그에 따라 행동하지 않는다는 것이다. 이러한 지침이 실천되지 않는 이유는 '적절한 시기에 정확한 정보를 직접 전달해주는' 편리한 매개체가 존재하지 않기 때문이라 생각했다. 그렇기에 정보 전달에 주안점을 두었고 그 모티브를 '차량용 네비게이션'에서 착안하였다.

'에어컨 알림 애플리케이션'은 가정용 에어컨과 연동하여 실내온도나 습도를 감지하고, 에어컨을 가동할 때 작동하여 적정온도나 가동 시간, 가동 종류를 조언해준다. 그리고 팝업과 음성, 두 가지 방식의 알림을 통해 현재 주변 환경(온도, 습도 등)에 적절한 공적 정보를 제공함과 동시에 그 조언대로 행동했을 시 높아지게 될 이론적 효율성(퍼센트)과 절약한 전기세 등을 표시함으로써 사용자가 성취감과 경각심을 느끼도록 간접적인 도움을 주게 된다.

또한, 에어컨 사용 시간과 그에 따른 전기세 등의 정보를 시각적으로 보여주어(그래프 등) 에어컨 사용에 따른 전력 소비에 대한 구체적인 지식을 제공한다.

애플리케이션의 이름은 '에코니(Econi)'로 결정하였다. '에어컨'이라는 한국식 발음, 환경을 뜻하는 '에코(Eco)'에서 그 이름을 착안하였고 환경을 생각하는 에어컨 앱이라는 목적성을 포함하고 있다.

<표 5-2> 애플리케이션의 안내 내용

(1) 쾌적 적정 온도와 습도
(2) 문, 창문의 개폐
(3) 선풍기와의 혼용
(4) 에어컨 필터 청소 간격과 방법
(5) 에어컨 사용 시간
(6) 에어컨으로 인해 발생하는 전기요금 안내

2. 리빙랩의 검증

앱의 효과를 검증하기 위해서는 전문가들과 직접적으로 접촉하여 실제 애플리케이션을 개발하고 배포하며 사용자들과 커뮤니케이션을 하는 것이 가장 좋은 방법이었다. 그러나 그에 앞서, 우선적으로 에어컨과 앱에 대한 사용자들의 인식을 조사하고 그 통계자료를 바탕으로 전문가와의 인터뷰를 진행하여 앱의 실현가능성, 개선점 등의 피드백을 받도록 하였다. 그에 따라 앱의 프로토타입 디자인을 구상한 후, 사용자들의 의견이 반영되어야 하는 기능 선호도에 대한 2차 설문조사를 진행하였다. 공급자, 사용자와의 커뮤니케이션을 통해 최종적으로 구상한 앱의 기능과 디자인을 소개함으로써 실제 기업의 최종 피드백을 받는 것으로 리빙랩 연구를 완성하도록 검증을 구성하였다.

1) 1차 설문조사

우선적으로 1차 설문조사는 2018년 11월 1일부터 11월 7일까지 일주일에 걸쳐, Google 설문조사 링크를 사용자들에게 보내어 응답을 받는 형식으로 진행하였다. 에어컨을 사용하는 사람들을 대상으로 설문조사를 진행하여 환경문제에 대한 인식, 에어컨과 전기세에 대한 인식 등을 조사하고 우리 팀이 개발하고자 하는 애플리케이션에 대한 전반적인 의견을 물을 수 있는 항목으로 구성하여 진행하였다(총 306명 응답). 우선 세대별로 다양한 의견을 수렴하기 위해서 최대한 많은 연령대를 대상으로 하였고 주거 형태 또한 다양하게 설정하였다.

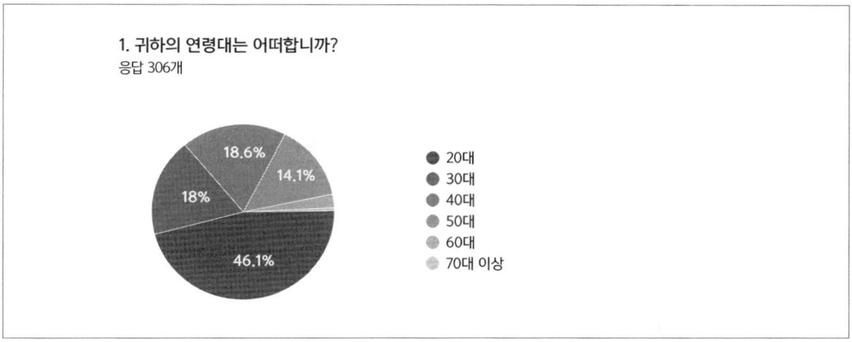

|그림 5-1| 1차설문 : 연령대

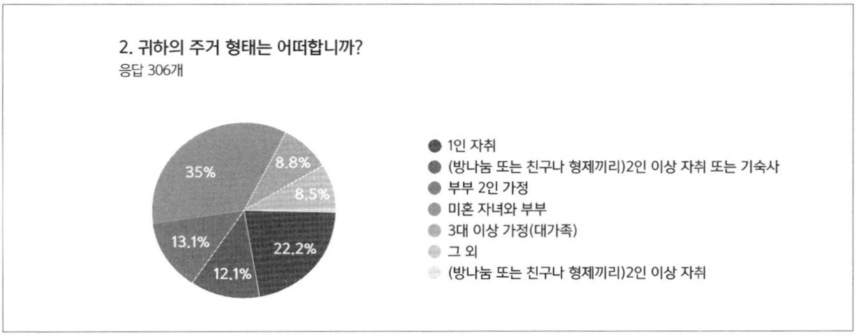

|그림 5-2| 1차 설문 : 주거 형태

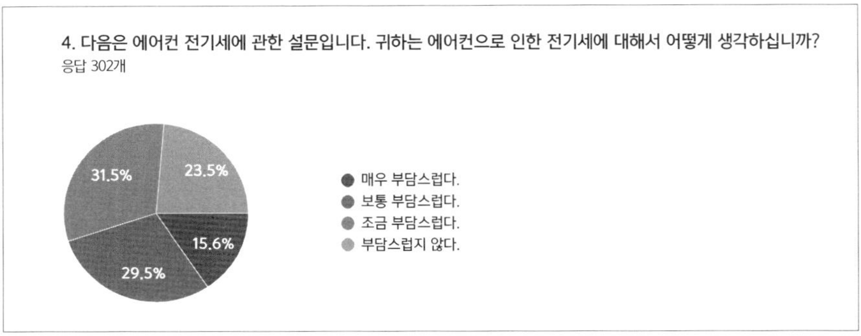

|그림 5-3| 1차 설문 : 에어컨의 전기세에 대한 부담

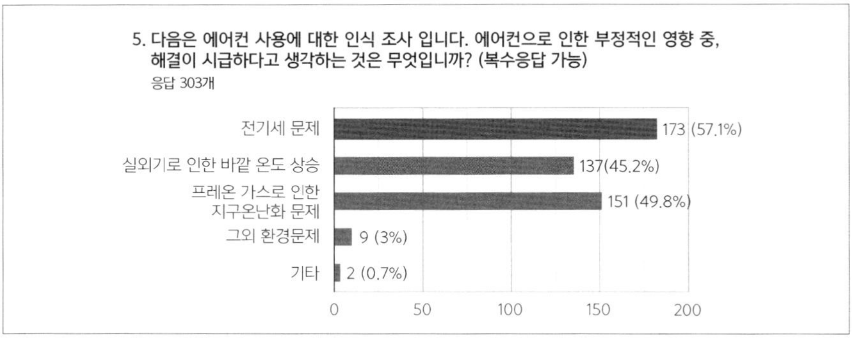

|그림 5-4| 1차 설문 : 에어컨의 부정적 영향에 대한 인식

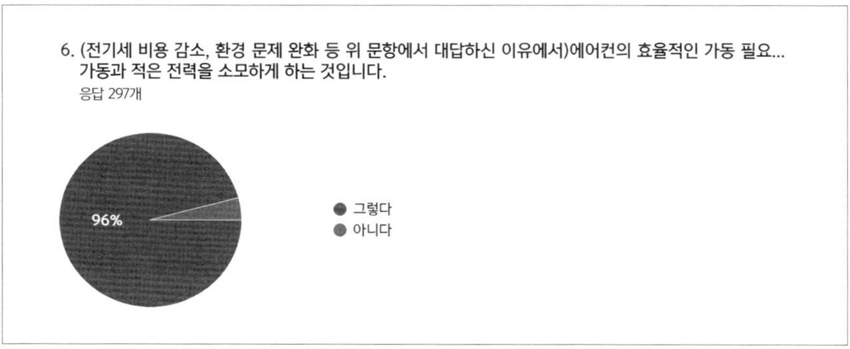

|그림 5-5| 1차 설문 : 에어컨의 효율적 가동의 필요성 인식

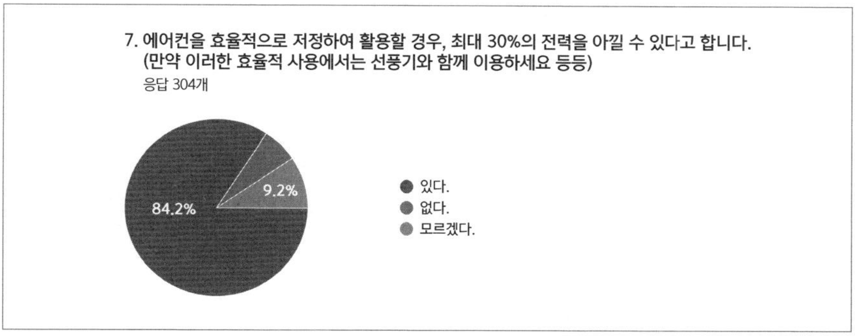

|그림 5-6| 1차 설문 : 에어컨 앱 사용에 대한 인식

이하는 사용자들이 에어컨과 관련된 문제들에 대해서 어떻게 생각하고 있는지 알아보는 문항들이다.

실제 현실과 직접적으로 연결된 전기세 문제가 57.1%로 가장 심각한 문제라고 사람들은 생각했고 그 다음으로 프레온 가스, 실외기 문제 등의 환경 문제를 꼽았다. 그렇다면 가장 문제로 여긴 전기세 문제에 대해서 그 부담 정도를 물어본 결과 대략 76.5%가 에어컨 사용으로 인한 전기세가 부담이 된다고 응답했다. 이는 아마 올 여름 누진세 문제가 계속 논란이 되어서 무더위에도 불구하고 에어컨을 마음껏 켜지 못했기 때문이라고 여겨진다.

에어컨의 효율적인 사용의 필요성에 대한 문항에서는 96%가 에어컨의 효율적 사용에 대해 긍정적으로 인식하고 있다는 것을 알 수 있었다. 그리고 다음 문항에서 에어컨을 효율적으로 사용할 수 있도록 도와주는 앱을 사용할 것이냐고 묻자 무려 84.2%가 사용할 의사가 있다고 응답하였다. 이러한 응답 이외에도 가구 전력 사용량의 체크, 누진세 적용 상황 알림, 에어컨 악취를 줄이는 방안 추가, 실외기 관리 방안 추가, 자동 종료 기능 등이 여러 응답자들로부터 제시되었다.

3. 실현 가능성에 대한 피드백 -전문가 인터뷰

앱의 구체적인 기능과 디자인을 구상하여 프로토타입을 만들기 전, 사용자와의 커뮤니케이션과 더불어 전문가와의 만남 또한 진행하였다. 서준호 Bosch Rexroth Korea 기계공학자와 연락이 닿았으며, 최지혜 LG전자 에어컨 RAC 마케팅 팀 선임과도 인터뷰를 진행하였다.

우선 수업에 사용한 발표자료와 중간 1차 보고서를 토대로 기획서를 만들었고 두 분께 보여드린 후 그 앱이 사람들에게 매력적으로 다가갈 수 있을 만한 부분과 더 나아가 개선되어야 할 점에 대해 간단한 피드백을 받았다. 그리고 결과적으로 실제 앱을 개발하고 배포하는 것이 가능한 정도인지 여부와 그에 따라 예측되는 어려움에 대한 조언 또한 구하였다.

알림 앱이 실현 가능한지에 대한 여부는 크게 세 방면으로 나눌 수 있었다.

1) 기술적 측면에서의 실현 가능성

첫 번째는 '현재 기업들의 기술력으로 충분히 실현 가능한 정도의 앱 기능인가?'였다. 이에 대해 전문가분들께서는 기술적인 측면에서 큰 문제를 찾아볼 수 없을 거라 말씀하셨다. 이미 인터넷과 연동하여 외부의 온도를 쉽게 알 방법들이 충분히 있으며, 실내의 온도도 에어컨 내부에 있는 센서 등으로 파악하기 쉽기 때문이었다. 결국, 에어컨과 스마트폰을 연동하는 기술력이 있다면 충분히 실현할 수 있는 앱 기능들로 구성되어 있으며 그러한 기술은 이미 구현되어 있으니 가능하다고 피드백을 하셨다.

2) 사용자의 활용 가능성

두 번째는 앱을 보급하였을 때 사용자들이 이를 적극적으로 사용하려 할지에 대한 방면이었다. 그에 대해 일반인을 대상으로 진행한 1차 설문조사 결과를 인터뷰 내용에 첨가하여 전문가께 보여드렸다. 응답자 대부분이 과도한 냉방으로 인해 발생하는 환경 문제에 대해 조금이나마 관심을 두고 있으며 에어컨의 효율성을 높일 수 있는 앱에 대해 매우 긍정적으로 생각하고 있다는 결과였다. 전문가께서도 이에 대해 인정하였고 스마트폰 앱의 '파급력'이라는 특징을 언급하셨기에 적절한 홍보가 더해진다면 충분히 많은 사람에게 보급할 수 있을 거라 말씀하셨다.

그러나 가장 중요하게 생각해야 할 점은 '실제 상황에서 사람들이 알림에 따라 행동하기 귀찮아 할 수 있음'이었다. 전문가께서는 앱을 활용하지 않겠다고 응답한 이들이 많은 비율로 선택한 응답지인 '귀찮음'에 대해 언급을 하셨다. 또한, '알림'의 방식을 선택하였을 때 얻게 되는 단점인 '정보의 과도함'도 덧붙였다. 이는 앱을 설치(Download)하는 수고, 앱이 알려주는 대로 행동하려는 의지, 환경 문제에 대한 경각심 등을 충족해야 해결될 수 있는 문제임을 인식시켜주셨다. 그렇기에 앱이 사람들의 이목을 끌면서도 귀찮게 생각되지 않을 만큼 간단한 행동들로 많은 전기세를 아낄 수 있음을 강조하는 등의 넛지(Nudge) 전략을 추가하는 방향으로 개선점을 찾는 것이 좋겠다고 말씀하셨다.

3) 기업의 의지 여부

세 번째는 기업으로서 이 앱을 선택하여 개발하고 사람들에게 공급할 만한 가치가 있는지, 즉 기업의 의지를 자극할 만큼 앱이 매력적인지에 대한 방면이었다. 이에 대해서는 이미 그 분야의 전문가들이 진행하고 있는 신기술 또한 많다는 것을 알게 되었다. 효율성을 개선하기 위한 에어컨 기술을 개발하는 데에 많은 인력을 쏟고 있고 현재 인공지능 첨단 기술을 이용하여 전기세와 사용량을 줄일 수 있는 신제품들이 나오고 있었다. 에어컨 알림 앱은 애플리케이션의 특성상, 파급력은 보장할 수 있으나 신제품들이 가진 장점들과 비교하였을 때 차별화될 만큼의 매력이 느껴지지 않을 수 있다는 조언을 받았다.

이는 두 번째 방면인 '활용 의지'와도 연결이 되는 것임을 알게 되었다. 기업은 궁극적으로 이윤을 추구하는 집단이기 때문에 많은 소비자가 앱을 활용할 수 있게 개선을 해야 기업도 그에 대해 사업 가치를 인식하고 앱 개발에 지원을 시작할 것이라 말씀하셨다. 결과적으로, 앱의 실현 가능성 자체는 충분하지만, 실현을 위한 앱개발을 지원받도록 기업을 설득해야 하고 그 과정을 위해서는 인공지능을 갖춘 신제품이 해결할 수 없는 영역에 개선의 방향을 둠으로써 사람들이 앱을 선택하고 활용할 수 있도록 노력해야 하겠다는 결론을 얻었다.

4. '에코니'의 프로토타입 완성

1차 설문조사의 결과와 에어컨 전문가들과의 인터뷰 및 피드백을 통해, 만들고자 하는 앱이 어떠한 목적성을 가지는지 확고히 하겠다는 목표를 최우선으로 두었다. 에어컨 알림 앱이라는 그 주제에 걸맞으면서도, 사용자가 과도한 정보량과 제공 간격으로 인해 피해를 보지 않도록 필수적인 기능 이외의 부분들은 환경설정 부분으로 넘겼다. 그리고 메인 바탕화면은 온도 조절, 에어컨 리모컨, 전기세 추이, 알림으로 제공되는 정보 픽토그램 등 실질적으로 가장 필요할 거라 예상되는 기능들로 구성하였다. 배경에는 전체적으로 밝은 푸른색 계열의 색감을 사용하여 시원하고 상쾌한 느낌을 사용자가 받을 수 있게끔 하였다.

자세한 전력량이나 주간 전기세 비교 등을 원하는 설문 응답자들의 의견을 수용하여 환경설정 항목 옆에 전력량 관련 항목을 따로 만들었고 시각 디자인을 활용하여(꺾은선, 원형, 막대 그래프 등) 사용자가 쉽게 전력량 정보에 대해 이해할 수 있도록 화면을 구성하였다.

이처럼 팀원들 간의 상의를 통해 앱 디자인과 구성의 전체적인 틀을 완성하고 프레젠테이션 프로그램을 통해 몇 가지의 화면을 구성하였으며 이를 활용하여 제작한 앱 기획 제안서를 다른 전문가분께 피드백용으로 제출하였다.

그러나 1차 설문조사는 앱에 대한 사용자들의 추상적인 인식을 확인하는 정도로만 그쳤기 때문에, 앱에 추가되었으면 하는 구체적 기능의 선호도에 대해서는 별도의 조사가 필요하였다. 메인 화면의 구성 방식, 시각 디자인 중 선호하는 그래프 모양, 전력량과 전기세 중 선호하는 부분, 더 추가되길 원하는 기능 등은 실제 사용자의 선호도가 적극적으로 반영되어야 하는 부분이었기에 회의를 통해 다양한 선택지를 구성하였고 추가 설문조사를 진행하도록 하였다.

III. 문제 해결 방법 평가

1. 사용자의 선호도 조사

1) 2차 설문조사 문항

1차 설문내용이 애플리케이션을 사용할 것인지에 대한 의사를 묻는 것을 중점으로 둔 반면, 2차 설문내용은 이를 토대로 사용자들의 유인과 행동을 효과적으로 이끌어 낼 수 있는 정보를 얻기 위한 질문들을 위주로 진행했다. 많은 정보를 전달하는 것은 오히려 사용자의 피로도를 높이고 정보를 효율적으로 받아들일 수 없기 때문에 사용자들이 원하고 그들의 행동을 유인할 수 있는 적절한 정보를 찾고자 노력했다.

먼저 애플리케이션에서 제공하는 정보의 종류와 전체 디자인에 대한 선호도를 조사하는 섹션을 두었다. 먼저 해당 애플리케이션을 사용함에 있어서, 어떠한 정보가 가장 매력적인 유인이 될 수 있을지를 첫 번째 질문으로 두었다. 전기세 추이 및 예측 알림, 전력량 알림, 효율적인 에어컨의 사용 알림, (에어컨 리모컨 기능이 가능할 경우) 에어컨 리모컨의 사용, 총 네 가지의 선택지를 두고 복수 응답이 가능하게 설정해 사용자들이 에어컨 사용에 있어서 가장 원하는 정보가 무엇인지 알아보고자 했다.

그 다음으로는 메인 화면의 배치 형태에 대한 질문을 두었다. 현재 온도와 효율적으로 사용하는 방법 그리고 온도를 조절할 수 있는 리모컨 모두를 배치하는 방향과, 현재 온도와 효율적 사용 방안만 알려주는 방법, 간단하게 현재 온도만 알려주는 방법 총 3가지의 항목을 두었다.

두 번째로는 효율적인 에어컨 사용 알림과 관련해 애플리케이션이 실질적으로 전달하는 정보에 대한 선호도를 조사하는 섹션을 두었다. 효율적 사용방

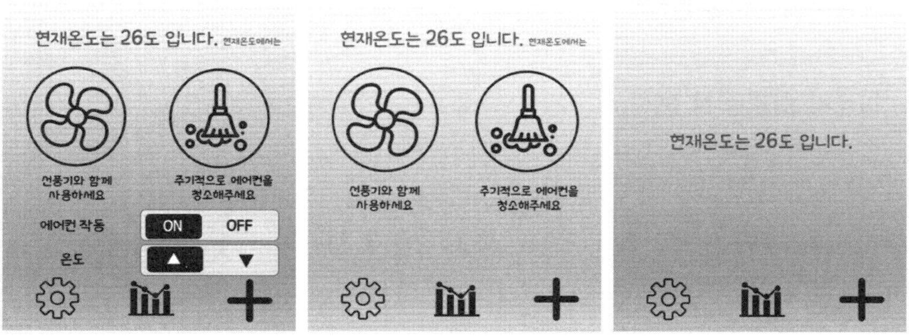

|그림 5-7| 애플리케이션의 메인 화면

안으로 알려진 정보들 중에서 사용자들이 가장 유용하다고 생각하는 것을 조사할 수 있도록 문항을 디자인했다. 항목은 필터 교체 알림, 온도 설정 알림, 선풍기 사용과 함께 할 것을 알리는 알림, 창문을 열고 닫는 행동에 대한 알림, 총 네 항목을 두었다. 또한 리모컨의 역할이 포함된 경우에 온도 설정 방식의 경우 사용자 스스로 설정하는 안과 적정 온도를 자동으로 설정하는 안 두 방식을 선택할 수 있도록 했다.

해당 애플리케이션은 효율적 사용방안이 주기적으로 사용자에게 알림으로 제공되는 형태이기 때문에 정보의 내용도 중요하지만 정보가 전달되는 방식 또한 적절하게 디자인되어야 한다. 따라서 알림을 제공하는 적절한 최소 시간 간격(주기)에 관한 문항을 포함시켜 이를 알아보고자 했다. 지나치게 주기가 길다면 애플리케이션의 효과가 크지 않을 것이라 예상했기 때문에, 30분, 45분, 60분 총 세 문항을 두었다.

다음으로는 전력량과 전기세 관련 정보에 대한 선호도 조사 섹션을 진행했다. 초기 애플리케이션 디자인은 효율적인 에어컨 사용 방법 전달에 주로 초점을 맞췄었지만 1차 설문조사 시에 사용자들 중 전기요금 관련 정보를 원하는 분들이 많아 2차 설문조사에서 구체적인 설문을 구성했다.

먼저 전력 관련 정보를 제공 받을 시, 총 사용 전력량 정보와 예측 전기세 정보 두 가지 중 어떠한 것을 더 선호하는지를 물었다. 또한 정보 알림 형태의 경우 막대, 꺾은선, 원형 그래프의 시각디자인 중 어느 것을 가장 선호하는지에 대한 설문을 포함했다. 그리고 정보를 제공받을 시에는 1인가구, 2인가구 등과 같이 자신과 동일한 주거형태의 평균 사용량과 비교해서 알려주는 것과 다른 가구와 비교하지 않고 자신의 주간 사용량 추이를 제공받는 두 가지 방식을 제안했다.

2) 2차 설문조사 결과

2차 설문조사에서는 총 135명의 설문자가 참여했다. 크게 세 섹션으로 나누어진 질문들의 결과를 간략하게 정리해보겠다.

(1) 정보의 종류

'앱을 사용하게 된다면 어떤 정보가 가장 매력적인 유인으로 작용할 것이라 생각하십니까?' 문항에 대한 질문에서는 전기세 추이 및 예측 알림이 44.5%로 가장 많은 비중을, 그 뒤를 이어 효율적인 에어컨 사용 알림이 24.2%, 에어컨 리모컨 기능이 21.6%를 차지했다.

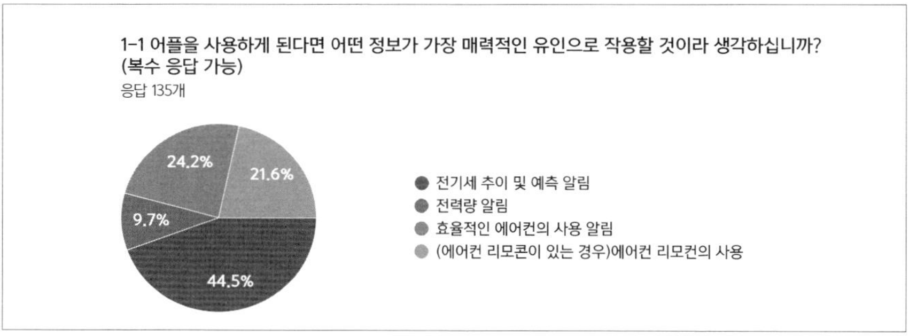

|그림 5-8| 2차 설문 : 앱의 매력적 유인

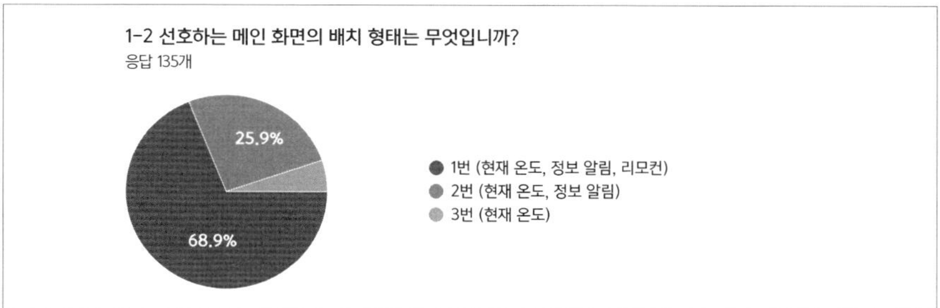

|그림 5-9| 2차 설문 : 선호하는 메인 화면 배치 형태

'선호하는 메인 화면의 배치 형태는 무엇입니까?'의 질문에서는 현재 온도, 정보 알림, 리모컨 모두의 기능을 포함한 안이 68.9%로 가장 많은 선택을 받았다.

(2) 효율적 에어컨 사용 알림

2-1 '알림으로 제공되는 정보 중 가장 유용한 정보가 무엇이라 생각하는가?'에 대한 질문에서는 온도 설정 알림이 50.4%로 과반 정도를, 필터교체 알림이 40%로 그 뒤를 이었다. 창문을 열고 닫는 알림과 선풍기 사용 알림처럼 즉각적으로 행동을 취해야 하는 알림은 각각 6.7%와 3%로 다소 낮은 비중을 차지했다.

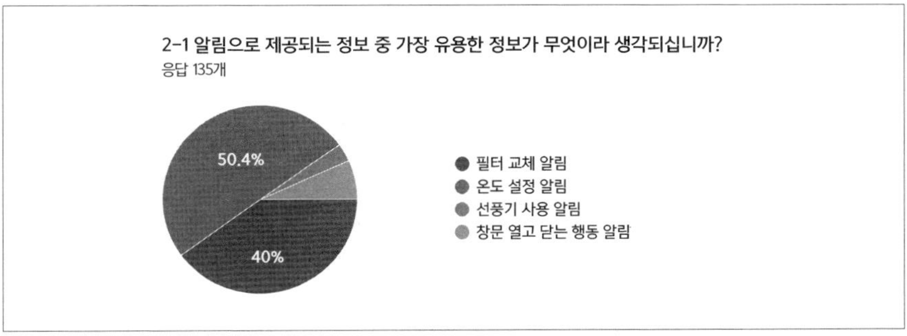

|그림 5-10| 2차 설문 : 알림 정보의 선호도

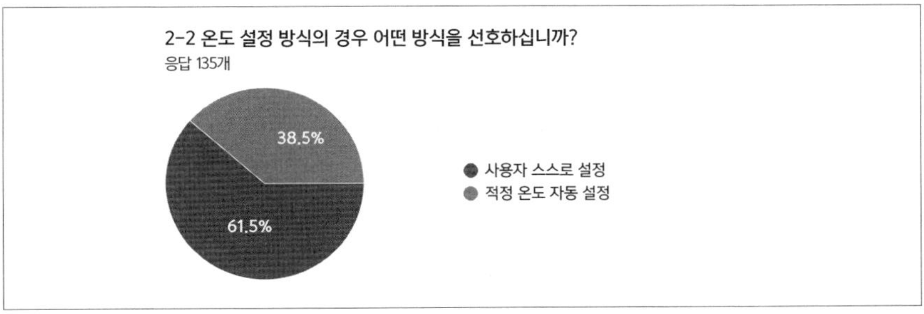

|그림 5-11| 2차 설문 : 온도 설정 방식 선호도

2-2 '온도 설정 방식의 경우 어떤 방식을 선호하십니까?'에서는 사용자 스스로 설정할 수 있도록 하는 안이 61.5%로, 적정 온도를 자동으로 설정하는 38.5%보다 더 많은 지지를 얻었다.

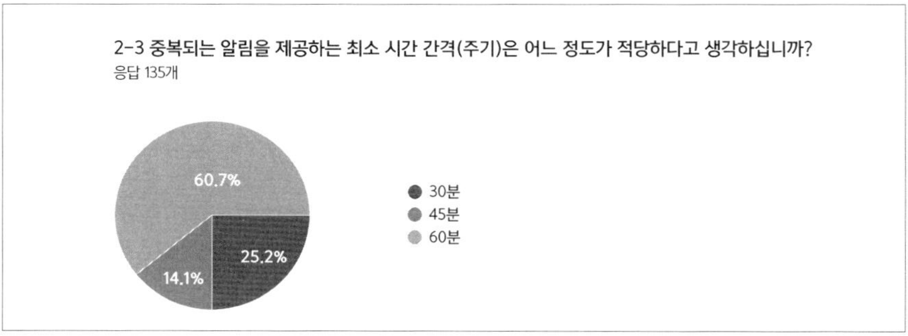

|그림 5-12| 2차 설문 : 알림 주기

2-3 알림을 제공하는 최소 시간 간격(주기)은 어느 정도가 적당하다고 생각하십니까? 에서는 60분이 60.7%로 가장 많은 비중을, 그 다음으로는 30분이 25.2%, 45분이 14.1%를 차지했다. 이를 통해 사용자들이 아무리 유용한 정보여도 지나치게 자주 전달될 경우 오히려 그 효과가 반감될 수 있을 것임을 예측할 수 있었다.

(3) 전력요금 관련 정보

3-1 '전력 관련 정보를 제공 받을 시, 어떠한 정보를 전달받는 것을 선호하십니까?'에 관한 질문에서는 예상 전기요금 정보가 88.1%, 전력량 정보가 11.9%로 예상 전기요금 정보를 알려주는 방안을 선호하는 비중이 매우 높았다.

3-2 '정보 알림 형태의 경우 어느 종류의 시각 디자인을 선호하십니까?'에서는 꺾은선 그래프가 62.2%로 막대 그래프나 원형 그래프보다 그 비중이 높았다.

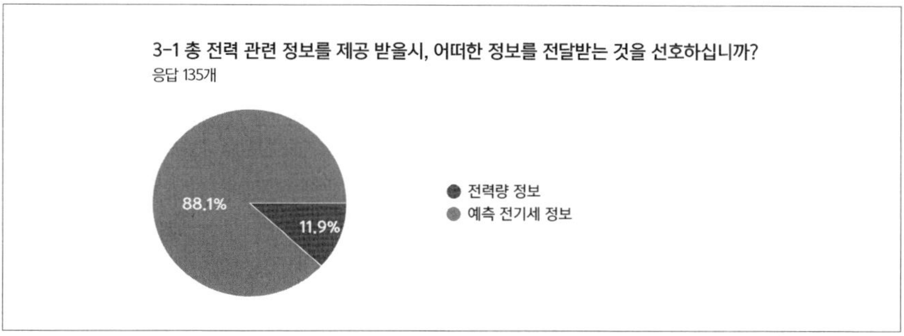

|그림 5-13| 2차 설문 : 전력 정보에 대한 선호도

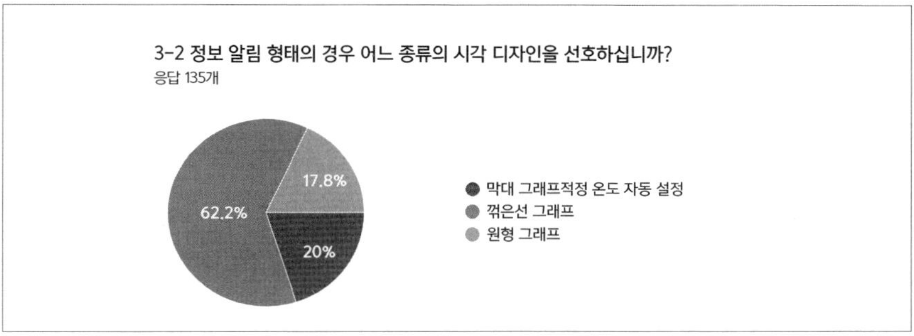

|그림 5-14| 시각 디자인 선호도

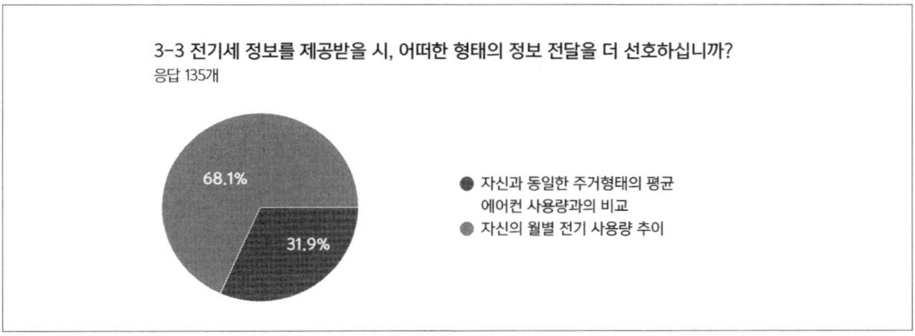

|그림 5-15| 전기세 정보 형태 선호도

3-3 '전기세 정보를 제공받을 시, 어떠한 형태의 정보 전달을 더 선호하십니까?'에 대한 문항에서는 자신의 전기 사용 추이를 제공받고자 하는 비율이 68.1%로 다른 가구와 비교한 정보보다 더욱 많은 비중을 차지했다.

2차 설문조사의 결과를 바탕으로 사용자들의 수요를 반영해 기존의 초안을 변경했다. 먼저 사용자들이 원하는 정보들 중 예상 전기요금을 안내해주는 것이 가장 많은 선택을 받았기 때문에 이를 메인 화면에 포함시키는 방안을 고려했다. 또한 너무 다양한 기능을 넣기 보다는 필요한 최소한의 기능만을 제공하는 것이 효과가 더 클 것이라 생각했기 때문에 에어컨을 켜고 키는 것보다는 온도를 조절할 수 있는 기능만 넣는 것으로 수정했다. 효율적인 에어컨 사용과 관련한 정보도 즉각적인 행동을 취해야 하는 정보들보다는 적정 온도와 필터 청소 주기에 대한 알림으로 수정했다.

2차 설문조사에 대한 응답은 대체로 예상과 유사했으나, 몇 문항들 에서는 팀원들의 예상과는 다른 설문 결과도 확인할 수 있었다. 1차 설문조사의 결과를 통해 사용자들이 전기요금과 관련한 정보를 주로 원한다는 큰 틀을 잡을 수 있었고 2차 설문조사를 통해 구체적인 세부 내용들을 구성할 수 있었다.

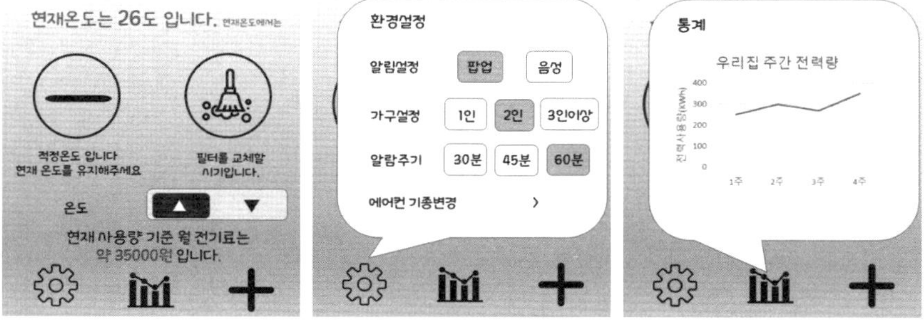

|그림 5-16| 설문조사를 토대로 만든 앱의 화면 구성

전기요금을 제공하는 방식에 있어서 기존의 많은 통계자료에서는 막대그래프 방식을 사용하고 있지만, 설문에서는 꺾은선 그래프가 가장 많은 비중을 차지했던 점이 설문조사를 통해 알 수 있던 새로운 사실이었다. 두 번째로는, 팀원들은 전기요금을 통해 에어컨을 효율적으로 사용할 유인을 이끌어내기 위해서는 동일한 가구형태의 평균 사용량을 주면서 자신의 사용량을 비교할 수 있도록 하는 방안이 적합하다고 생각했지만, 설문에서는 다른 가구와의 비교보다는 자신의 사용 추이를 보는 것에 대한 선호가 더 높았다.

하반기에 진행되는 수업이었기에, 계절적으로 에어컨의 수요가 거의 없었다는 점과 주어진 시간 동안 에어컨과 연동된 애플리케이션을 실제로 만드는 것이 어렵다는 점이 사용자들의 반응을 직접 확인해 볼 수 있는 실험을 진행하지 못한 가장 큰 두 가지 이유였다. 그 대신 설문조사를 2번에 걸쳐 진행해 사용자들의 선호를 충분히 반영할 수 있도록 하였고, 전문가와의 인터뷰도 진행해 실현가능성을 평가하고자 했다. 설문조사라는 방법론의 성격 상 실험보다 더 많은 수의 사용자들의 의사를 물어볼 수 있었고, 에어컨 사용은 단지 특정 지역에만 국한된 문제는 아니기 때문에 다양한 연령대와 가구형태, 거주지역에 상관없이 표본을 얻을 수 있다는 장점이 있었다. 직접 애플리케이션을 이용해 에어컨의 효율적 사용을 유도하는 실험을 진행하지는 못했기 때문에 애플리케이션이 얼마나 사용자들의 행동에 영향을 끼칠 수 있는지의 정도는 평가할 수는 없었다. 그러나 설문조사를 통해 하고자 하는 의사를 충실하게 파악하려 노력했고, 최대한 그들의 행동을 변화시킬 수 있도록 그들의 선호에 맞는 애플리케이션을 디자인하고자 했다.

3. 리빙랩의 영향력 피드백 –전문가 인터뷰

지속 가능성과 영향력은 2차 설문조사를 바탕으로 만든 최종 기획서를 삼성 무선 사업부 선행기구 개발그룹 직원 한 분, 삼성 생활가전 사업부 공조솔루션 플랫폼 실험실 직원 한 분, 총 두 분의 관련 기업 직원에게 보내 인터뷰를 요청 드린 내용이다.

1) 지속 가능성

아이디어가 지속되기 위해서는 실제로 이 아이디어가 실현될 가능성이 있는지를 검토하여야 한다. 우리가 낸 아이디어의 실제 실현 가능성이란 기술적 측면, 행위자들(기업, 에어컨 사용자들)의 의지 측면으로 나눠서 생각 할 수 있다.

(1) 기술적 측면

기술적 측면에서 필요한 기술을 요약하면, ①실내 온도 측정 ②안내 음성/팝업 제시 ③전기세 계측이었다. 이 때 실내온도 측정의 경우, 어플리케이션이 에어컨 연동 어플리케이션이기 때문에 실내온도에 대한 에어컨 기계의 정보를 읽는 방식 등으로 충분히 가능할 것이라는 예측대로였다. 안내 음성 또는 팝업 제시 또한 충분히 상용화된 기술이기 때문에 그 출력 자체에는 문제가 없을 것이라는 견해였다. 다만, 전기세 계측이 가장 큰 문제였는데, 기업의 입장에서는 사용한 전기량을 측정하는 것도 힘들 뿐 아니라 전기세 예측은 더욱더 불가능에 가깝다는 입장이었기 때문이다.

특히 지준민 삼성 무선 사업부 선행기구 개발그룹 팀원은 전기량 계측을 위해서는 최소한의 공학적 해석을 제공하는(ex. 집의 구조, 에어컨의 위치, 출력, 벽면 재질, 유리창 면적 등) 수많은 요소들이 동반되어야 하는데, 이러한 요소들을 사용자 개개인이 상황에 맞게 적용하는 것은 거의 불가능하고 아파트의 경우는 모든 가구가 모듈화 되어있기 때문에 건설 회사에서 제공하는 것 외에는 힘든 정보가 아닌가 우려를 표시하였다.

(2) 행위자들의 지속 의지

지속 가능성 측면에서 행위자의 지속 의지란 결국 '에어컨 제조 기업의 실현 의지'가 가장 문제라고 볼 수 있다. 특히 기업은 그 목적이 이윤 창출인 만큼 기본적으로 수익성이 있어야 실현할 동기의 전제가 마련되는 것이기 때문이다. 그러나 사실 우리 조가 구상한 에어컨 어플리케이션의 기본적인 목적 자체가 환경 문제 해결과 사용자들의 전기세 절약에 있기 때문에, 기업에게 이윤을 창출해 줄 수 있는 여지가 거의 없다. 게다가 LG의 경우 Think Q 등의 신제품들을 비롯하여 절전 모드와 같은 효율화 시스템을 기계에 내장하고 있는 추세에 이 같은 새로운 어플리케이션의 개발에 투자할 유인이 있을지 불분명하다고 볼 수 있다. 다만, 인터뷰 대상자 두 명 모두 소비자 입장에서의 필요성과 유용성에 대해서는 공감하였다.

2) 영향력

기업의 입장에서 이러한 기획에 대한 입장을 요약하면, 1)수익성과 2)전기세 정보 제공자가 있지 않을 경우 기획 실현이 어려울 것이라는 결론이었다. 따라서 이 두 가지 문제를 해결하지 않는다면 실질적인 차원의 사회 영향력을 발견하기는 어려울 것이다.

다만, 일단 이러한 아이디어의 발전이 1, 2차 수요자 설문조사를 통해 심도 있게 진행되었다는 점과 무엇이 실현을 가로막는지 분명해졌다는 점에서, 앞으로 에어컨 에너지 효율화를 추구하게 될 기업이 가는 방향에 주는 시사점이 있었다고 판단된다. 특히 이미 기업에게 전달 된 아이디어 자체는 존속하고 있기 때문에, 만일 서비스 제공의 차원에서 기업의 의지가 확인된다면 분명 영향력은 존재할 수 있다고 추정된다.

4. 도전 과제

1) 기술적 측면: 전기세 예측

앞서 언급했듯, 기업 차원에서 전력량과 전기세를 예측하는 것은 기술적으로 불가능에 가깝다는 진단을 받았다. 따라서 전기라는 자원을 관리하는 것이 공적 영역으로 남겨져 있는 한국에서는 공적 기관과의 연계가 요구된다고 판단된다. 실제 2차 인터뷰에서 기업이 전기세를 계측할 수 없는 것은 기술적 측면도 있지만, '전기세의 잘못된 계측으로 인한 소비자 인식 악화' 우려도 있었던 만큼 오로지 기업에게 그 업무를 전담시키는 것은 불가능할 것으로 보이기 때문이다.

한국에서 소비 전력 계측과 전기세 부과를 담당하는 기관은 산업자원부, 한국전력, 에너지관리공단 등 이라고 할 수 있다. 또한 이미 한국전력에서는 전기세 예측 앱을 제공하고 있다는 점 역시 주목할 만하다. 다만, 에너지 절감이라는 목적을 달성하기 위해 기업이 만든 어플리케이션에 정보 제공을 '결정'할 수 있는 기관은 에너지공급단계 이후 합리적이고 효율적인 에너지이용 증진과 신재생 에너지 보급 촉진 및 산업 활성화로 온실가스 저감을 유도함을 목적으로 하는 '에너지관리공단'이라고 보았다. 따라서 에너지관리공단과의 접촉을 시도하여 정보제공 의향에 대해 묻기로 하였다. 한국에너지 공단의 권은경 대리에게 문의한 결과, 공단에서는 전기요금 관련 업무를 하고 있으나, 전기요금에 대한 데이터는 제공하고 있지 않다는 답변을 받았다. 또한 공단에게서 해당 데이터는 한국전력 쪽에서 관리하고 있으니 한전으로 연락하는 것이 좋을 것 같다는 피드백을 받을 수 있었다.

2) 기업의 의지 측면: 수익성

기업이 환경 문제를 해결함으로써 수익을 얻기가 어렵다는 사실은 자명하며, 따라서 서비스 제공의 차원 또는 공적 책임의 논리를 빌리지 않고서는 환경 문제를 위해 자본과 노력을 쓰도록 만들기는 어려워 보인다. 이러한 '모두의 문제이자 누구의 문제도 아닌' 환경 문제에서 가장 힘을 발휘할 수 있는 것은 정부였다. 다행히, 에너지관리공단의 홈페이지에는 에너지관리공단의 사업 계획으로 '에너지 수요관리 성과 혁신'을 목표 중 하나로 설정하고 있었고, 구체적 사업으로 '유류 증기 보일러 효율 향상', '자동차 에너지 소비효율 시험의뢰 수행'과 같은 에너지 소모 기계 자체의 효율을 향상시키는 프로젝트를 다수 행하고 있음을 확인하였다.

어플리케이션의 기능과 궁극적인 목표 또한 '에너지 수요관리 성과 혁신'의 한 측면이라는 점에서 에너지 관리공단의 정책적 목표와 상통한다고 판단되었다. 따라서 기업에게 개발 지원을 한다거나 공동 개발을 하는 등의 방법을 통해 수익성의 문제를 해결할 수 있지 않을까 문의하기로 하였다.

이에 관한 문의를 진행한 결과, 공단에서는 여러 가지 에너지 관련 지원 사업을 하고 있지만 에너지 절약 어플리케이션을 지원할 사업은 없다고 하였다. 그러나 지난 6월부터 10월까지 진행한 '세상을 밝히는 에너지 분야 시민 창업 경연대회'라는 것이 있는데 그것은 창업기업 및 예비 창업자, 아이디어 보유자를 대상으로 하는 경연대회로, 그것이 내년에도 진행된다면 수상 시에는 상금과 함께 후속 지원을 받을 수 있다는 첨언을 해주었다. 결론적으로는 방법이 전무한 것은 아니지만, 정부 정책 차원에서 수익성을 해결하기는 어려울 것으로 판단 되었다.

IV. 결론

에어컨의 성격을 면밀히 검토하여 낸 '효율적 에어컨 사용 알림 앱(일명 에코니)'의 아이디어는 1, 2차에 걸친 수요자들의 설문조사로 보다 정교해졌고 필요성과 유용성을 확인 받았다는 점에서 그 의의가 있었다. 특히 본 아이디어 자체는 환경과 관련된 제품의 수요자의 니즈와 환경에 대한 부정적 외부효과를 줄이고자 하는 우리 조 학생들의 니즈의 교집합이었다는 점에서 나름대로 성공적이었다고 평가할 수 있을 것이다.

우리 조는 관련 분야의 전문가가 아닌 4명의 학생이 힘을 합쳐 9번에 걸쳐 조모임을 진행하였고 2차에 나눠 설문조사를 진행함으로써 수 백 명의 사용자들의 응답을 얻었다. 또한 현재 관련 업계에서 종사하고 계신 여러 전문가들과의 인터뷰를 통해 비즈니스적인 요소에 대한 피드백을 수용하며 리빙랩을 지속적으로 보완하였다. 또한, 미미하게나마 실제 상황에서의 애플리케이션 활용 모습을 보여줌과 동시에 발표 청자가 관심을 보일 수 있도록 하기 위해 조원들끼리 앱 홍보 동영상을 직접 촬영하고 편집하여 시연하기도 하였다. 이로써 학생으로서 할 수 있는 노력을 최대한으로 보였다고 생각한다.

그러나 우리는 그 지속가능성의 측면에서 보다 많은 이해관계자들의 니즈를 충족시켜야 함을 간과했음을 고백한다. 특히 기계 연동 어플리케이션의 경우, 기계를 만든 기업의 실현 의지가 가장 필수적인 지속 가능성의 전제였다. 그러나 기업은 수익성과 전기세 예측이라는 기술적 한계를 이유로 지속가능성에 회의를 제기하였다. 비록 에어컨의 개발과 발전은 기업의 수익과 소비자들의 수요라는 동기에서 발생하였지만, 프레온 가스 배출 또는 실외기 온도 상승으로 인한 환경 문제라는 부정적 외부효과를 해결하는 것에 있어서는 그 책임을 묻기 어려워 기업의 서비스 제공 차원으로만 호소해야 한다는 점이 가장 큰 문제가 되었던 것이다. 이는 환경 문제의 '공유재적 성격'이라는 근원적인 문제로의 환원을 막는 것에 어려움을 겪었음을 의미한다.

이 같은 문제는 기계 관련 환경 문제 해결에서는 지속적으로 제기될 수 있을 것으로 보이는데, 근본적으로는 기업이 공적 책임의 차원에서 해결을 주도하는 것이 가장 빠른 해결이 될 수 있으며, 그 외 현재 우리 학생의 입장에서 할 수 있는 것은 공적 기관과의 연계와 정부의 지원 가능성을 살펴보는 것이 있었다. 그러나 에너지 관리공단 측에서는 정보제공 데이터의 경우 한국 전력으로 문의하라는 답변, 수익성의 측면에서는 정부 정책상 지원 계획이 없음을 확인 받았다. 다만 한국 전력에는 수업의 진행 시간 상 접촉할 여유가 없어 아쉬움이 남는다.

이렇듯 간단한 아이디어라도 기업의 참여를 필요로 한다면 그 수익성에 대한 고려를 멈추어서는 안 된다는 것을 다시금 깨달았다. 또한 환경과 자원이라는 것이 한국에서는 공적 부분에 여전히 다수 연계가 되어있다는 점에서, 공적 부문과의 접촉은 피하기 어려운 것이 현실이었다. 추후 연구가 진행된다면, 이러한 여러 이해관계자들의 이해를 고려하여 발 빠른 기업과의 접촉과 정부와의 접촉이 그 지속가능성을 상승시키는 데는 필요함을 언급하면서 보고서를 마친다.

참고문헌

김부미, 2018. "올 여름 최대전력 시 냉방수요", 『건설경제』(9월17일)

김한별, 2018. "에어컨 없이 살뻔했던 하루", 『중앙일보』(7월27일)

홍서윤, 2018. "에어컨 없이 못살아", 『충청 투데이』(8월6일)

청와대 국민 청원, 2018. 정치개혁. "누진세 폐지"

[별첨 1] 1차 설문조사

1. 귀하의 연령대는 어떠합니까?
응답 306개

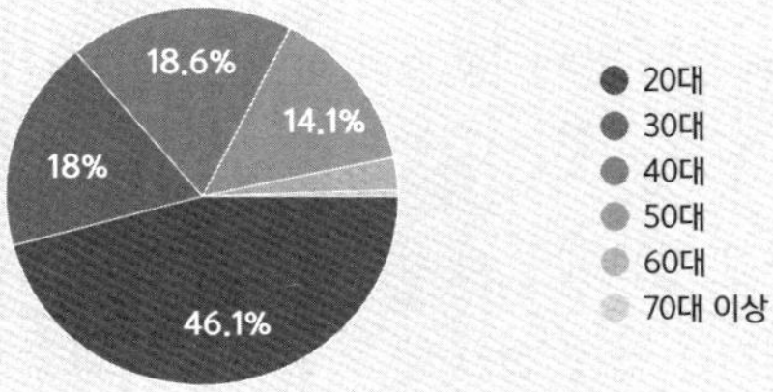

2. 귀하의 주거 형태는 어떠합니까?
응답 306개

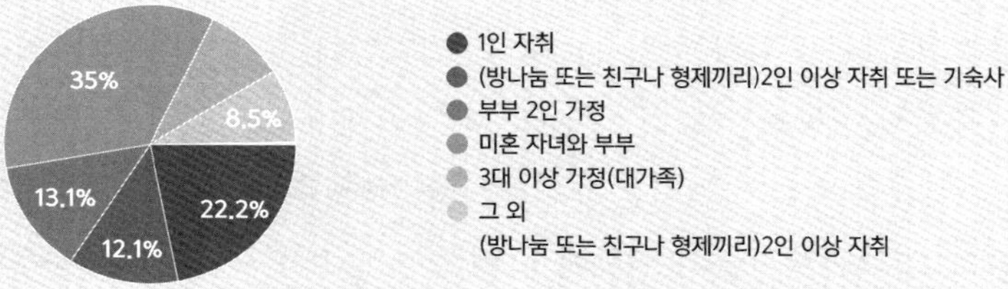

3. 귀하의 댁에 에어컨은 몇 대 입니까?
응답 301개

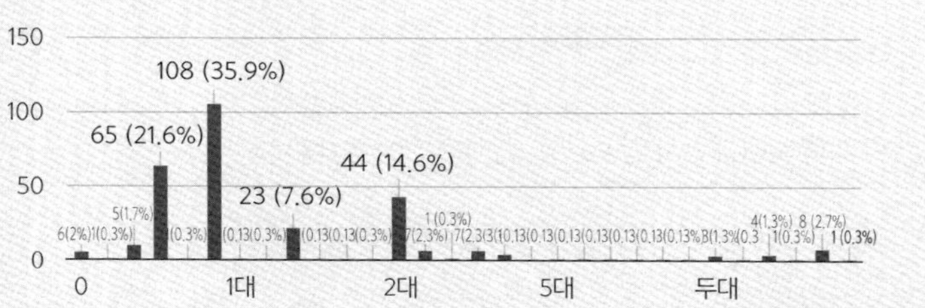

4. 다음은 에어컨 전기세에 관한 설문입니다. 귀하는 에어컨으로 인한 전기세에 대해서 어떻게 생각하십니까?

응답 302개

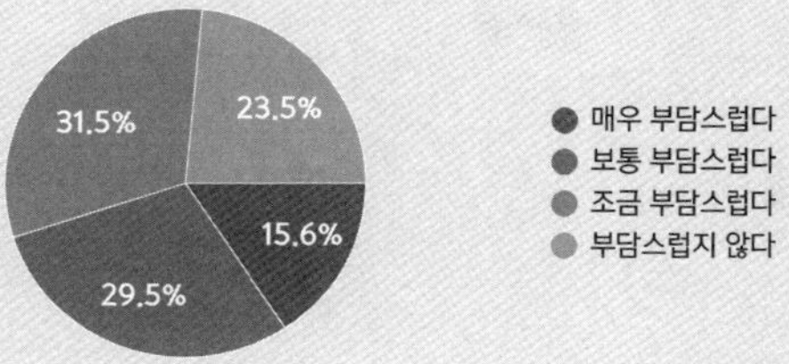

5. 다음은 에어컨 사용에 대한 인식 조사 입니다. 에어컨으로 인한 부정적인 영향 중, 해결이 시급하다고 생각하는 것은 무엇입니까? (복수응답 가능)

응답 303개

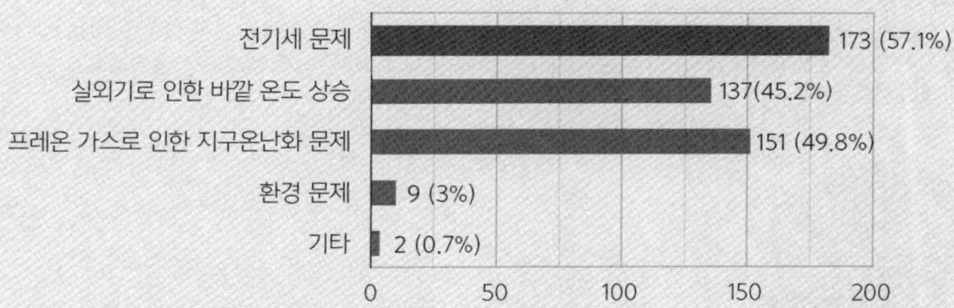

(앞 문항에서 그 외라고 대답하신분만) 그 외 무엇입니까?

응답 11개

돈이 제일 피부로 닿는 첫번째 문제라서
정기적인 필터청소가 안될시 에어컨 바람에서 나오는 먼지들과 쾌쾌한 냄새
기숙사 에어컨 고장나요 ㅠㅠ
에어컨 내부청소
전력에너지 부족
실외기로 인한 소음
에너지의 비효율적 사용
가장 현실적 걱정
냄새 인버터형 최신 에어컨 에바불량 냄새로 환불받음
에어컨 악취
상기 문제점 중 전기세를 제외하고는 이미 해결되었고 1인가구 특성상 전기요금 부담이 적음

6. (전기세 비용 감소, 환경 문제 완화 등 위 문항에서 대답하신 이유에서)에어컨의 효율적인 가동 필요성을 느끼십니까? 이 때의 효율적 가동이란, 에어컨을 사용하면서도 다양한 방법을 통해 적은 전력을 소모하게 하는 것입니다.

응답 297개

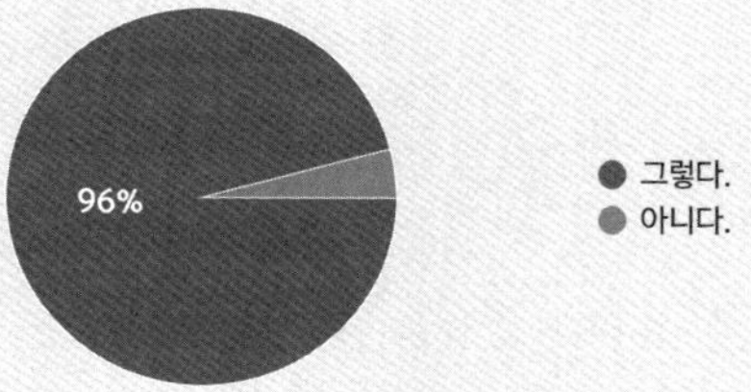

7. 에어컨을 효율적으로 조정하여 활용할 경우, 최대 30%의 전력을 아낄 수 있다고 합니다. 만약 이러한 효율적 사용을 안내하는 에어컨 자체의 기능 또는 무료 연동 어플리케이션이 있다면 이용하실 의향이 있습니까?(안내 예시: 지금 온도에서는 문을 여세요/ 지금 온도에서는 선풍기와 함께 이용하세요 등등)

응답 304개

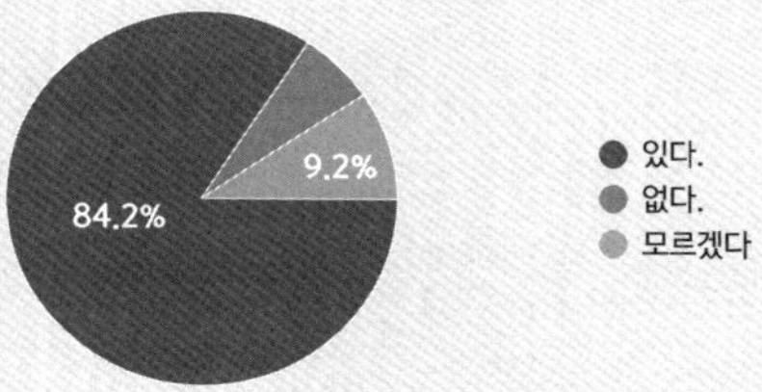

7-1(문항 7에 '있다'고 답하신 분들만)어떠한 형태일 때 이용을 선호하십니까?

응답 264개

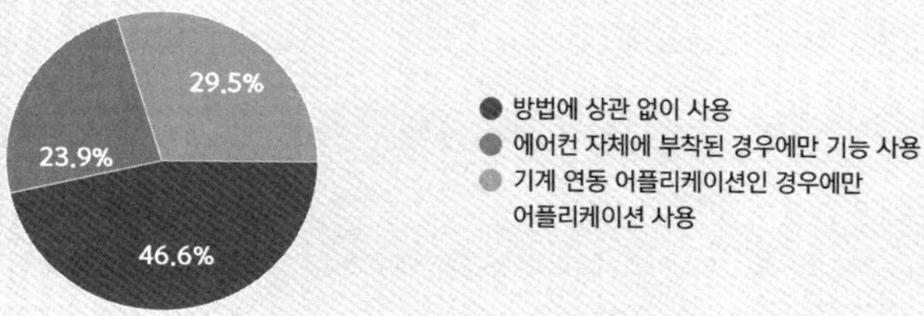

7-2 (문항 7에 '없다'고 답하신 분들만)이유는 무엇입니까?

응답 30개

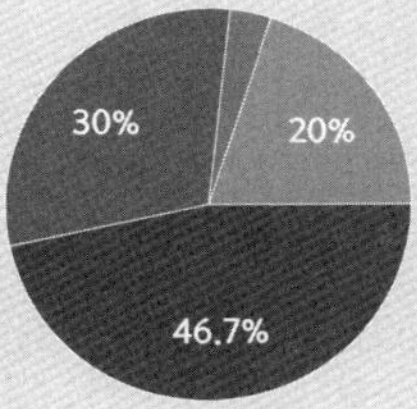

7-3 (문항 7에 '모르겠다'고 답하신 분들만)이유는 무엇입니까?

응답 36개

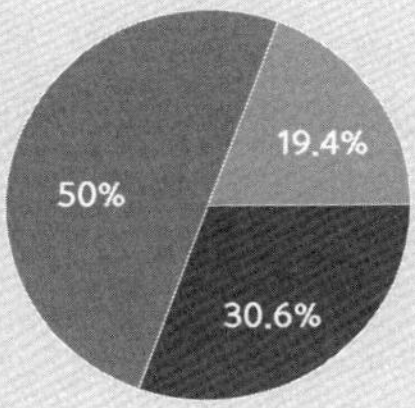

8. 마지막으로 하고 싶은 말을 자유롭게 써주십시오. 앞선 문항에 대한 추가의견도 좋습니다. 그외 에어컨의 효율적 사용, 또는 감소를 위한 아이디어나 제도의 개선 방법이 있으시다면, 연구와 정책 건의에 큰 도움이 될것입니다.

응답124개

어플리케이션 쪽으로 간다면 추가적으로 가구 전력 사용량을 실시간으로 체크해서 누진세 적용 상황을 보여주는 건 어떨까요! 이 어플을 사용해서 이만큼 줄였다~ 하는걸 보여주면 좋을 것 같습니다.
전기세든 온도는 좀 더 쾌적한 환경을 만들어 줄수 있는 방법이 있다면 무조건 좋을 것 같습니다.
에어컨의 세균방지나 쾌쾌한 냄새 줄이는 방안도 있었으면 좋겠어요~!
실내온도 기준이 성인 남성에 맞춰져 있응 것으로 알고 있다. 이부분에 대한 추가 연구와 고려가 필요하다고 생각한다.
에어컨 자체의 전기효율성 제고 환경문제의 해결 가능에 도움되게
정부 누진세 정책에 불만
효율적 사용과 관련하여 가정보다는 매장에서의 비효율성이 높다(예를 들어 여름철 문 열어놓고 에어컨 틀기)고 생각합니다. 그런데 이러한 인공지능 안내 시스템이 있다하더라도 실질적으로 매장에서의 효육적 사용은 어려울 것으로 봅니다. 이에 대해서도 문제 의식을 가지고 고려해봤으면 좋겠습니다.
어플리케이션일 경우 가구 전력사용량과 연동해 누진세 적용 상황을 보여주면 좋을것 같습니다!
에어컨에 부착된 기능만으로 구현이 될지 의문이며, 기존에 있던 구형모델에서도 구현이 될지 그점이 궁금합니다.

[별첨 2] 2차 설문조사

1. 정보의 종류

1-1 어플을 사용하게 된다면 어떤 정보가 가장 매력적인 유인으로 작용할 것이라 생각하십니까?(복수 응답 가능)

응답 135개

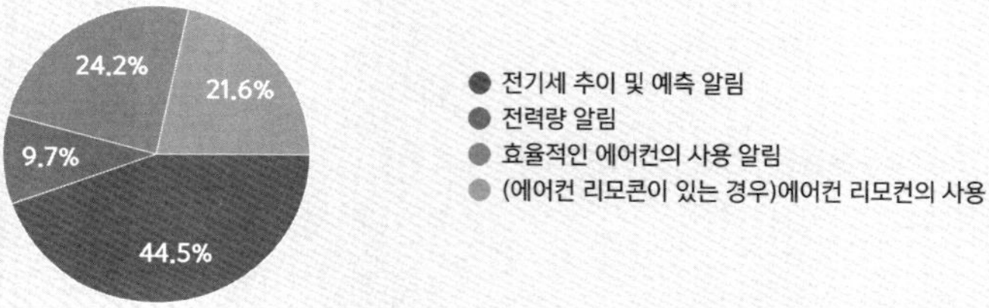

1-2 선호하는 메인 화면의 배치 형태는 무엇입니까?

응답 135개

2. 효율적 에어컨 사용 알림

2-1 알림으로 제공되는 정보 중 가장 유용한 정보가 무엇이라 생각되십니까?

응답 135개

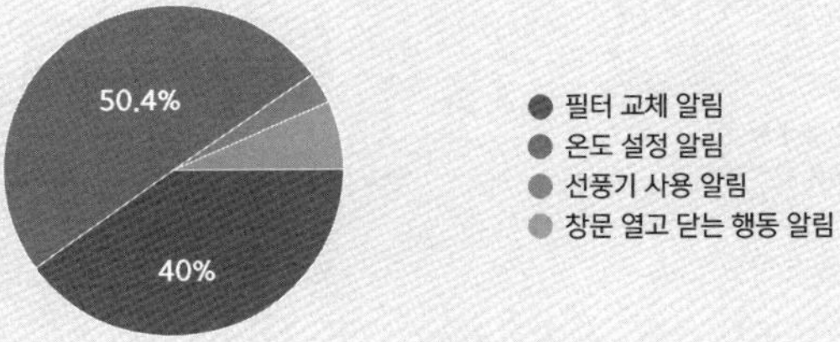

2-2 온도 설정 방식의 경우 어떤 방식을 선호하십니까?

응답 135개

2-3 중복되는 알림을 제공하는 최소 시간 간격(주기)은 어느 정도가 적당하다고 생각하십니까?

응답 135개

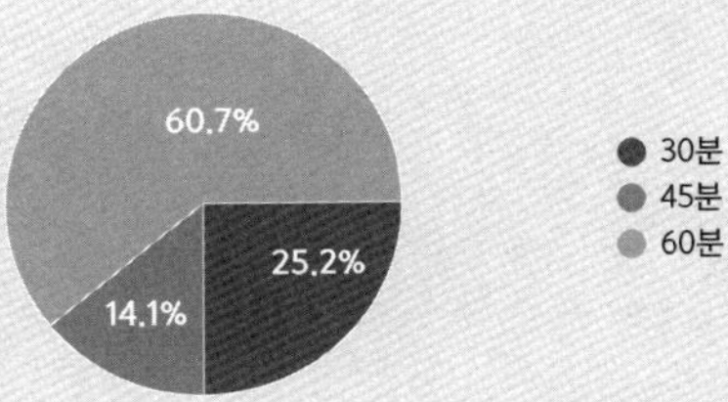

3. 전기세 정보

3-1 총 전력 관련 정보를 제공 받을 시, 어떠한 정보를 전달받는 것을 선호하십니까?

응답 135개

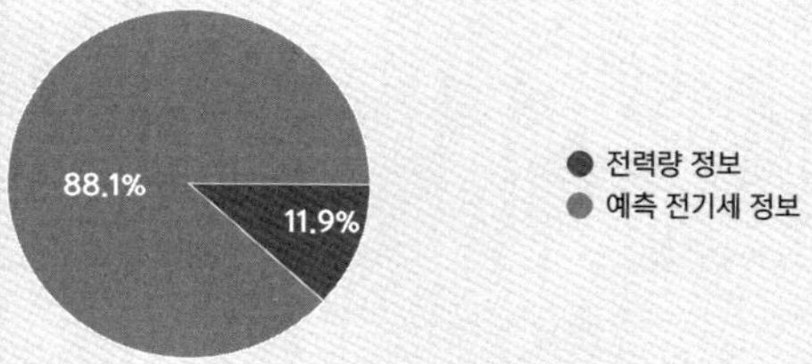

3-2 정보 알림 형태의 경우 어느 종류의 시각 디자인을 선호하십니까?

응답 135개

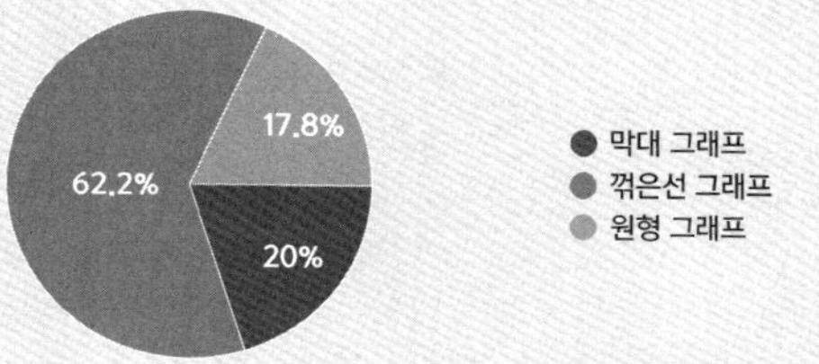

3-3 전기세 정보를 제공받을 시, 어떠한 형태의 정보 전달을 더 선호하십니까?

응답 135개

[별첨 3] 에너지 절약효과 산출 근거(절약 캠페인 종합)

에너지절전 캠페인 절약효과 산출

▶ 절약효과

- 캠페인 절약효과(7개 아이템) : 32,161,950kWh/년(32GWh)
- 절약기대효과(전국민 참여시) : 16,737,910,184 kWh/년(16,738GWh)
- 절약기대효과(전체 대상영업장 참여시) : 2,317,505,774 kWh/년(2,318GWh)

▶ 산출기준

- 캠페인 참가인수 : 50,000명(가구)(총가구: 19,560,603)
- 캠페인 참가영업장 : 2,000 개소(총 대상영업장: 1,511,154)
- 에어컨 가동시간/가동일수 : 10시간/90일(3개월)
- 미니태양광 : 서울시 10,000가구 기준

① 과도한 냉방온도 설정 NO! 건강 실내 적정온도(26도) 준수해요.

- **산출식 :** 1도 상승시 절감량(24.25W) × 4℃ × 가동시간 × 가동일 × 가구수
- **산출값 :** 24.25W × 4℃ × 10h × 90일 × 50,000 가구 = **4,365,000 kWh/년**

항목 \ 대상 건축물 항목			상업용 건축물(공공포함)
규제 전 냉방 실내온도 가정치 및 소비전력 측정값			냉방 실내온도 가정치 22 ℃ 소비전력 측정 값 516 W
규제수준에 따른 절감율[%]	규제수준	1℃ 상승	[((516W−371W)/516W)/6℃]×100 = 4.7 %
		2℃ 상승	[((516W−371W)/516W)/6℃]×2×100 = 9.4 %
		3℃ 상승	[((516W−371W)/516W)/6℃]×3×100 = 14.1 %

☞ 실내온도를 22도에서 1도 상승 시 4.7%씩 절감

※ 출처 : 에너지사용 제한조치 이행항목의 사례별 절감효과 분석 연구(2014.12, 한국냉동공조인증센터)

② 에어컨은 약하게, 선풍기와 함께 사용하면 20~30% 절전할 수 있어요.

- **산출식 :** (에어컨 강풍 1대 전력소비량) − (에어컨 약풍 + 선풍기 미풍 가동 전력소비량)

● **산출값 :** (338.9Wh* – 262.5Wh) × 3 × 10h × 90일 × 50,000 가구
= **10,314,000 kWh/년**

* 냉방시간 20분 기준

※ 출처 : 에너지X파일 자체 실험 (2013.08, 한국에너지공단)

③ 『문닫고 냉방』 영업으로 전기 낭비를 줄여요.

● **산출식 :** (개문냉방시 소비전력 – 폐문냉방시 소비전력) × 10h × 90일 × 2,000개소

● **산출값 :** (2,422Wh* – 718Wh) × 10h × 90일 × 2,000개소 = **3,067,200 kWh/년**

* 기준 : 외기온도 32도, 내부온도 26도 기준

< 문열고 에어컨 가동 시 전력소비 시나리오별 시험결과 >

외기온도	내부온도	개문(A)	폐문(B) (개폐 10회 기준)	낭비량 (A–B)	낭비 비율 (A/B, %)
30	22	1,836	752	1,084	244
	26	932	646	286	144
	28	648	596	52	109
32	22	2,924	860	2,064	340
	26	2,422	718	1,704	337
	28	1,466	538	928	272
34	22	4,166	1,546	2,620	270
	26	3,254	1,102	2,152	295
	28	2,358	756	1,602	312

※ 출처 : 한국냉동공조인증센터 실험결과 (2012.)

④ 미니태양광을 설치하면 전기를 생산할 수 있어요.

● **산출식 :** 보급량(kWh)* 8,760시간/년(24 × 365 = 8,760시간) × 15%(이용율)

● **산출값 :** 260W × 8,760시간/년 × 15% × 10,000가구(서울시 기준) =
3,410,000kWh/년

* 기준 : 2017년 서울시 태양광 보급계획 기준(10,000가구)

▷ 태양광 대여사업(2016년 기준)

● **산출식 :** 보급량(kWh) × 8,760시간/년(24 × 365 = 8,760시간) × 14.93%(이용율)

- **산출값 :** 7,971kW × 8,760시간/년 × 14.93% = **10,425,016kWh/년(10,425 MWh)**

※ 출처 : 한국에너지공단 신재생에너지보급실 통계 (2017년)

④ 에어컨 필터를 주기적으로 청소하면 전기를 줄일 수 있어요.

- **산출식 :** (에어컨 22℃ 가동 소비전력) × 절감효율(5~15%) × 10h × 90일 × 50,000명
- **산출값 :** 516W × 5~15% × 10h × 90일 × 50,000
  = **1,161,000kWh ~ 3,483,000kWh/년**

※ 출처 : 한국냉동공조인증센터 및 미국 에너지부 (Department of Energy, DOE)

⑤ 넥타이 풀고 에어컨 설정온도 2도 올리고 건강한 여름 보내세요.

- **산출식 :** 1도 상승시 절감량(24.25W) × 2℃ × 가동시간 × 가동일 × 가구수
- **산출값 :** 24.25W × 2℃ × 10h × 90일 × 50,000 가구 = **2,182,500 kWh/년**

※ 출처 : 에너지사용 제한조치 이행항목의 사례별 절감효과 분석 연구(2014.12, 한국냉동공조인증센터)

⑥ 사용하지 않는 전기코드들은 뽑아주세요.

<2011년과 2003년 대기전력 실태조사결과 비교>

(단, 120원/kWh)

구분		2003년	2011년	비고
가구별	가전기기 평균 대기전력	3.66 W	2.01 W	45% 감소
	보유 가전기기 수(※)	15.6 대	18.5 대	19% 증가
	연간 대기전력 총량	306 kWh	209 kWh	32% 감소
	1와트이하 기기 비율	30.1 %	53.1 %	
	연간 소비전력 대비	10.6 %	6.1 %	
국가별	연간 대기전력 총량	4,600 GWh	3,470 GWh	25% 감소
	전력요금 환산	5,520 억원	4,160 억원	1,360억원/년 절감

☞ 1인당 평균 대기전력 : 38.3kWh (115kWh/3인) (2016년 기준)

※ 출처 : 대기전력 실태조사 연구용역 최종보고서 (2016.12.5. 한국전기연구원)

- **산출식 :** 1가구 평균 대기전력 × 참여 가구수
- **산출값 :** (38.3kWh* 4인) × 50,000 = **7,660,000 kWh/년**

*** 주요 가전 대기전력(1시간 기준) :** 전기밥솥(2.13Wh), 전자레인지(1.55Wh), 컴퓨터(1.60Wh), TV(0.83Wh), 셋톱박스(7.28Wh), 에어컨(2.39Wh)

* 셋톱박스 대기전력: 7.28Wh × 17.14시간 × 365일 × 50,000명 = **2,277,220kWh/년**
* 에어컨 대기전력: 2.39Wh × 21.90시간 × 365일 × 50,000명 = **955,223kWh/년**

⑦ 휴대폰 충전이 완료되면 플러그를 뽑아주세요.

- **산출식** : 휴대폰 충전기 대기전력 × 10h × 365일 × 50,000명
- **산출값** : 0.02W × 10h × 365 × 50,000명 = **3,650 kWh/년**

※ 출처 : 대기전력 실태조사 연구용역 최종보고서 (2016.12.5. 한국전기연구원)

⑧ 1등급 고효율 가전제품을 사용해 주세요.

- **산출식** : (3등급 연간소비전력 - 1등급 연간소비전력) × 참여 가구수
- **산출값** : 50,000가구 기준 = **12,230,000 kWh/년**
  200,000가구 기준 = **48,920,000 kWh/년**

* **주요 가전 대기전력(1시간 기준)** : 전기밥솥(2.13Wh), 전자레인지(1.55Wh), 컴퓨터(1.60Wh),

	1등급 기준		3등급 기준		3등급 대비 1등급 사용 시 절감량		절전량	
품목	연간 소비전력 (kWh)	연간 에너지 비용(원)	연간 소비전력 (kWh)	연간 에너지 비용(원)	연간 소비전력 (%)	연간 에너지 비용(%)	절전량 (kWh)	절전량 × 50,000 (kWh)
전기냉장고	373.1	60,000	425.6	68,000	12.3%	11.8%	52.5	2,625,000
전기냉방기	253.6	24,000	359.2	34,000	29.4%	29.4%	105.6	5,280,000
전기밥솥	196.3	31,000	224.9	36,000	12.7%	13.9%	28.6	1,430,000
공기청정기	85	14,000	121	19,000	29.8%	26.3%	36	1,800,000
텔레비전 수상기	61.3	10,000	83.2	13,000	26.3%	23.1%	21.9	1,095,000
합계								12,230,000

* 전기냉장고는 830L 용량을 기준으로 함.
* 전기냉방기는 정격냉방능력 6,500W 기준으로, 연간이 아닌 월간에너지비용 기준, 수동모드 대기전력은 1등급, 3등급 모두 1W임.
* 전기밥솥은 10인용 기준으로 함.
* 공기청정기는 1등급이 없어, 1등급 대신 2등급 기준으로 하였고, 표준사용면적 42.4m^2을 기준으로 함.
* 텔레비전수상기는 수직해상도 768 기준.

06. 컵 혁명 : 리유저블 컵 리빙랩

김벼리, 김정원, 박시영, 신민철

I. 문제인식

1. 연간 이용되는 일회용컵과 환경정책의 한계

국내에서 연간 사용되는 일회용컵의 개수는 연간 약 260억 개에 달하는 것으로 추정된다(임진혁, 2018.). 대한민국 국민을 5,000만 명이라고 가정했을 때 국민 1인당 일회용컵 연간 사용량은 520개가 되는 셈이다. 한편 우리나라에서 재활용이 불가능한 플라스틱 폐기물은 주로 매립이나 소각을 통해 처리된다. 소각 시 발생하는 다이옥신뿐만 아니라 질소산화물, 이산화탄소 등 유해물질로 야기되는 오존층파괴를 비롯한 대기오염과 환경파괴는 심각한 수준이다.

이러한 문제인식에 기반하여 2018년 1월부터 <자원의 절약과 재활용촉진에 관한 법률>, 일명 자원재활용법이 입법되어 실시되고 있다. 특히 커피전문점과 패스트푸드점에서 무분별하게 사용되던 일회용컵이 규제 대상이 되어 사용이 금지되었다. 그러나 테이크아웃의 경우는 해당되지 않기 때문에 이른바 '반쪽짜리' 법안이라는 비판도 존재한다.

마찬가지로 연세대학교 생활협동조합 관계자에 따르면, 우리학교에서 사용되는 일회용 플라스틱 컵은 연간 약 200만 개에 달한다고 한다. 학내 카페에서는 대부분 테이크아웃으로 이용하기 때문에 사실상 본 정책의 사각지대에 놓여있는 것과 마찬가지이다. 따라서 우리는 '일회용컵' 문제의 범위를 학내로 규정하고, 학내에서 어떤 방법으로 일회용컵의 사용량을 줄일 수 있을지에 대한 고민을 바탕으로 문제인식을 공유하였다.

2. 이해관계자 설정

학내 일회용컵 사용과 폐기에 대한 리빙랩의 이해관계자는 학내에서 일회용컵과 관계된 사람 모두가 되고, 구체적으로는 일회용컵 공급자, 소비자, 폐기 및 처리자와 이 과정을 관리하는 행정 관리자를 생각해 볼 수 있다.

첫째, 학내 일회용컵 공급자는 학내에 있는 카페로 상정한다. 연세대학교 신촌캠퍼스에 위치한 카페는 연세대학교 생활협동조합 소속으로 카페쉐어링과 트레비앙, 델리코가 있으며 외부업체로는 스타벅스가 있다. 이 중 카페쉐어링 3곳(제2공학관, 학술정보원, 대우관), 트레비앙 6곳(학생회관, 음악관, 중앙도서관, 광복관, 교육과학관, 위당관), 델리코 1곳(과학관), 스타벅스 1곳(백양누리)이 있다. 이들 중 생활협동조합 소속 카페는 대부분 음료를 마시는 공간과 탁자를 갖추지 않아 테이크아웃 방식으로 이루어진다. 이 때문에 2018년 8월부터 시행된 매장 내 일회용컵 사용을 금지하는 정부의 규제로부터 비교적 자유로우며, 따라서 정책의 시행에도 불구하고 일회용컵의 공급이 학내 카페의 주도 하에 이전과 다름없이 진행되고 있다.

둘째, 학내 플라스틱 컵 소비자는 학내 카페의 이용자 전체이다. 이는 학내 카페를 이용하는 학생과 교직원, 외부인을 포함한다. 카페 이용자는 개인 텀블러를 가지고 다니는 일부의 사람을 제외하고 모두 일회용컵에 음료를 제공받기 때문에 학내 일회용컵의 소비자이자 리빙랩의 이해관계자라고 할 수 있다.

마지막으로 학내 일회용컵 폐기물 처리자는 연세대학교라고 할 수 있다. 학내 카페에서 구매한 커피의 일회용컵은 대부분 학내 곳곳에 설치된 재활용 쓰레기통에 버려진다. 이렇게 모아진 일회용컵은 재활용품 쓰레기 처리를 하는 외부업체에게 맡겨져 폐기되고, 연세대학교는 이에 대한 비용을 지불한다. 리빙랩이 진행되면서 학내 일회용컵 폐기물이 줄어든다면 폐기를 담당하는 외부업체도 이해관계자가 되겠지만 이는 시장의 원리에 따른 거래이므로, 본 리빙랩은 폐기에 따른 비용을 지불하는 연세대학교를 궁극적인 폐기물 처리자로 상정하였다. 또한 학내에서 일회용컵의 구매, 공급, 소비, 폐기 과정은 모두 연세대학교의 관리 하에 이루어지는 것으로, 일회용컵의 이동경로에 대한 행정적 관리자 또한 연세대학교라고 할 수 있다.

Ⅱ. 연구목표

일회용컵 문제의 근본적 해결을 위해서는 소비→폐기로 이어지는 단선적인 모델에서 벗어나 소비→수거→재소비로 이어지는 순환적 메커니즘을 도입할 필요가 있다. 즉 단순한 Recycle이 아닌 Reduce 및 Reuse를 동시에 실현할 수 있는 순환 모델이 도입되어야 한다는 것이다. 이러한 순환경제를 어떻게 실현할 수 있을까 고민하던 중 독일에서 시행하고 있는 '프라이부르크 컵' 사례를 발견하였다.

독일 프라이부르크는 일명 '생태도시'로, 도시 전체에서 환경문제 해결을 위한 정책실험이 활발히 이루어지고 있다. '프라이부르크 컵'은 그러한 정책 중 하나로, 프라이부르크 소재의 카페가 환경보호를 목적으로 다회용컵 대여 캠페인을 시행한 것이 시의 적극적인 지원을 받아 프라이부르크시 소재의 카페 100곳 이상으로 확장되었다. 프라이부르크시가 재사용 가능한 플라스틱 컵을 만들어 공급하면, 사용자는 일회용컵 대신 보증금 1유로를 지불하고 이를 대여해 커피를 받아 마시고, 사용이 끝나 이를 카페에 반납하면 보증금을 환급 받는 구조이다. 이러한 방식으로 프라이부르크는 일회용컵을 줄이기 위한 메커니즘을 구축했다(이혜리, 2018.). 그러던 중 SKT에서 '0텀블러'라는 텀블러 대여 프로젝트를 연세대학교에서 시행한다는 소식을 듣고, 이 프로젝트의 모니터링을 통해 우리나라에서 '프라이부르크 컵'과 같은 다회용컵 대여 프로젝트의 실현 방안을 설정하는 것을 본 리빙랩의 목표로 한다.

Ⅲ. 연구모델 및 방법

1. 프로토타입: 0텀블러 프로젝트

|그림 6-1| 0텀블러 모습

지난 3월 영국에서 시작된 사회운동인 '플라스틱 어택(Plastic Attack)'의 일환으로, 다회용컵 혹은 텀블러 사용을 독려하기 위해 SK텔레콤(이하, SKT)에서 0텀블러 프로젝트라는 캠페인형 사업을 구상하였다. '0'(영, Young)은 SKT가 런칭한 젊은 세대를 타겟팅한 컬처 브랜드로, "SK텔레콤은 앞으로도 사회가 겪는 문제 해결에 적극적으로 동참해 사회적 가치를 창출하는 데 앞장설 것"이라는 양맹석 SK텔레콤 MNO사업지원그룹장의 발언에서도 드러난다. 0텀블러 프로젝트는 사회적 기업으로서의 이미지를 제고하기 위한 전략으로 파악된다. SKT는 0텀블러 프로젝트를 각각 지음, 십시일밥, 이큐브로 불리는 연세대학교, 이화여자대학교, 국민대학교 교내 봉사동아리에 제안했고, 이들이 동참의사를 밝혀

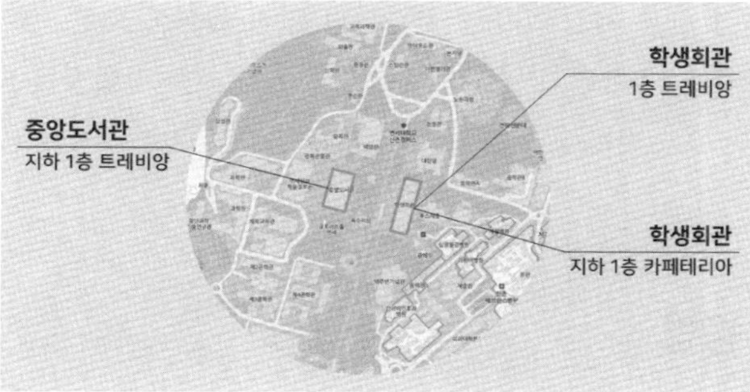

|그림 6-2| 연세대학교 내 0텀블러 대여함 및 반납함 설치 장소

프로젝트가 성사되었다. SKT는 텀블러와 살균기를 제공하고, 각 대학의 봉사 동아리는 이를 자체적으로 운영한다. 이를 위해 SKT는 컵의 수거와 세척 등의 관리를 맡아줄 '0텀블러 크루'라는 이름의 대학생 봉사단을 모집했다. 이들에게는 응원 차원의 데이터 장학금과 활동 증명서, 봉사시간이 인정된다.

'0텀블러'란 카페에서 사용되는 일회용컵의 개수를 줄이기 위해 다회용컵(0텀블러, |그림 6-1| 참조)를 대여해주는 프로젝트로, 11월 19일부터 12월 14일까지 진행되는 4주간 진행된다. |그림 6-2|에 표시된 위치에 설치되어 있는 0텀블러 대여함에서 자유롭게 0텀블러를 꺼내 사용하고, 다 쓴 후에는 대여함 옆의 반납함에 반납하는 방식이다. 반납함에 쌓인 컵들은 0텀블러 크루가 수거하여 세척하고, 하루에 두 번씩 대여함에 세척된 컵들을 재공급한다. 0텀블러를 사용해 학내 카페를 이용하면 300원을 할인 받을 수 있다.

이러한 0텀블러 프로젝트의 진행방식 및 취지가 본 리빙랩의 목표에 부합한다고 생각해, 0텀블러 프로젝트를 리빙랩의 조사대상으로 삼기로 결정했다. 여기서 조사 방법을 두 가지로 구분해, 첫째는 리빙랩의 차원에서 이해관계자가 '자발적으로' 참여해야 하는 본 프로젝트가 단발성이 아닌 '지속가능하게' 시행될 수 있을지를 검토하는 측면이고, 둘째는 본 프로젝트가 장기적으로 '일회용컵 사용 저감'이라는 직관적인 결과 말고도 다른 어떠한 부가적인 효과를 창출하며, 그러기 위해서 환경정책이 어떠한 방향성을 띠어야 하는지를 검토하는 측면이다.

2. 연구 방법

0텀블러 프로젝트의 지속가능성과 의의를 파악하기 위해 본 프로젝트를 움직이는 동력이 무엇인지를 분석해야 한다. 먼저 본 프로젝트를 처음 기획한 SKT의 동기는 사회적 기업으로서의 이미지 제고(CSR, Corporate Social Responsibility)에 의한 것으로 파악되며, 문의 결과 SKT는 장기적으로 본 프로젝트를 전국의 대학으로 확대·지속할 동기가 있음을 확인하였다. 연세대학교 생활협동조합도 마찬가지로 4주간의 프로젝트의 성과가 좋다면 이를 학교 자체적으로 계속해서 운영할 계획을 가지고 있음을 관계자와의 인터뷰를 통해 알 수 있었다.

여기서 본 프로젝트의 효과성을 두 가지 측면에서 연구한다. 첫째는 지속가능성을 위한 방법론적 접근으로써, 본 프로젝트의 진행기간 동안 경과를 모니터링하여 정량적 데이터를 추출·분석하고, 이해관계자에 대한 설문조사를 통해 보다 효과적인 운영방법을 제고하는 방법이다. 둘째는 리빙랩의 장기적인 비전과 방향성 및 의의에 대한 접근으로서, 사용자와 프로젝트 참여자(크루원)에 대한 심층인터뷰 형식으로 진행된다.

1) 지속가능성

0텀블러 프로젝트와 같은 단기성 정책을 이어 나가기 위해서는 이해관계자 사이에 본 프로젝트의 효과성에 대한 공감이 형성되어야 한다. 이를 위해 프로젝트의 효과를 입증할 수 있는 정량적 데이터가 필요하며, 이에는 구체적으로 0텀블러의 사용량, 0텀블러의 회수량이 있다. 이러한 정량적 데이터는 이미 운영주체에서 파악하기로 결정되어, 조율을 거쳐 연구기간 동안의 0텀블러 프로젝트에 관한 데이터를 제공받기로 하였다.

또한 0텀블러 프로젝트는 사용자의 자발적인 참여를 통해 이루어지는 것이기 때문에 본 프로젝트의 성패를 좌우하는 핵심 요소는 0텀블러의 잠재적 사용자인 연세대학교 학우들일 것이다. 따라서 실제로 프로젝트가 진행될 때 설문조사를 통해 사용자들의 인식을 bottom-up 방식으로 수렴하여 분석함으로써 0텀블러의 사용이 어떠한 변인에 의해 증감하는지, 사용을 가로막는 요인은 무엇인지를 분석해 개선방안을 제시한다.

2) 의의 및 장기적인 방향성

환경정책을 통해 사람들의 환경인식이 개선되어 다른 친환경적 행동으로 발전하는 것이 리빙랩의 의의일 것이다. 따라서 보다 의미 있는 정책을 기획하려면 0텀블러의 사용량과 회수량으로 대표되는 양적인 데이터와 함께, 0텀블러의 사용자에게 실제로 환경 인식의 변화가 일어났는지 파악하여 앞으로의 발전 방향을 제시해야 할 것이다. 이를 위해 두 번에 걸친 심층 추적 인터뷰라는 질적 연구방식을 택하였다. 실험기간 초기에 0텀블러 사용자 중 일부를 선정해 인터뷰를 진행해, 사용자가 0텀블러를 이용하게 된 동기와 0텀블러 사용 이전의 환경적 인식에 대하여 파악한다. 그 후 2주가 경과한 시점에서 같은 사용자에게 2차 인터뷰를 진행하여 0텀블러를 이용하면서 환경 인식이나 친환경적 행동의 실천에 대한 변화유무 등을 파악한다.

추가로 프로젝트 이해관계자 간의 관계에 대한 보다 깊은 파악을 위해 0텀블러 크루원과의 심층인터뷰를 진행한다. 이는 프로젝트의 전개 과정에서 모니터링이나 설문조사로는 드러나지 않는 세밀한 문제점 및 한계점을 파악할 수 있다는 장점이 있으며, 앞으로 본 캠페인의 확대 방안을 구상하는 과정에서 의미 있는 고려사항을 제공할 것이다.

3) 비교분석: 국민대학교, 이화여자대학교

0텀블러 프로젝트의 성과에 영향을 주는 보다 거시적인 요인을 파악하기 위해 올해 0텀블러 프로젝트가 진행되는 연세대학교, 이화여자대학교, 국민대학교 세 학교의 경과를 비교·분석한다. 그 과정에서 국민대학교와 이화여자대학교의 0텀블러 사용률 및 회수율 데이터도 수집하였으며, 각 학교의 0텀블러 사용자를 대상으로 인터뷰를 진행하였다. 또한 그 밖의 위치적·환경적 요인을 분석하기 위해 해당 학교들의 현장조사도 진행하였다.

3. 0텀블러 프로젝트의 실현 가능성

앞서 언급한 바과 같이, 0텀블러 프로젝트의 성공여부는 본 프로젝트의 '지속가능성'과 연관되며, 그에 따른 리빙랩의 의의는 0텀블러의 사용 과정에서 사용자에게 얼마나 '인식 개선'과 연관된다. 이를 위한 전제조건에 대해 언급한다.

첫째, 0텀블러의 사용률이 높은 수준이거나, 점점 늘어나야 한다. 이를 위해서는 0텀블러의 사용을 가로막는 요인을 해소해야 한다.

둘째, 0텀블러의 순환을 책임지는 0텀블러 크루가 앞으로도 자발적으로 운영될 수 있어야 하며, 이를 위해서는 미래에도 계속해서 0텀블러 크루원이 충당될 수 있도록 하는 동기가 형성되어야 한다.

셋째, 0텀블러 사용자가 본 프로젝트를 접하면서 환경적 인식이 개선되어야 한다. 이상적으로는 0텀블러를 접하면서 환경보호 행동에 대한 무력감으로부터 탈피하고, 이를 사용하는 사람들 사이에 암묵적인 네트워크가 형성되어 친환경적 '문화 자본'이 형성되어야 함을 의미한다.

본 리빙랩은 이와 같은 문제인식에 착안해 각각을 파악하기 위한 조사를 진행하였으며, 그 방법은 [연구방법]에서 기술한 바와 같다. 각각의 자세한 내용과 연구결과를 다음 장에서 살펴본다.

Ⅳ. 연구결과 및 토의

1. 0텀블러 사용률/반납률 데이터 및 분석

<표 6-1> 연세대학교 0텀블러 이용률 및 반납률

연세대학교			
날짜	일일 사용량	일일 반납량	특이사항
11월 19일	-	-	
11월 20일	350	72	런칭 이벤트
11월 21일	121	186	
11월 22일	109	95	
11월 23일	132	95	
11월 26일	127	140	
11월 27일	126	120	
11월 28일	292	110	0프렌즈활동
11월 29일	211	232	0프렌즈활동
11월 30일	152	217	
합계	1,620	1,267	
반납률	86.3%		

< 표 6-2> 이화여자대학교 0텀블러 이용률 및 반납률

이화여자대학교			
날짜	일일 사용량	일일 반납량	특이사항
11월 19일	84	30	
11월 20일	142	94	
11월 21일	295	232	런칭 이벤트
11월 22일	163	141	
11월 23일	134	126	
11월 26일	127	110	
11월 27일	129	133	
11월 28일	132	156	
11월 29일	148	129	
11월 30일	135	70	
합계	1,489	1,221	
반납률	90.2%		

<표 6-3> 국민대학교 0텀블러 이용률 및 반납률

국민대학교			
날짜	일일 사용량	일일 반납량	특이사항
11월 19일	25	-	
11월 20일	37	26	
11월 21일	36	33	
11월 22일	247	147	런칭이벤트
11월 23일	44	78	
11월 26일	66	50	
11월 27일	59	53	
11월 28일	68	43	
11월 29일	75	70	
11월 30일	52	64	
합계	709	564	
반납률	85.8%		

<표 6-1>, <표 6-2>, <표 6-3>은 0텀블러 크루 측에 문의해서 받은 연세대

학교, 이화여자대학교, 국민대학교 각 학교별 0텀블러 프로젝트의 진행현황이다. 자료 범위는 11월 19일부터 11월 30일, 2주에 걸친 자료이며 연세대학교는 홍보 차원에서 '0프렌즈 이벤트'를 진행하였다.

연세대학교는 이벤트를 진행한 세 날짜를 제외한 일일 사용량은 평균 128개이며, 이벤트를 진행한 날의 사용량은 약 284개로 평소보다 두 배 이상 높이 나타났다. 이는 홍보효과가 실제로 이벤트 당일 사용자의 0텀블러 사용량에 긍정적인 영향을 미친다고 할 수 있다. 나아가 홍보효과의 지속성을 살펴보면, 이벤트 시기를 제외한 11월 21일 수요일~11월 27일 화요일(주말 제외 5일간)의 일일 사용량의 평균은 123개이며, 0프렌즈 활동이 진행된 후 11월 30일의 일일 사용량은 152개로, 사용량이 약 24% 증가했으며, 이는 홍보효과가 이벤트 당일뿐만 아니라 그 이후의 사용량까지 파급력을 미치는 것으로 추측된다. 추가로 연세대학교의 경우 일일 반납량과 일일 사용량이 같지 않다. 오히려 일일 반납량은 해당 일의 사용량 보다, 전날의 사용량과 더 근접한다. 이는 사용자가 0텀블러를 사용하고 당일 반납하지 않고 하루 이상 사용한 후 반납하기 때문으로 추측된다.

반면에 연세대학교를 제외한 국민대학교와 이화여자대학교의 경우, 일일 반납량과 일일 사용량사이에 큰 차이가 드러나지 않는다. 이러한 차이는 연세대학교의 지리적 여건과 반납함의 위치 때문으로 파악된다. 연세대학교는 학교 면적에 비해 대여함과 반납함이 중앙도서관과 학생회관에만 한정되어 있고, 이들은 모두 카페가 문을 닫으면 반납을 할 수 없게 되어 있어서 상시 반납이 불가능하다. 연세대학교와 타 학교의 여건 차이에 대해서는 [V. 발전방향]에서 더 알아본다.

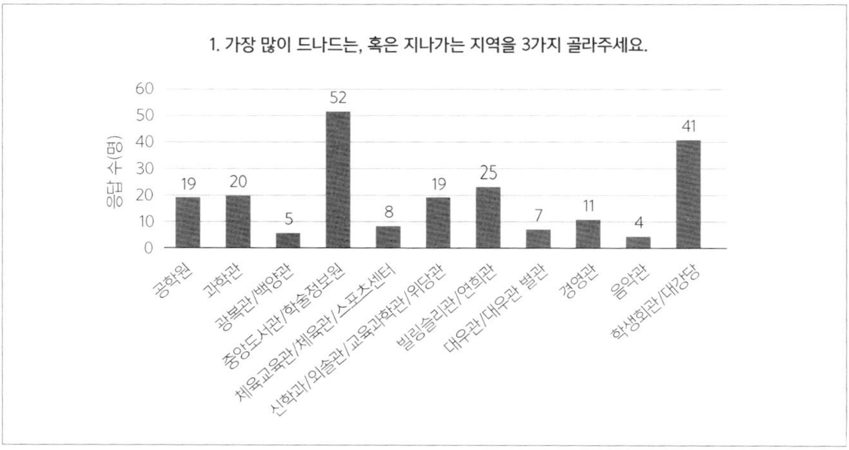

|그림 6-3| 연세대학교 학생들의 활동반경

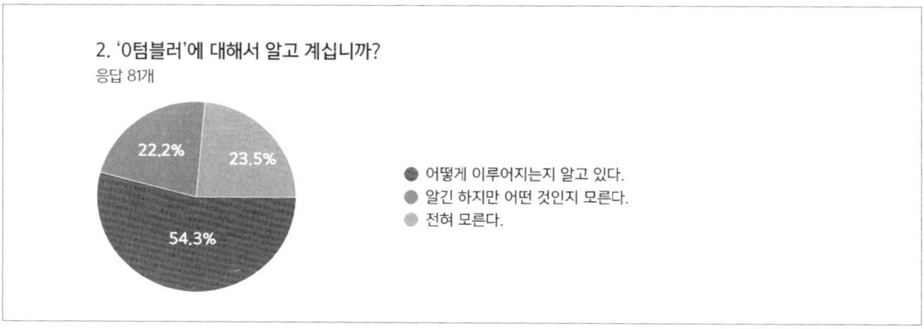

|그림 6-4| 학내 0텀블러 인식 현황

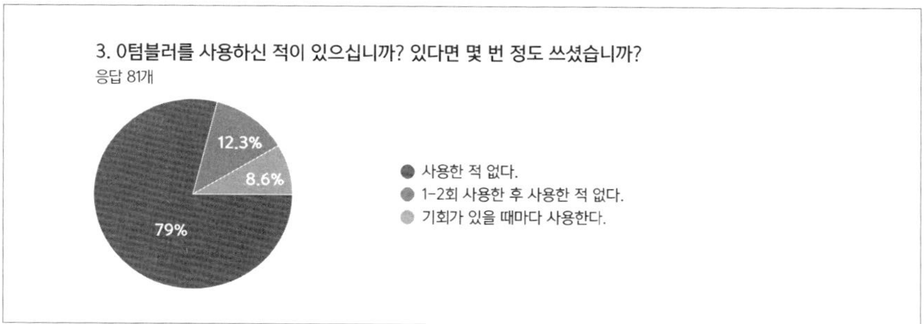

|그림 6-5| 학내 0텀블러 사용 현황

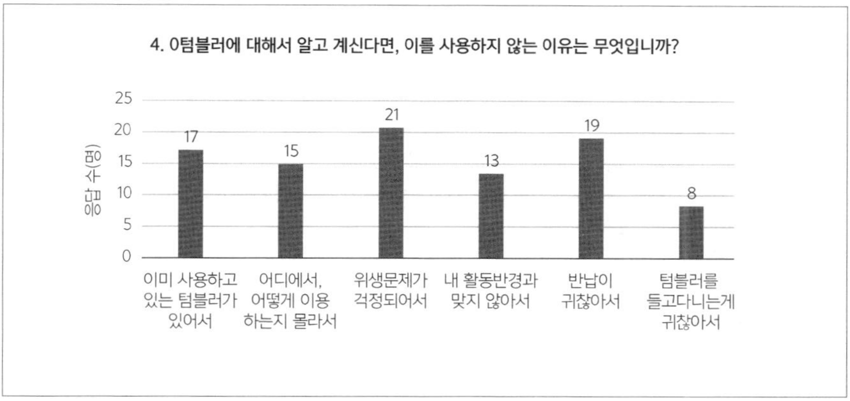

|그림 6-6| 0텀블러 비사용자의 비사용 동기

2. 0텀블러 인식 설문조사

연세대학교 학생 81명을 대상으로 2018년 12월 3일(월) ~ 4일(화) 이틀 간 0텀블러에 관한 설문조사를 진행한 결과, 다음과 같은 결과를 얻었다.

|그림 6-3|는 학생들의 생활반경과 관련해 자주 가는 건물 및 지역에 대한 질문이다. 이는 0텀블러 대여함 및 반납함 위치의 효과성을 검증하기 위함이다. 설문 결과 복수응답이 가능하여 응답자들 중 64%가 중앙도서관 및 학술정보원을 꼽았고, 50%가 학생회관 지역을 꼽았으며, 그 다음으로 사회과학대학 지역이 30.9%, 문과대학 지역과 공과대학, 이과대학 지역도 각각 약 20%의 응답률을 보였다.

|그림 6-4|과 |그림 6-5|는 0텀블러 인식과 사용 현황에 대한 질문이다. 0텀블러를 알고 있냐는 물음에 '어떻게 이루어지는지 알고 있다' 54%, '전혀 모른다' 23.5%, '알긴 하지만 어떤 것인지 모른다' 22.5%로 집계되었다. 0텀블러 사용 횟수에 대한 질문에는 '사용한 적 없다'가 79%로 대부분을 차지했고,

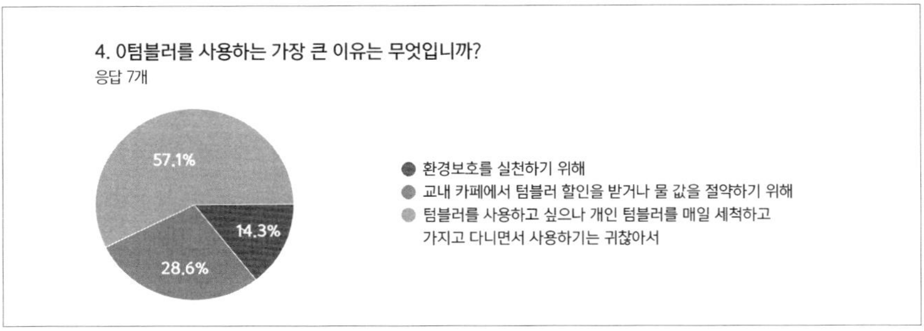

|그림 6-7| 0텀블러 사용자의 사용 동기

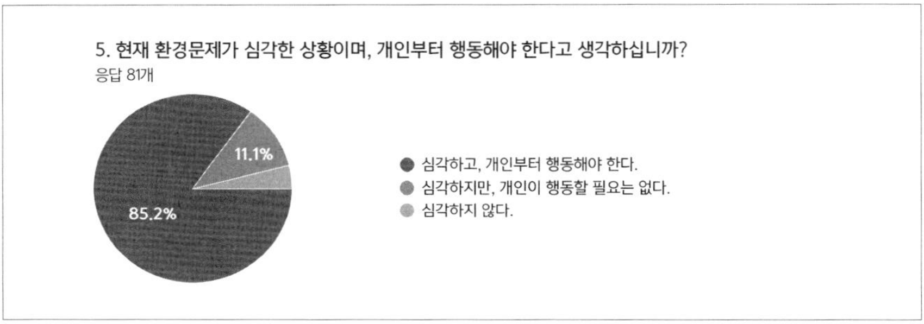

|그림 6-8| 환경문제 및 그에 대한 행동 의식 (좌)

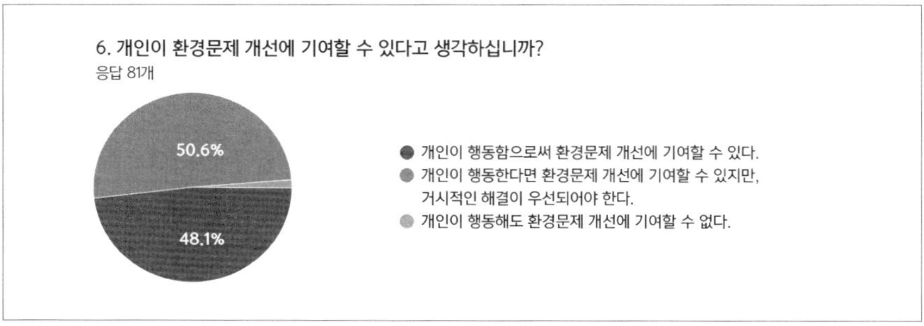

|그림 6-9| 개인적 행동에 의한 환경문제 개선 인식

'1-2회만 사용하고 그 이후 사용한 적 없다'가 12.3%, '기회가 있을 때마다 사용한다'가 8.6%로 뒤를 이었다.

|그림 6-6|는 0텀블러 비사용자에게 사용하지 않는 이유를 질문한 결과이다. '위생문제가 걱정된다'는 의견이 37.5%로 가장 많았고, 그 뒤로 '반납이 귀찮아서', '이미 사용하고 있는 텀블러가 있어서', '어디서, 어떻게 이용하는지 몰라서', '내 활동반경과 맞지 않아서', '대여가 귀찮아서', '텀블러를 사용하는 것 자체가 귀찮아서'가 뒤를 이었다.

|그림 6-7|은 0텀블러 사용자들에게 0텀블러를 이용하게 된 동기를 질문한 결과이다. 사용자를 대상으로 심층인터뷰를 한 결과 나온 세 가지 동기, 즉 환경적 동기, 경제적 동기, 편리성 동기로 설문한 결과 편리성 동기가 가장 높은 응답률을 기록했다.

|그림 6-8|과 |그림 6-9|, |그림 6-10|와 <표 6-4>는 환경 인식에 관련한 조사이다. 이에 관련해서 첫째로 환경문제의 심각성을 파악하는 질문을 하였

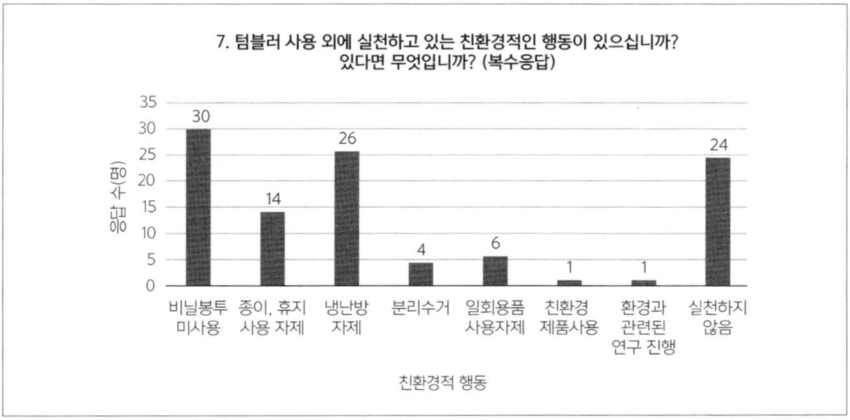

|그림 6-10| 연세대학교 학생들의 친환경적 행동 양태

<표 6-4> 친환경적 행동의 동기 답변 예시

<table><tr><td>8. 7번에서 응답하신 것과 같은 행동을 하는 (혹은 아무 실천도 하지 않는) 이유는 무엇입니까?
• 귀찮아서
• 양심에 찔려서
• 개인이 해야 하는 일이 환경을 개선할 수 있을지 의문이 든다
• 종이나 휴지 비닐봉투 같은 일회용품을 대신할 물건을 들고 다니기 귀찮다
• 적정온도 유지로도 충분하게 냉난방이 되기 때문
• 거북이 코에 빨대 꽂힌 사진이 매우 충격적이었고,
나 같은 사람이 한두 명 모여서 변화를 만들 수 있다고 믿기 때문에</td></tr></table>

고, 둘째로 환경문제에 개개인의 책임이 어느 정도 부과되어야 하는지를 물었으며, 마지막으로 '텀블러 사용 외에' 실천하고 있는 친환경적인 행동이 있는지, 나아가 그러한 행동을 하거나, 친환경적 행동을 아예 하지 않는 이유를 물었다. 마지막 질문은 주관식이었으며, 이들을 크게 환경, 경제, 편리성, 기타 네 가지 요인으로 압축하였다.

3. 0텀블러 인식 설문조사 결과 분석

0텀블러의 존재와 시스템까지 알고 있는 학우는 전체의 54.3%에 달했다. 그러나 0텀블러를 실제로 사용해 본 사람은 21%에 그쳐, 많은 사람들이 존재를 알지만 사용해 본 적은 없는 것으로 파악된다. 또한 기회가 있을 때마다 사용하는 사람보다 1~2회 사용한 후 사용한 적 없다는 사람이 더 많아, 다수가 0텀블러를 단발적으로 이용했다는 사실을 알 수 있다.

다음으로 0텀블러를 사용하지 않는 사람들에게 사용하지 않는 이유를 조사한 결과, '위생문제가 걱정되어서'가 단일 항목으로는 37.5%로 1위였다. 하지만 지리적 여건이 부합하지 않음으로 대표되는 '활동반경과 맞지 않거나, 대여/반납이 귀찮기 때문'이라는 응답을 종합하면 78.5%로 압도적인 비중을 차지했으며, 이 중에서도 '반납이 귀찮기 때문'이라는 응답률이 가장 높음을 알 수 있었다. 이러한 제한요건에 따르는 방안들을 [V. 발전방향]에서 논의한다.

사전조사 단계에서 0텀블러 사용자에게 무작위로 시행한 인터뷰를 통해 0텀블러를 사용하는 이유를 크게 세 가지로 요약할 수 있었다. 첫째는 환경적 동기로, 환경보호를 실천하기 위함이라는 응답이었다. 둘째는 경제적 동기로, 교내 카페에서 텀블러 할인을 받거나 물 값을 절약하기 위함이라는 응답이었으며, 셋째는 편리성 동기로 텀블러를 사용할 용의가 있으나 개인 텀블러를 가지고 다니면서 사용하기는 귀찮기 때문에 0텀블러를 사용한다는 응답이었다. 이를 4번문항에 반영하였다.

4번, 5번, 6번 문항의 결과를 종합하면 사용자는 환경문제를 심각한 것으로 인식하고 있고, 개인부터 행동해야 한다고 생각하지만 0텀블러를 이용하는 행동에는 환경적 요인보다는 편리성 요인이 우선함을 알 수 있었다. 그 이유는 크게 첫째, 사용자는 환경 문제에 대한 심각성을 인지하고 있으나, 그 책임을 개인에게 부과하기 보다는 기업이나 사회구조 등의 거시적인 측면에 돌린다는 점, 둘째 개인이 환경보호를 실천함에 있어서 실천을 통해 얻는 만족감이 실천에 따른 비용보다 큰 경우에만 실제 행동으로 이어진다는 점으로 요약할 수 있다.

7번 문항에서는 텀블러 사용 외에 실천하고 있는 친환경적인 행동이 있는지 묻고, 8번 문항에서 그와 같은 행동을 하거나 하지 않는 이유에 대해 주관식으로 답변한 응답을 크게 환경, 경제, 편리, 기타의 네 가지 측면으로 범주화했다. 그 결과 절반이 넘는 62%가 환경적 요인에 의해 친환경적 행동을 하고 있다고 답하였고, 경제적 요인이 11.4%, 편리성 요인이 16.5%, 그 외에 습관성 등의 기타 응답이 10.1%로 뒤따랐다. 여기서 편리성 요인은 주로 친환경적 행동을 실천하지 않는 이유로 기능하였다.

이는 친환경적 행동을 하지 않는 사람들은 대부분 본인이 누리는 편리함을 침해 받기 때문이지만, 친환경적 행동은 경제적 요인보다도 환경보호 자체가 목적인 비율이 높기 때문에 친환경적 행동을 함에 있어서 편리함만 제공해주면 친환경적 행동을 하지 않던 사람도 환경보호를 실천할 수 있음을 내포한다.

4. 0텀블러 사용자 심층인터뷰 결과 및 분석

0텀블러 프로젝트가 시작된 지 1일차인 11월 20일, 0텀블러 사용자들에게 무작위로 0텀블러를 사용하게 된 동기에 대해 조사하였고, 그 결과 0텀블러를 이용하는 이유를 크게 '환경적 동기', '경제적 동기', '편리성 동기' 세 가지로 압축할 수 있었다. 각 동기에 해당하는 사용자 중 두 번에 걸친 심층 추적 인터뷰에 응한 사용자에 대해 0텀블러 프로젝트 1일차인 11월 20일과 0텀블러 프로젝트 15일차인 12월 4일 인터뷰를 진행했다. 1차 인터뷰는 이용 동기와 기존의 환경인식 조사를 중점으로, 2차 인터뷰는 0텀블러 프로젝트가 진행되는 것을 보고, 혹은 0텀블러를 사용하면서 환경인식과 개인의 생활패턴이 어떻게 변화되었는지를 중점으로 진행하였다.

1) 환경적 동기에 의한 사용자(철학과 이*민)

1차 인터뷰 당시 환경적 동기에 의한 사용자는 평상시에 텀블러를 들고 다니는데, 가끔 잊어버리고 텀블러를 들고 오지 않았을 때 하루 동안 사용하기에 용이한 것 같아서 0텀블러를 쓰게 되었다고 답했다. 환경인식에 있어서는 "일회용컵의 과도한 사용이 환경문제를 심화시킨다는 사실에 동감하고, 제 신념과 양심 때문에 텀블러 사용을 실천하고 있지만, 기업이 대규모의 환경파괴를 일으키고 있는 현 상황에서 저 하나의 행동만으로는 환경문제를 해결할 수 없다는 생각입니다."고 답했다.

2차 인터뷰 결과 본 사용자는 0텀블러가 친환경적 행동으로의 접근을 보다 용이하게 해 주었다는 것에 방점을 찍었다. 본 사용자는 개인의 신념에 의해 원래도 일상생활에서 친환경적인 행동을 실천하려고 노력하는 사람이었으나, 그 과정에서 텀블러를 잊고 온 날이면 마시고 싶은 커피음료를 자제하거나 집에 돌아가 텀블러를 가져오는 등 불편함을 겪는 날도 많았다고 한다. 그러나 0텀블러 프로젝트가 시작되고 이를 사용해 보니, 친환경적인 행동을 하는 데 따르는 불편함이 감소해 한결 편해졌다며, 지금은 영향이 미미하지만, 이것이 발전되어 추후 학교 내 모든 공간에 0텀블러가 설치된다면 파급력이 기하급수적으로 증가할 것이라고 대답했다. 친환경적인 행동을 실천할 수 있는 선택지가 바로 옆에 있음에도 실천하지 않는 것이, 이런 대책조차 없었을 때보다 사람들의 행동 변화를 더 잘 이끌어낼 수 있을 것이라는 희망적인 예측을 하였다.

2) 경제적 동기에 의한 사용자(신학과 최*재)

경제적 동기에 의한 사용자는 1차 인터뷰 당시 이용 동기에 대해 물값을 절약할 수 있고, 0텀블러를 사용해 교내 카페에서 할인 받을 수 있기 때문이라고 답했다. 환경 인식에 있어서는 "텀블러를 이용함으로써 환경문제를 개선할 수 있다는 생각에는 사실 부정적입니다. 그리고 일회용컵이 환경오염을 일으키는 모습을 직접 본 적이 없어서 그런지, 일회용컵이 환경에 악영향을 미친다는 주장도 와 닿지 않습니다."라고 밝혔다.

이처럼 본 사용자는 처음에 텀블러 사용으로 300원을 할인 받거나 물 값이 절약되기 때문에 0텀블러를 쓰기 시작했으며, 남들도 본인과 같은 이유일 것이라 생각하였다고 한다. 그러나 사용해 보니 아직은 편익보다 0텀블러를 이용하는 데 따르는 불편함이 더 컸는데, 그에 불구하고 여전히 많은 사람이 0텀블러를 쓰는 것을 보고 '경제적 요인이 전부가 아닐 수 있겠다'는 생각이 들었다고 한다. 즉, 본 사용자는 처음에는 온전히 경제적 요인에 의해 0텀블러를 쓰기 시작했으나, 주변의 사용자를 보고 0텀블러에 대한 환경적 인식과 암묵적인 공감대가 형성된 것이다. 이 사용자는 잠재적 환경적 동기에 의한 사용자로 잠재적인 변화의 가능성을 내포하고 있다고 판단되었다. 마지막으로 그는 정책 설계가 잘 이루어진다면 환경 자체를 목적으로 하지 않은 행동도 환경보호로 이어지는 결과와 인식 변화를 낳을 수 있다고 언급했다. 덧붙여 현재 진행되는 0텀블러 프로젝트의 실효성에 대해서는 여전히 의문이나, 환경정책은 투입에 비해 산출이 늦기 때문에 이의 운용에 있어서는 인내심이 필요하고, 이는 충분히 가시적인 프로젝트이기 때문에 앞으로 계속 진행되어야 한다는 의견을 제시하였다.

3) 편리성 동기에 의한 사용자(언론홍보영상학부 박*진)

편리성 동기에 의한 사용자는 1차 인터뷰 당시 이용 동기에 대해 "텀블러가 너무 무겁고 귀찮아서 사용하지 않았습니다. 그러나 0텀블러는 쓸 만큼 쓰고 수거함에 넣으면 제 손에서 사라지니까 편했고, 기왕 있는 거 한 번 쓰면서 300원도 할인받자는 생각에 이용하게 되었습니다."라 답했다. 환경적 인식에 대해서는 '한 번도 생각해본 적 없다'고 답했다.

본 사용자는 앞선 환경적 동기에 의한 사용자와 비슷한 견해를 가졌다. 0텀블러는 분명 0텀블러가 있음에도 불구하고 이를 안 쓰는 사람에게 조금이나마 양심의 가책을 느끼게 만들었다는 의견이 그것이다. 나아가 본인과 같이 환경인식이 없던 사람에게 환경인식을 심어주는 수단이 될 것이라고 대답하였다. 본 사용자는 실제로 0텀블러가 제공되는 카페에 간 경우 0텀블러를 최대한 쓰려고 하였으며, 그렇지 않은 경우도 하루에 일회용 플라스틱 컵을 한 개 이상 사용하지 않으려고 노력하게 되었다고 한다. 그러나 대여와 반납장소가 한정되어 있어 쓸 기회가 많이 없었다는 아쉬움을 드러냈다. 이들은 편리성만 개선되면 충분히 적극적으로 사용할 준비가 되어 있는, 잠재적 사용자로 볼 수 있다.

5. 0텀블러 크루원 인터뷰 결과 및 분석

0텀블러 크루원에게 실시한 인터뷰의 결과를 분석한 결과 크루 자체의 지속가능성은 확보되어 있다고 판단되었다. 크루에 지원할 때 'SKT가 주최인 것은 신경 쓴 적 없다'며 참여에 있어서 SKT라는 대기업이 영향력을 행사하지 않고 오히려 손쉽게 참여할 수 있는 봉사활동이라는 것 자체에 동기부여가 되었다고 대답했다. 하지만 SKT가 본 프로젝트에서 컵의 공급 등의 자본을 제공하는 역할이므로 이는 여전히 프로젝트의 정착에 있어 중요한 역할을 담당한다.

또한 0텀블러 크루 활동을 하면서 '예전에는 환경에 대한 인식조차 없었지만, 개인의 차원에서도 할 수 있는 것이 있음을 깨달아간다'며 '본인들이 씻은 컵을 사용자가 들고 다니는 걸 보았을 때 뿌듯함과 환경에 대한 기여감이 느껴졌다'고 대답했다. 이는 0텀블러 프로젝트가 0텀블러의 사용자뿐만 아니라 0텀블러 크루에게도 환경에 대한 효능감과 환경인식을 개선하는 데 효과가 있음을 보여준다.

하지만 0텀블러 크루 내에서 무임승차의 문제가 발생한다는 문제점이 존재했다. 0텀블러의 세척은 1차 세척을 한 후, 2차로 물기를 제거하는 방식으로 이루어지는데, 인원마다 맡는 역할이 고정되어 있었다. 여기서 물기를 제거하는 중 제대로 세척되지 않은 컵이 종종 나타났다는 대답이 있었으며, 이는 크루원의 분업화가 심화되어 개개인의 책임감이 낮아지는 역효과를 불러온 것으로 해석된다. 또한 0텀블러 크루의 운영측과 크루원과의 소통이 부족하다는 의견도 존재했다.

Ⅴ. 발전방향

1. 직면한 도전과 해결 방안

1) 0텀블러 프로젝트의 지속가능성

설문조사와 사용률 데이터에 따르면 0텀블러 프로젝트가 런칭된 후 이를 인식하는 사람들이 점차 늘어가며 이벤트 등의 홍보활동이 0텀블러 이용을 증대하는 데 효과가 있는 것으로 보인다. 그러나 0텀블러의 보편화는 여전히 요원하다. 0 텀블러 프로젝트의 지속가능성을 보장하기 위해서는 사용자들의 긍정적인 상호작용이 필수적이다. 따라서 본 리빙랩은 설문조사 결과를 바탕으로 해결방법을 고안해, 0텀블러 프로젝트의 지속가능성을 올리기 위한 방안을 구상하였다.

우선 비사용자 중 약 24%는 0텀블러의 존재를 여전히 모르고 있다. 심층인터뷰에서 역시 단발적인 홍보전략은 효과성이 떨어질 것이라는 의견이 존재했다. 또한 비사용자의 22%는 0텀블러가 어떤 것인지 모른다는 점을 보면, 이는 0텀블러에 대한 잠재적 사용자의 접근성이 떨어짐을 시사한다.

또한 비사용자들은 주로 위생에 대한 우려로 0텀블러를 사용하지 않았다. 이는 다른 사람들도 사용하기 때문에 깨끗하지 않을 것이라는 선입견이 반영된 것이다. 그러나 모니터링을 통해, 세척은 2차에 걸쳐 제대로 이루어짐을 알 수 있었다. 또한 플라스틱 텀블러에서 나오는 유해물질에 대한 걱정과 플라스틱 컵의 사용수명을 염려하는 의견이 존재했다.

이러한 두 가지 문제를 해결하기 위해서는 꾸준한 홍보가 최우선이다. 이벤트성 홍보가 아닌 지속적으로 텀블러를 알리는 홍보가 중요하다. 사용을 이끌어내기 위한 방안으로, 69%의 사람들이 '홍보가 필요하다'고 대답한 설문조사 결과는 것은 이벤트성 홍보의 한계를 짚는다. 또한 0텀블러의 사용방법 또한 홍보해야 한다. 이용자들에게 텀블러의 대여함과 반납함의 위치를 알리고 공용텀블러의 순환시스템을 이해시켜야 한다. 이 과정에서 위생의 신뢰도를 높이는 내용이 포함되어야 한다. 인식 개선에 있어서 가장 중요한 것은 상대방이 가진 편견과의 차이를 보여주는 것이다. 세척이 청결하게 진행되고, 0텀블러가 친환경적 플라스틱으로 만들어졌으며, 수명이 다 된 0텀블러는 폐기한다는 내용을 담은 홍보영상이 구체적인 방법이 될 수 있겠다.

한편 텀블러를 이용하지 않는 이유의 상당수는 '지리적 여건'이다. 앞서 이와 같은 응답이 가장 큰 비중을 차지함을 보았다. 설문조사에 따르면 학생회관과 중앙도서관이 가장 학생들이 많이 드나드는 지역으로 적합한 위치라고 할 수 있으나, 심층 인터뷰에서는 수업을 듣는 시간에는 두 장소에 가지 않아 0텀블러를 일상적으로 사용할 수 없다고 답했다. 이를 통해 현재 대여함과 반납함으로는 학생들이 편리하게 텀블러를 이용하기에 한계가 있음을 알 수 있다. 또한 지리적 여건 중 '반납이 귀찮아서'가 33.9%를 차지해 두 번째로 높은 응답을 기록했으며, 연세대학교에서 미반납된 0텀블러의 개수는 353개로, 전체 사용량의 13.7%에 달한다. 이는 반납함이 카페 내부에 설치되어 있어 카페의 마감시간이 끝나면 반납할 수 없기 때문인 것으로 파악된다. 설문조사에서도 상시반납이 가능한 곳이 필요하다는 의견이 존재했다.

|그림 6-11| 국민대학교 법학관 앞(좌)과
이화여자대학교 교육관 앞(우)의 0텀블러 반납함 설치 모습

이를 위해 대여함과 반납함을 추가로 설치할 필요가 있다. 대부분의 설문조사 응답자가 0텀블러의 사용률을 높이기 위해 접근성을 지금보다 높여야 한다는 의견을 제시하였다. 각 단과대에 대여함을 설치해 실질적으로 수업을 듣는 시간에 0텀블러를 이용할 수 있도록 한다면 지금보다 이용률이 높아질 것으로 예상된다.

또다른 대안으로는 0프로젝트를 시행하고 있는 다른 대학교인 이화여대와 국민대의 사례를 참고할 수 있다. |그림 6-11|에서 볼 수 있듯이, 이화여자대학교와 국민대학교는 카페 외부에 반납함을 설치함으로써 상시 반납이 가능하도록 설계했다. 이처럼 연세대학교에서도 카페 외부에 반납함을 설치하여 접근성을 향상시켜야 한다.

또한 텀블러의 이용을 위해 디자인을 개선해야 한다고 하는 의견도 존재했다. 구체적으로는 컵과 뚜껑이 잘 닫히지 않는다는 점과, 담을 수 있는 용량이 적은 점, 열 전도율이 높은 점이 있었다. 이것은 텀블러의 공급에 있어서 앞으로 사용자와의 상호작용을 통해 개선해 나가야 할 문제이며, 텀블러를 재공급할 시기에 이를 반영해야 할 것이다.

2) 0텀블러 프로젝트의 의의 및 방향성 제언

본 프로젝트가 사용자들로 하여금 환경 친화적 행동을 하는데 어떤 영향을 미쳤는지 주목해야 한다. 우선 환경적 동기에 의한 사용자와의 2차 인터뷰에서 '친환경적 행동의 선택지가 있는 데도 행동하지 않는 것은 아예 없었던 것보다 양심에 찔리게 한다'는 지적에서 알 수 있듯이, 0텀블러 프로젝트와 같은 제도의 마련은 평소 환경보호의 동기를 가지고 있는 사람들로 하여금 이용하지 않으면 양심의 가책을 느끼게 한다. 일상적이고 손쉽게 접근할 수 있는 제도가 역으로 죄책감을 유발시키는 요인인 것이다. 여기서 '0텀블러'는 '일상적이고 손쉽게 접근할 수 있는 친환경적 제도'라고 할 수 있다. 해당 인터뷰이가 이전에는 개인적인 신념으로만 텀블러를 이용하던 회의론자였으나, 이후에는 개인의 친환경적 행동을 촉발하는 제도가 마련되었다고 평가한 점 역시 이를 뒷받침한다.

또한, 설문조사에서 0텀블러 비사용자의 상당수가 평소 환경문제에 대한 문제의식은 가지고 있지만 이를 매개해 줄 제도의 부재를 꼬집었다는 점에서 본 프로젝트의 가능성이 드러난다. 제도의 부재로 인해 친환경적 행위에 참여하지 않는 대부분의 사람들에게는 이러한 제도가 마련된다면 그들에게 친환경적 행위를 유도하는 구조로 작용할 수 있다. 따라서 본 프로젝트는 향후 친환경적 행위에 용이하게 접근할 수 있는 플랫폼을 제공하는 방향으로 나아가야 할 것이다. 더불어 편리성을 침해 받아 친환경적 행동을 하지 않는 응답자 역시 접근성을 개선하면 사용자가 될 것이라는 가능성을 내포한다. 인터뷰 내용 중 '개인에게만 자꾸 환경운동을 강요하는 방향에 대해서는 회의적' 이라는 대답에서, 환경정책은 이제 개인에게 불편함을 감수하도록 요구하는 것에서 벗어나 기업, 공공기관 등에서 실시하는 제도로써 친환경적 행위를 손쉽게 할 수 있도록 플랫폼을 구축해야 함을 다시 확인할 수 있다.

이와 같은 플랫폼이 경제적인 인센티브를 통해 사용자를 일정 부분 끌어들인다는 점은 부인할 수 없다. 그러나 이는 부차적인 문제이다. 경제적 동기에 의한 사용자와의 2차 인터뷰 내용은, 오히려 친환경적 행위를 하려는 사람들에게 경제적 인센티브보다도 접근성을 더욱 높여주는 방향으로 나아가야 한다는 점을 보여준다. 본 사용자의 경우 순전히 경제적 인센티브 때문에 0텀블러를 이용했으나, 현재로선 불편함이 너무 커 본 프로젝트가 성공적이지 못할 것으로 예상하였다. 그러나 오히려 주변에 0텀블러 사용자가 늘어나는 것을 보며, '불편함에도 불구하고 사용하는 사람이 많다는 것은 친환경적 행동의 의지를 보여준다'고 지적하였다. 즉 친환경적 행위가 경제적인 요인보다도 오히려 환경적인 요인에 의해서 일어났다는 것이다. 본 프로젝트로 이러한 점에 집중해야 한다.

마지막으로 0텀블러 크루원 인터뷰에서 알 수 있듯이 본 프로젝트가 SKT라는 기업을 주도로 이루어져 일부 top-down 형식의 구조를 띠게 됨이 드러났다. 크루원은 본 프로젝트에서 가장 중요한 컵 세척을 맡은 주체이지만, 해당 인원 간의 네트워크, 상호 신뢰, 호혜성과 같은 사회적 자본을 형성할 수 없었다. 정해진 시간에 컵을 씻고 다시 돌아가는 현재의 구조는 이들이 파편화되어 고립된 의식을 심어주었다. 크루원 간의 유기적인 연결보다 사업의 한 부분으로 분리되어 있다는 점에서 아쉬움이 남는다. 이러한 파편화는 해당 프로젝트에 참여하는 일원이라는 소속감의 형성을 방해하는 것으로 보인다. 이것이 심각해지면 '무임승차 문제'가 발발할 수 있다. 만약 이러한 문제가 해결되지 않았을 때의 결과는 부정적일 것이라는 점은 쉽게 예측할 수 있다. 따라서 구조적 관점에서 수평적 관계를 더욱 제고하여 이들 간의 사회적 자본이 형성되도록 대책을 마련해야 할 것이다.

Ⅵ. 결론

지금까지 0텀블러 프로젝트가 어떻게 구성되고, 이루어지며, 그 속에서 사용자가 서로 어떠한 영향을 주고받는지 분석하였다. 우선 지속가능성에 대해 정리하자면, 해당 프로젝트의 이용률은 증가하는 추세이며 이를 바탕으로 학내의 일회용컵 사용량의 저감은 실질적인 효과가 있을 것으로 예측된다. 그러나 이 과정에서의 주요한 장애요인으로 위생에 대한 우려와 접근성이 대두되었다. 0텀블러의 위생에 대한 불신은 오해에 따른 경우가 많았으므로 사용자들로 하여금 이를 온전히 인식하게 하기 위한 장기적이고 효과적인 내용을 담은 홍보, 접근성을 높이기 위한 대여함과 반납함의 추가 설치를 통해 지속가능성을 보다 확보할 수 있다고 보인다.

또한 본 리빙랩을 통해 규제와 같은 Top-down방식이 아닌 일반 사람들의 참여로써 이루어지는 환경정책이 어떠한 방향으로 나아가야 하는지 생각하였다. 연구 내용을 종합하면, 대부분의 사람들은 환경을 보호하여야 한다는 생각은 가지고 있었다. 하지만 그러한 생각이 행동으로 이어지기 위한 매개가 없었으며, 유일한 매개는 본인의 노력뿐이었다. 이러한 노력은 수고로움, 귀찮음을 수반하지만, 이에 따른 환경적인 효능감은 미미하다. 개인의 행동이 구조적으로 자행되는 거대하고 막대한 환경파괴를 막을 수 없다는 무력감을 느끼는 것이다. 하지만 그럼에도 불구하고 사람들에게 친환경적인 행동을 할 수 있는 충분한 제도가 마련이 되었을 때, 그들은 그러한 제도를 이용한다. 제도를 이용하는 이유는 두 가지로써, 첫째로 친환경적 행동에 손쉽게 접근하도록 편리성이 마련되었다는 점과, 둘째로 그러한 제도가 존재함에도 이용하지 않는 것이 양심의 가책을 유발한다는 점이다.

따라서 Bottom-up으로 이루어지는 환경정책은 사람들로 하여금 일상생활 속에서 편리하게 다가갈 수 있도록 접근성을 향상시키는 방향으로 나아가야 한다. 사람들의 환경의식이 부재한 것이 아니라 환경 의식이 있음에도 불구하고 그들이 행위 할 수 있는 제도가 부재했다는 것이다. 인터뷰 내용처럼, '환경 정책은 투입되는 예산에 비해서 효과를 직접적으로, 단시간 내에 검증하기가 어렵기 때문에 인내가 필요하다'는 말은, 이와 같은 제도를 운용하는 데에 있어서도 마찬가지로 인내의 자세가 필요하다는 것을 시사해준다. 현재 0텀블러 프로젝트로 학내에서 절감되는 일회용 컵의 숫자는 하루 최대 250개 수준이며, 이는 프로젝트가 확대됨에 따라 점점 더 늘어날 것으로 예상된다. 250이라는 숫자는 보는 관점에 따라 작게 느껴질 수 있다. 그러나 우리는 인내를 가지고 본 프로젝트를 더 지켜볼 필요가 있다.

이상으로 0텀블러 프로젝트를 통해 다회용컵 공유 정책이 안정적으로 정착하기 위한 방안을 제도 자체가 가지는 방법론적인 측면과 제도가 장기적으로 가져야 할 방향성에 대해서 논의하였다. 이러한 리빙랩을 실현하는 과정에서, 앞으로 꾸준한 상호간의 소통과 개방성을 바탕으로 공동의 노력을 통해 연세대학교가 프라이부르크와 같은 제 2의 생태공간으로 거듭나기를 꿈꾼다.

참고문헌

이혜리, 2018. "일회용 컵 대체하는 친환경 프라이부르크컵." http://science.ytn.co.kr/program/program_view.php?s_mcd=0082&s_hcd=&key=201810160222193236(검색일: 2018.12.1.).

임진혁, 2018. "年 사용량만 260억 개 ... 1회용 컵 남용 막는다." https://www.sedaily.com/NewsView/1RY6VAITN4(검색일: 2018.12.1.).

[별첨]

학내 재사용 텀블러의 사용 확장을 위한 사용자/비사용자 인식 설문조사 전문

안녕하세요. 저희는 정치외교학과 소속 2018학년도 2학기 환경-에너지정치를 수강하고 있는 학우입니다. 저희는 현재 환경-에너지정치 수업에서 학내 환경문제를 개선하기 위한 프로젝트를 기획하고 있으며, 그 중 일회용컵 사용 저감을 문제인식으로 삼아 재활용 텀블러 사용 확장에 대한 연구를 진행하고 있습니다.

현재 학교에서 진행되고 있는 '0텀블러'를 알고 계십니까? 0텀블러는 학내에서 텀블러를 자유롭게 대여할 수 있는 '텀블러 순환 서비스'로, 학생회관 1층 트레비앙 카페, 학생회관 지하1층 카페, 중앙도서관 지하1층 카페에서 무료로 대여하고, 다 사용하면 대여함 옆에 있는 수거함에 다 쓴 0텀블러를 넣으면 봉사단체인 '0텀블러 크루'가 이를 세척해 대여함에 놓아두는 방식으로 운영됩니다.

저희는 여기서 0텀블러의 이용자와 비이용자 분들의 이유를 조사하고, 이를 토대로 이용률을 높이기 위한 방안을 설정하기 위해 설문조사를 진행하고 있습니다. 설문조사는 약 5분 안팎의 시간이 소요됩니다.

본 연구는 2018-2 환경-에너지정치 수업 상 연구와 0텀블러 참여율 개선을 위해 이용되며, 그 외 상업적 용도는 없음을 밝힙니다.

1. 답변자분께서 가장 많이 드나드는, 또는 지나가는 지역을 3가지 골라 주세요.
(이는 활동반경을 조사하기 위함입니다)

☐ 공학원/1, 2, 3, 4공학관
☐ 과학관/과학원/삼성관
☐ 광복관/백양관
☐ 중앙도서관/학술정보원
☐ 체육교육관/체육관/스포츠센터
☐ 신학관/외솔관/교육과학관/위당관
☐ 빌링슬리관/연희관
☐ 대우관/대우관별관
☐ 경영관
☐ 음악관
☐ 학생회관/대강당
☐ 기타

2. '0텀블러'에 대해서 알고 계십니까?

(1) 어떻게 이루어지는지 알고 있다
(2) 알긴 하지만 어떤 것인지 모른다
(3) 전혀 모른다

3. 0텀블러를 사용하신 적이 있으십니까? 있다면 몇 번 정도 쓰셨습니까?

(1) 사용한 적 없다 → **4-1로 이동**
(2) 1-2회 사용한 후 사용한 적 없다 → **4-1로 이동**
(3) 기회가 있을 때마다 사용한다 → **4-2로 이동**

4-1. 0텀블러에 대해서 알고 계신다면, 이를 사용하지 않는 이유는 무엇입니까?
(복수응답)

☐ 이미 사용하고 있는 텀블러가 있어서
☐ 어디에서, 어떻게 이용하는지 몰라서

☐ 위생문제가 걱정되어서
☐ 내 활동반경과 맞지 않아서
☐ 대여가 귀찮아서
☐ 반납이 귀찮아서
☐ 텀블러를 들고 다니는 게 귀찮아서
☐ 기타

4-2. 0텀블러를 사용하는 가장 큰 이유는 무엇입니까?

☐ 환경보호를 실천하기 위해
☐ 교내 카페에서 텀블러 할인을 받거나 물 값을 절약하기 위해
☐ 텀블러를 사용하고 싶으나 개인 텀블러를 매일 세척하고 가지고 다니면서 사용하기는 귀찮아서
☐ 기타

5. 현재 환경문제가 심각한 상황이며, 개인부터 행동해야 한다고 생각하십니까?

(1) 심각하고, 개인부터 행동해야 한다
(2) 심각하지만, 개인이 행동할 필요는 없다
(3) 심각하지 않다

6. 개인이 환경문제 개선에 기여할 수 있다고 생각하십니까?

(1) 개인이 행동함으로써 환경문제 개선에 기여할 수 있다
(2) 개인이 행동한다면 환경문제 개선에 기여할 수 있지만, 거시적인 해결이 우선되어야 한다
(3) 개인이 행동해도 환경문제 개선에 기여할 수 없다

7. 텀블러 사용 외에 실천하고 있는 친환경적인 행동이 있으십니까? 있다면 무엇입니까? (복수응답)

☐ 비닐봉투 쓰지 않기
☐ 가급적 종이나 휴지 사용을 자제하기

☐ 냉난방 자제하기
☐ 실천하지 않는다
☐ 기타

8. 7번에서 응답하신 것과 같은 행동을 하는 (혹은 하지 않는) **이유는 무엇입니까? (주관식)**

답변:

---

9. 0텀블러를 더 많은 분들이 이용하기 위해서는 어떠한 점을 보완해야 한다고 생각하십니까? (복수응답)

☐ 홍보 확대
☐ 대여함 추가 설치 → **10-1로 이동**
☐ 반납함 추가 설치 → **10-1로 이동**
☐ 0텀블러의 디자인과 편리성 개선 → **10-2로 이동**
☐ 텀블러 사용 시 할인 확대
☐ 보완할 필요 없음
☐ 기타

10-1. 현재 대여함과 반납함은 중앙도서관 지하1층 카페, 학생회관 1층 카페, 학생회관 지하 1층 카페에 설치되어 있습니다. 대여함 또는 반납함을 추가로 설치한다면, '어디'에 '몇 군데'를 더 설치할 것을 희망하십니까? (주관식)

답변:

10-2. 0텀블러를 어떻게 개선할 것을 희망하십니까?(주관식)

답변:

---

07. 재활용 쓰레기통의 이미지와 공간 : Space Bin 리빙랩

정수호, 이다빈, 이영찬, 이태형

I. 들어가며 : 문제의 설정과 범위

올해 상반기 수도권을 시작으로 전국에서 '재활용 쓰레기 대란(양혜영, 2018)'이 일었다. 중국의 재활용폐기물 수입 금지의 여파로 국내의 여러 재활용 폐기물 업체들이 플라스틱이나 비닐 등을 수거하지 않는 사태가 발생한 것이다. '재활용 쓰레기 대란'으로 시민들은 지난 4월 갑자기 재활용 쓰레기 분리배출이 이루어지지 않자 큰 불편을 느꼈고, 플라스틱을 비롯한 쓰레기 전반에 대한 논쟁과 변화에 대한 바람이 불기 시작했다. 우리나라의 분리수거 의식은 다른 나라들에 비해 높지만, 그 효과가 상당히 떨어진다. '재활용 쓰레기 대란'이 발생한 원인 중 하나는 잘못된 분리수거 방식이다. 우리가 '재활용품'이라고 분류한 것들은 막대한 인력과 비용이 투입되는 재분류 과정을 거치고 그 중 30%이상은 소각·매립된다(통계청, 2017.).

재활용 폐기물 분리배출의 문제는 우리 학내에서도 발견할 수 있다. 연희관 이용자 학부생 약 50명을 대상으로 설문조사를 한 결과 학내 재활용 분리배출이 '대체로 잘 이루어지고 있다'에 응답한 학우가 55%에 달했다. 하지만 본 조원들이 쓰레기 배출자들의 행동을 관찰하고, 직접 학내 분리수거에 참여해 분리수거율을 측정해본 결과 실제 분리수거율은 40% 후반에 그쳤다. 청소노동자분들의 말씀에 따르면 재활용 쓰레기통 없이 일반쓰레기통만 있는 구역의 분리수거 양태는 더욱 심각하다는 것을 알 수 있었다.

더불어 학내 분리배출을 시행하고자 하는 학우들조차 실제로는 올바른 분리배출을 수행하고 있지 않다는 문제를 발견하였다. 예를 들어 재활용이 불가한 음식물이 묻은 종이 및 PET등을 재활용에 혼입하는 등의 잘못된 분리수거 방법은 학내 분리수거 지침에 대한 인식 정도가 매우 낮은 데서 기인한다. 이러한 비효율적이고, 잘못된 분리수거는 청소노동자들의 불필요한 노동과 더불어 추가적인 폐기물 처리비용과 오염을 발생시켜 학내의 전반적인 환경에 큰 영향을 끼치고 있다. 이는 학내에서 생활을 영위하거나 거주하는 학생들의

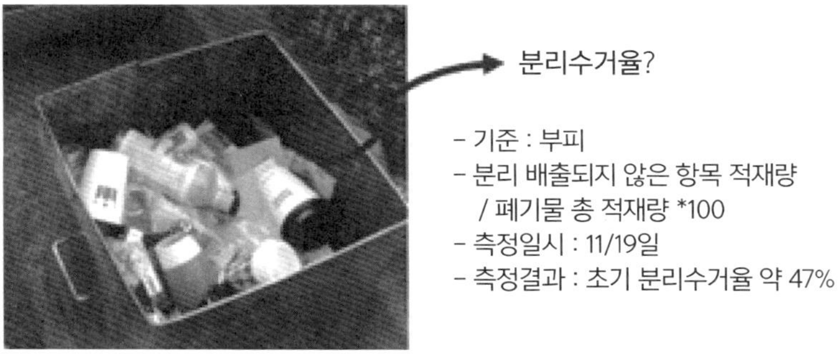

|그림 7-1| 2018년 11월 18일 조원들이 측정한 재활용 쓰레기통

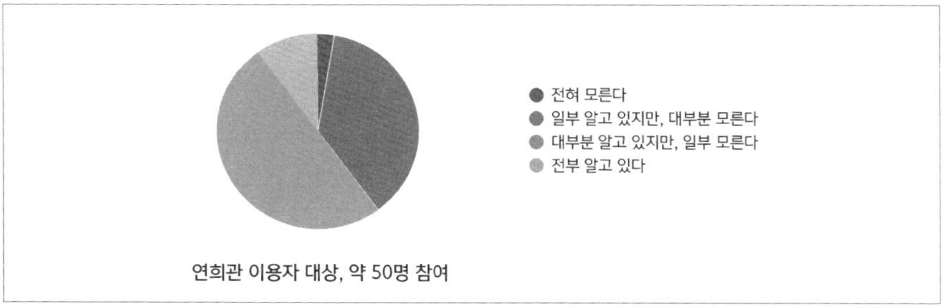

|그림 7-2| 분리수거 지침의 인식 정도

생활환경과도 밀접한 관련이 있고 나아가 사회 전체적인 환경문제 현안과 연관된다는 점에서 문제의 해결이 시급하다.

최상의 해결방법은 플라스틱, 비닐과 같은 폐기물들을 저감하는 것이다. 하지만 실생활에서 플라스틱과 비닐류를 사용하지 않는 것은 사실상 불가능하다. 따라서 본 조원들은 학내 재활용 쓰레기통의 디자인 개선과 위치 재배치를 통해 학내 1차 분리수거율을 높이는 것을 본 연구의 최종 목표로 삼았다.

이에 본고는 학내 재활용 쓰레기통의 새로운 모델이 될 Space Bin을 제안한다. Space Bin은 '공간'과 '바구니'를 결합한 용어로 본고에서 제안하고자 하는 재활용 쓰레기통이 재활용 쓰레기통이 위치한 공간과 쓰레기통 적재에 중요한 내부 공간 그리고 외적인 이미지를 고려하고자 하는 의미를 담아 탄생했다.

1. 누가 이해관계자?

본 연구는 사용자 주도 개방형 혁신생태계인 리빙랩(이태동 외, 2018.)을 통해 이루어지므로, 학내 학생들이 직접 생활권 내에서 일상적으로 발생하는 재활용 폐기물 처리문제에 대해 문제 인식을 가지고 문제의 해결로 나아갈 것을 지향한다. 본 연구의 문제인식과 해결과정에는 직접적으로 문제를 제기한 본 조원들 이외에도 다양한 행위자들이 존재한다. 본 연구에서 기획한 실험을 효과적으로 수행하고, 연구의 결과에 지속성을 부여하기 위해서는 위의 행위자들 간의 이해관계를 직접 상호작용을 통해 조율할 필요가 있다. 재활용 분리수거 문제와 관련한 행위자들은 크게 쓰레기 처리 및 배출 단계별로 다음과 같다.

먼저, 쓰레기 배출자인 학생과 교직원과 같은 행위자들이 있다. 이들은 쓰레기 배출자인 동시에 1차 재활용 분리배출의 담당자이기도 하다. 상당수의 학생은 실제 학내에 거주하고 있을 뿐만 아니라 학내에서 생활을 영위하는 생활주민이라는 점에서 해당 구성원들은 본 리빙랩의 문제인식 주체이자 문제 해결의 주체가 되기도 하고, 환경 개선으로부터 직접적인 혜택을 공유한다. 다음으로, 쓰레기 처리 담당자인 청소노동자와 쓰레기 분리배출 업체가 있다. 청소노동자들은 쓰레기 분리배출 폐기물의 수거와 1차 분류를 담당하고, 쓰레기 분리배출 업체는 이렇게 수거 및 분류된 쓰레기를 가져가 재활용 및 소각하는 기능을 담당한다. 마지막으로, 학내 재활용 쓰레기통의 설치와 관리를 관장하는 기관으로는 연세대학교 시설처와 총무처, 각 관련 건물 행정실 등이 있다.

II. 문제의 해결

1. 문제의 설정

본고가 설정한 리빙랩의 범위는 청경관 건너편 야외 쓰레기 분리수거 구역, 연희관 지하 그리고 연희관 1층이다. 청경관에는 식당과 카페가 있어 청경관 앞 야외 쓰레기 분리수거 구역에 상당수의 일회용 컵과 같은 폐기물이 발생하고, 연희관 지하의 경우 각종 학생회실과 동아리방에서 다양한 생활 폐기물이 발생한다. 연희관 1층에는 각 층의 강의실로 이동하기 위한 유동인구가 많은 지역이므로 발생하는 폐기물의 종류와 분리수거율이 여타 공간과 다를 것이다. 따라서 실내외, 이용자, 발생하는 폐기물의 다양성을 고려하면서도 디자인, 배치 면에서 비교 · 분석이 가능한 위의 범위를 본 리빙랩의 연구대상으로 지정하였다. 해당 재활용 분리수거 지역에서 다음과 같은 구체적인 문제

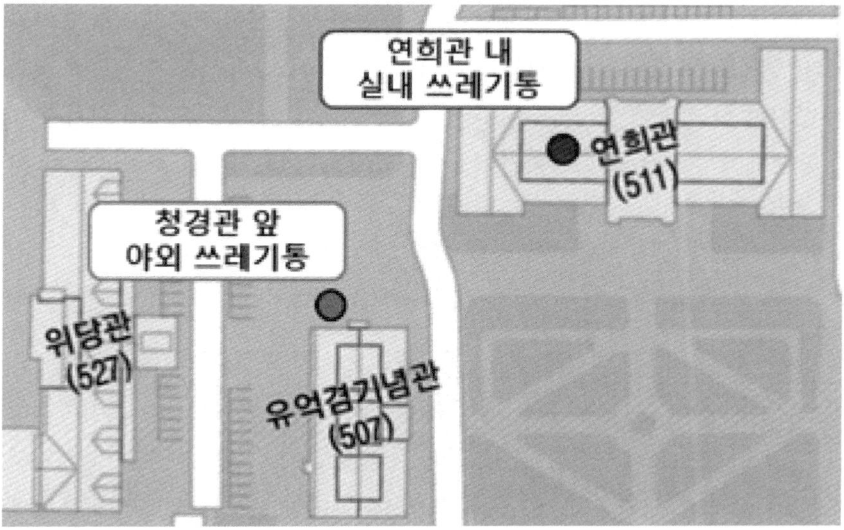

|그림 7-3| 리빙랩 연구의 범위

들을 마주하게 되었다.

1) 학내 재활용 쓰레기통의 접근성과 공간

본 연구공간 내에 비치된 재활용 쓰레기통은 접근성이 떨어지고 비효율적인 동선을 만들 뿐만 아니라 그 수가 적절하지 않다는 문제점이 있다(류효은, 2014.). 청경관 앞 야외공간에는 재활용 쓰레기통(재활용 및 일반쓰레기통)이 3개가 설치되어 있다. 본 조원들은 11월 5일 화요일 오전 10시부터 오후 7시까지 청경관 앞 재활용 쓰레기통의 사용자 현황을 지속적으로 관찰했고, 관찰을 통해 확인한 사항은 크게 2가지이다. 첫째, 청경관 앞 야외 재활용 쓰레기통의 사용자의 수는 매우 적다. 약 9시간 동안 관찰한 결과, 청경관 앞 쓰레기통 이용자는 평균적으로 시간 당 2.6명뿐이다. 쓰레기 배출자를 대상으로 한 인터뷰에 따르면, 해당 쓰레기통 주변은 주로 흡연공간으로 이용되기 때문에 쓰레기 분리배출 구역으로는 잘 사용되지 않으며, 실제 위치까지 동선이 효율적이지 않다고 한다. 실제로 해당 재활용 쓰레기통을 관리하는 청소노동자도 수거할 쓰레기는 많지 않아 하루에 한 번만 수거한다고 밝혔다. 다만 해당 공간에 배치된 재활용 쓰레기통(일반쓰레기 및 재활용)칸이 6개에 달하다 보니, 전체를 수거하는 데 많은 시간과 노력이 필요하다고 답변했다. 관찰결과와 인터뷰가 보여주듯, 현재 청경관 앞 야외 쓰레기통은 그 수와 위치가 모두가 비효율적이다.

반면 현재 연희관 내 재활용 쓰레기통은 절대적으로 부족하다. 연희관의 경우 지하 1층과 1층 모두 통로 내에 재활용 쓰레기통이 단 하나밖에 존재하지 않는다. 일반 쓰레기통은 양 복도 끝 강의실 앞에 위치해 재활용 쓰레기통에 비해 많지만, 재활용 쓰레기통이 각 층에 하나만 존재해 쓰레기 배출자에 의한 1차 분류조차 이루어지지 않은 쓰레기들이 다수이다. 따라서 연희관 내에는 재활용이 가능한 재활용 쓰레기통의 수를 늘려야 한다. 연희관 지하 1층과 연희관 1층에 재활용 쓰레기통이 한 개만 존재하다 보니, 하나의 재활용 쓰레기통에 관여하는 쓰레기 배출자들이 매우 다양할 뿐만 아니라 이 행위자들 간의 선호하는 재활용 쓰레기통의 위치는 모두 달랐다. 그럼에도 불구하고 이용자들의 다수는 연희관 재활용 쓰레기통의 위치를 재고해볼 필요가 있다고 응답하였다. 실제 연희관 1층 재활용 쓰레기통의 위치를 사용자 중 약 36%가 모르고 있다는 사실(설문조사 대상자 50명)은 연희관 내 재활용 쓰레기통의 효율적인 배치에 대해 고민해볼 필요성을 제기한다.

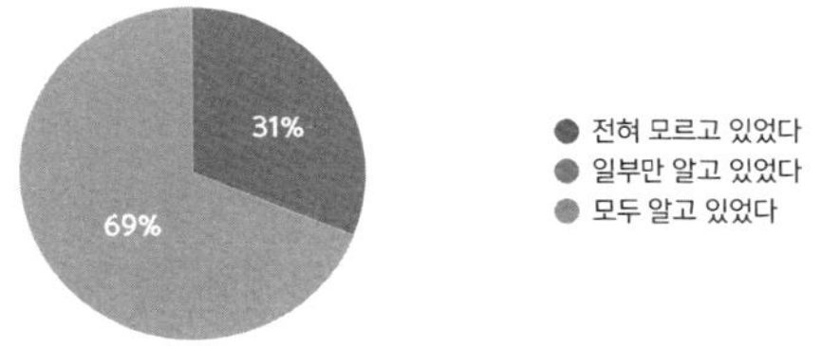

|그림 7-4| 연희관 1층 재활용 쓰레기통의 위치 인식

2) 학내 재활용 쓰레기통의 구조와 디자인적 요소

학내 야외에 설치된 재활용 쓰레기통(|그림 7-5| 참조)은 재활용품의 악취, 습기, 열변형을 방지한 스테인레스 재질로 제작된 몸통과 상부 커버로 구성되고, 외부의 물리적 충격에 대비해 바닥에 고정된 형태로 제작되어 있다. 분리배출 종류는 ① 일반쓰레기와 ② 재활용 두 종류만 있고 재활용 품목 재질의 분리를 위해 하부구조인 몸통(용기부)에 명시하고 있다. 하부구조인 몸통은 남색바탕에 흰색글씨와 픽토그램으로 재활용 품목을 네거티브 방식으로 제시하고 있다(조윤호, 2004.). 하지만 분리배출의 품목별로 색상을 구분하지 않고 도색과

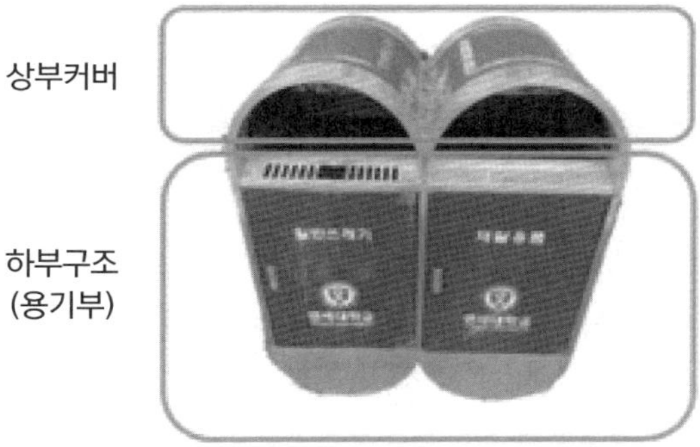

|그림 7-5| 학내 야외 재활용 쓰레기통 구조

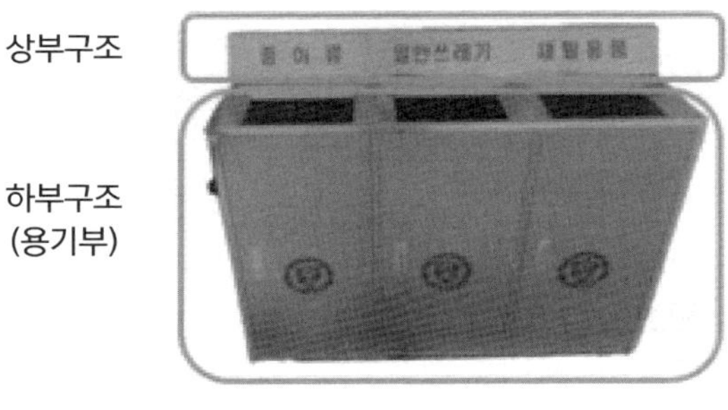

|그림 7-6| 학내 실내 재활용 쓰레기통 구조

형태를 통일시켜 명시성이 떨어진다. 실제로 설문조사에 참여한 80%의 학우들은 재활용 쓰레기통의 문구의 크기가 가시적이지 않다고 응답했으며, 재활용 쓰레기통의 다른 부분에 재활용 품목 분류를 위한 네임태그가 추가적으로 필요하다는 데에 100% 응답을 보였다. 본 조원들은 품목 재질의 분류가 사람들이 가시적으로 인지할 수 있는 상부구조가 아니라 하단구조에 위치해 시인성이 떨어진다는 문제점을 지적했는데, 실제 이용자들도 새로운 네임태그를 재활용 쓰레기통의 상부 커버에 부착해야 한다는 응답이 주를 이루었다.

연희관 지하와 1층 중앙에 위치한 재활용 쓰레기통(|그림 7-6| 참조)의 경우 위와 같이 열변형이 적고, 물리적 충격에 강한 스테인레스 재질로 제작되었다. 하지만 이는 상부커버가 존재하지 않는 대신 재활용 품목 재질의 분리에 관한 것을 하부구조가 아닌 상부에 명시적으로 구분해두었다. 게다가 실내 재활용 쓰레기통의 경우 종이류, 쓰레기, 재활용 이 세가지 품목으로 분리배출을 시행하고 있다. 상부에 재활용 품목 재질 구분에는 스테인레스 바탕에 남색 글씨로 적는 포지티브 방식을 사용하였다. 하지만 해당 재활용 품목들의 이해를 돕는 픽토그램이나 아이콘 등의 그림과 같이 재활용 품목 인지에 도움이 되는 글자 외의 지표들은 사용되지 않았다. 따라서 본 조원들이 학내 외국인 학우들 6명을 인터뷰한 결과 학내 재활용 쓰레기통에 영문 표기, 픽토그램이 없다 보니 학내에서 분리배출을 아예 시행하고 있지 않은 학우들이 2/3에 달했다. 재활용 품목들의 가시성을 높일 뿐만 아니라 전체적인 학내 재활용 쓰레기통의 가시성을 증가를 통한 재활용 분리수거의 효율을 디자인 개선을 통해 달성하고자 한다.

2. 어떤 실험으로 검증하려 하는가?

본 조원들은 쓰레기통 이용자들의 접근성에 관한 문제를 해결하기 위해 다음과 같은 계획을 가지고 두 가지 실험을 계획하였다.

[실험1]은 일반쓰레기와 재활용쓰레기로 분리되어 있는 청경관 앞 쓰레기통에 기획되었다. 본래 학내 야외 쓰레기통은 '일반쓰레기통'과 '재활용 쓰레기통' 모두 청색으로 색상이 동일하고, 재활용쓰레기 글자가 지워져 이용자들

<표 7-1> 리빙랩 진행 방식

1단계: 사용자의 needs 분석	현장 모니터링을 통해 실제 사람들의 분리수거 양태와 동선 등을 파악한다. 설문조사를 통해 실제 학생들이 학내 폐기물처리에 관해 어떠한 문제의식들을 공유하고 있는지 확인한다. 인터뷰를 통해 설문조사에 포함되지 않은 다양한 주체들의 시각을 파악한다.
2단계: 연구설계	앞서 파악한 사용자의 문제의식으로부터 본 연구에 적용이 가능한 독립변수 추출한다. 디자인 요소의 가미나 재활용 쓰레기통의 재배치를 통해 사용자들의 행동 변화를 추가적으로 모니터링 한다.
3단계: 프로토타입 제시	Space Bin을 통한 재활용 쓰레기통의 새로운 이미지와 공간을 창시. 학내에 적용할 수 있는 프로토타입 제시를 통해 최초 분리배출의 효율을 높이고자 한다.

<표 7-2> 리빙랩 실험 진행 경과

구분	기간	평가요소	수행한 실험
[실험1]	11/19 ~11/26	재활용 쓰레기통의 색상 구분을 통한 가시성 증대가 분리수거율에 미치는 영향	학우들의 의견수렴과 현재 재활용 쓰레기통의 색상을 크게 벗어나지 않는 선에서 재활용 쓰레기통의 색상구분을 실시하였다.
[실험2]	11/19 ~12/03	재활용 쓰레기통의 위치 변화와 이용자의 접근성	연희관 1층 : ATM기 옆에 있던 쓰레기통을 연희관 로비 입구에 배치 연희관 지하 1층 : 여자화장실 앞에 있던 쓰레기통의 위치를 지하 로비 입구에 배치
[실험3]	12/03 ~ 12/10	분리수거 지침의 실효성	리빙랩 공간 범위 내 가장 많이 발생하는 폐기물인 일회용 테이크아웃 컵의 분리배출 방법을 벽면에 부착

이 알아보기 힘든 문제가 있었다. 문제 해결을 위해 사전설문을 통해 야외 재활용 쓰레기통에 대한 이용자들의 요구를 분석하였다. 그 결과, 주요 변수인 색상에 대해서 재활용 쓰레기통을 녹색으로 구분하는 것을 선호한다는 결과를 얻을 수 있었다. 또한 글자 표기 방식에서는 네거티브 방식으로 글자를 표기하는 것을 선호한다는 결과를 얻을 수 있었다. 이 외에도 외국인 이용자들을 위해 픽토그램과 영문표기를 추가한 디자인을 고안하였다. 이를 바탕으로 시트지를 이용해 쓰레기통 커버를 제작하였다. 이후 11월 19일 재활용쓰레기통에 부착하여 쓰레기통의 디자인에 변화를 주었다.

다음 [실험2]의 경우, 초기에는 복도에 2개의 재활용 쓰레기통을 두는 실험을 계획하였으나 여분의 재활용 쓰레기통이 존재하지 않아 실험의 방향을 바꾸게 되었다. 재활용 쓰레기통의 재배치를 통해 이용자의 접근성을 높이고자 하였다. 실험은 연희관 지하 1층과 1층에 있는 재활용 쓰레기통을 대상으로 진행되었다. 재활용 쓰레기통을 엘리베이터 옆에 두는 것이 가장 접근성이 높아질 것이라 판단하였지만, 공간이 협소하고 다른 시설물들의 존재로 인해 배치가 불가능하여 로비 입구 오른쪽을 변경 위치로 정하였다. 연희관 1층의 경우 위치의 변화가 미미하게 느껴질 수 있지만, 앞서 연희관 이용자들을 대상으로

|그림 7-7| 야외 재활용 쓰레기통(변경 전)

|그림 7-8| 야외 재활용 쓰레기통(변경 후)

한 학우들의 36%가 연희관 1층의 재활용 쓰레기통의 위치가 현재 어디에 있는지 잘 모를 정도로 기존 ATM 옆 재활용 쓰레기통의 위치는 접근이 불편하다는 면에서 재배치의 필요성에 주목하였다.

1) 연희관 1층 : 기존위치(중앙ATM기 옆) → 변경위치(로비입구 오른쪽)

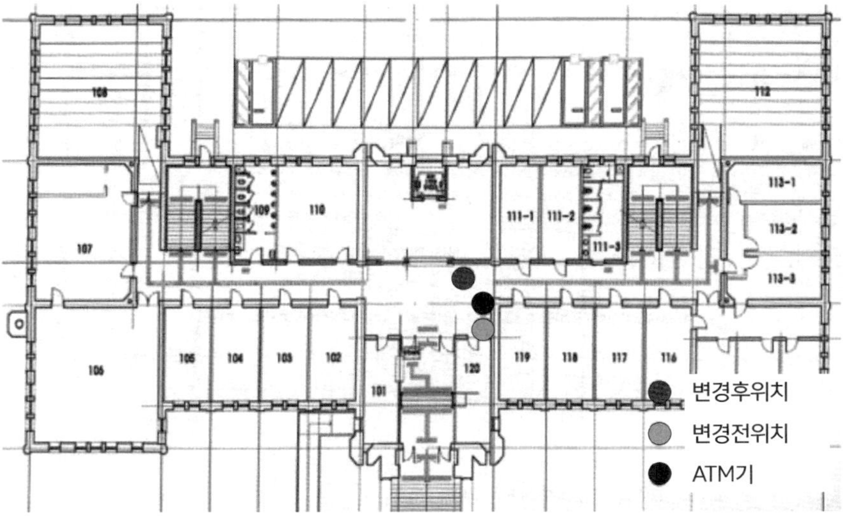

|그림 7-9| 연희관 1층 구조도

2) 연희관 지하1층 : 기존위치(여자화장실 앞) → 변경위치(로비입구 오른쪽)

이후 변경 전 위치와 변경 후 위치 중 어느 것이 편리한지 투표할 수 있는 설문조사 보드를 두어 이용자들의 의견을 수집하였다.

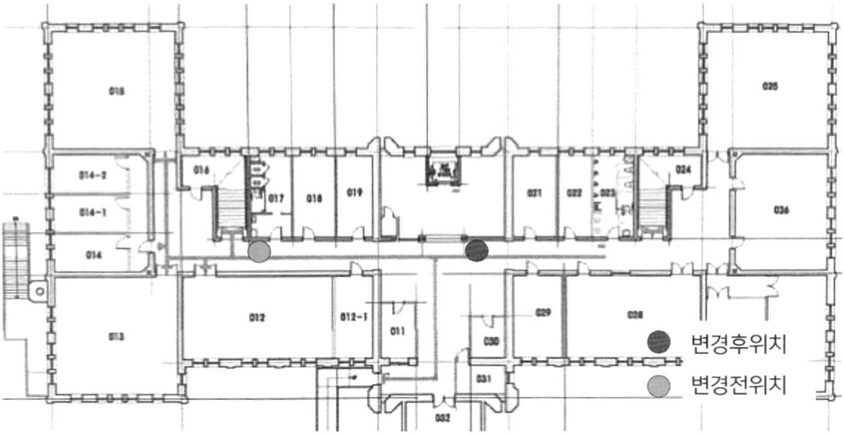

출처: 2018 연세대학교 사회과학대학 소방안전배치도

|그림 7-10| 연희관 지하1층 구조도

|그림 7-11| 연희관 지하 2층 재배치 후

|그림 7-12| 연희관 1층 재배치 후

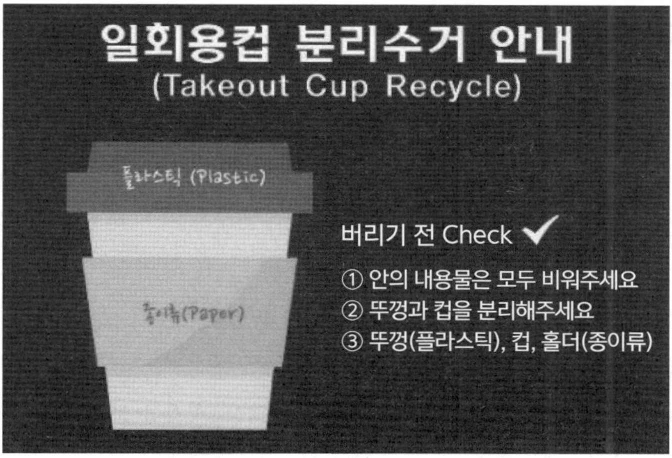

|그림 7-13| 일회용컵 분리수거 지침

[실험1], [실험2]를 진행하면서 11월 19일, 22일에 청경관 앞 쓰레기통을, 11월 26일, 29일에 연희관 쓰레기통의 폐기물을 본 조원들이 직접 고무장갑을 끼고 수거하여 분리수거율을 측정하였다. 이 과정에서 쓰레기를 분석한 결과 가장 큰 비중을 차지한 쓰레기는 1회용 테이크아웃컵이었다. 1회용 테이크아웃컵은 플라스틱 또는 종이로 이루어진 컵부분, 플라스틱 뚜껑, 플라스틱 빨대, 종이 컵홀더로 구성되어 있다. 그런데 대다수의 컵들이 분리되지 않고 버려져 있다는 문제를 확인했다. 이에 따라 컵 분리수거 안내문을 제작하였고 재활용 쓰레기통 위에 게시하여 이용자들에게 올바른 분리수거 지침을 제공하였다.

3. 실현 가능성

본 리빙랩의 연구 설계 단계에서 실현가능성을 두 가지, 즉 교외적 차원과 교내적 차원으로 분석하였다.

1) 교외적 차원

첫째, 앞서 검토한 환경부의 정책과 학내 분리수거율 개선 문제는 맞닿아 있다. 환경부는 폐기물 분리수거의 확대 및 재활용률 증대를 위한 정책들을 시행 중이다(환경부, 2018.). 특히 지난 5월부터 정부주도의 재활용 리빙랩이라고 할 수 있는 국민, 관련 업계, 시민단체 등의 주체들을 포함한 정책들을 벤치마킹하고 있으므로, 학내 주체들이 인식하고 있는 학내 재활용 폐기물에 대한 문제점을 해결하기 위한 <Space Bin> 리빙랩 연구는 환경부가 현재 추진 중인 정책과도 맞닿아있다. 따라서 환경부의 재활용 폐기물 분리배출 요령과 같은 관련 자료들을 검토하고, 환경부에서 유치한 지자체의 인프라는 리빙랩 사전설계와 실행에 큰 도움이 될 것이다.

둘째, <Space Bin>이 기술적으로 실현가능한지 검토해야 한다. 본 리빙랩에는 기존 재활용 쓰레기통에 변수를 가해 그 영향과 차이를 평가하는 과정이 포함되어 있다. 그렇다면 프로토타입 제시를 위해서 <Space Bin>을 실제로 제작해 시연해보고, 프로토타입에 사용될 기술이 실제 상용화가 가능한지 평가해보아야 한다. 최근 이큐브랩(연합뉴스, 2017.) 등 사업체 주도로 쓰레기통의 개선 사업 혹은 공공인증디자인 업체들이 다수 존재하는 것으로 보아 재활용 쓰레기통에 관한 연구는 활발하게 진행 중에 있다. 쓰레기통의 적재량을 8배로 늘리고, 쓰레기통의 적재량을 파악하는 IoT 기술, 태양광 발전을 이용해 쓰레기를 자체적으로 압축하는 기술, 초음파 센서를 통해 쓰레기를 적시에 가져갈 수 있도록 하는 기술은 일상생활에 이미 사용되고 있다. 심지어 해당 기술이 적용된 재활용 쓰레기통은 우리 학내에도 도입된 경험이 있다. 본 리빙랩에서 도입하고자 하는 요소는 상대적으로 덜 기술집약적일 뿐만 아니라 이미 보편화 된 기술을 활용할 수 있다는 점에서 실현 가능성이 있다.

2) 교내적 차원

첫째, <Space Bin>의 실행에 있어 학내 재활용 쓰레기통을 관리하는 학교 본부에 대한 검토가 이루어져야 한다. 상기 문제점은 본 리빙랩이 한정한 공간에 국한된 문제가 아니고 연세대학교에 배치된 재활용 쓰레기통 전반에 관한 문제이다. 때문에, 본 리빙랩에서 목표하는 학내 재활용 쓰레기통의 디자인 개선과 재배치는 일시적으로 공간이 한정되어 있지만, 궁극적으로는 학내 전체에 걸친 재활용 쓰레기통의 교체를 촉발할 수 있다는 점에서 학교 본부의 예기치 않은 지출을 요할 수 있다. 따라서 예산확보를 위해 <Space Bin>에는 광고란을 마련할 것이다. 영국, 중국 등 다른 국가들에는 이미 쓰레기통에 상업적 광고를 게시하고 있으며, 이를 통해 재활용 쓰레기통의 수익구조를 창출한 바 있다. 다수 국내 기업들도 쓰레기통에 광고 내지 알림을 게시하고 있다. 따라서 <Space Bin>에 학생들의 관심사를 반영한 유용한 정보나 광고 등을 부착해 수익을 창출하고, 한편으로는 올바른 재활용 분리수거 방법 등을 홍보하는 용도로 공간을 운용할 계획이다.

둘째, 학내 청소노동자들은 학내 폐기물 관리 정책의 직접적인 영향을 받는 주체들로 <Space Bin>의 시행과 직접적인 관련이 깊은 행위자이다. 현재 청소노동자들은 학내 재활용 쓰레기통이 차서 넘치지 않도록 지속적으로 관할 구역 내의 재활용 쓰레기통을 수거하는 작업을 수행하고 있다. '학내 재활용 쓰레기통 추가 및 재배치' 계획에 따라 학내 재활용 쓰레기통의 양적 증가가 이루어지면 관리 인력 증원 혹은 추가노동을 요할 수 있어 청소노동자들이 본 조원들이 제시한 계획의 실행을 반대할 수 있다. 하지만, 배치 개선으로 인한 노동량 증가는 재활용 쓰레기통의 재활용률 향상이나 재분류에 투입되는 노동력과 비용 감축으로 상쇄할 수 있다. 실제로 <Space Bin>의 도입으로 분리수거율이 가시적으로 높아진다면 그 혜택을 청소노동자들이 함께 누린다는 점에서 청소노동자들이 참여는 긍정적이다.

상기 요소들을 종합적으로 평가해본 결과 본 리빙랩의 실현 가능성은 전망이 밝다. 쓰레기통 및 분리수거에 대한 중요성의 인식이 전 사회적으로 상당히 자리를 잡은 상황이며, 쓰레기통 부족에 대한 문제의식도 생활 불편을 중심으로 자리를 잡아가고 있어 본 리빙랩이 실행되는 것에 대한 사회적 정당성은 충분하다. 본 리빙랩의 구체적인 실행에 있어서 어려움은 존재하지만 직접적으로 관련 있는 이해당사자들이 본 연구에 참여할 유인은 매력적이기 때문에, 이해관계를 조율해나갈 수 있을 것으로 예상된다.

4. 프로토타입 제시 : Space Bin

1) 재활용 쓰레기통의 디자인 제안

(1) 실내

실내 재활용 쓰레기통의 경우 실외에 비치되는 것에 비해 상부 커버의 필

|그림 7-14| Space Bin 정면

|그림 7-15| Space Bin 측면

|그림 7-16| 실내 재활용 쓰레기통 품목 분류 방식

요성이 크게 두드러지지 않는다. 따라서 하부구조인 몸통만으로도 재활용 분류 품목이 가시적으로 드러나도록 하면서도, 배치된 구역의 주변 구조물과 조화를 이루는 것이 가장 큰 방점이다. 따라서 본 조원들은 상부 덮개는 아니어도 상부 구조에 재활용 품목을 네거티브 방식으로 명기하되, 아래 하부 구조에 파스텔톤으로 튀지 않으면서 색상 구분과 픽토그램을 함께 표시할 수 있는 디자인을 고안했다. 본래 하부구조의 측면을 광고를 부착하거나 재활용 분리수거 지침을 홍보하는 공간으로 사용할 의도를 가지고 기획했으나, 상부구조를 두지 않는 대신 폐기물 배출자들의 눈높이에 맞는 게시판 설치를 통해 홍보하는 것이 효과적일 것이라는 결론에 도달했다.

(2) 실외

실외 재활용 쓰레기통의 경우 눈, 비를 비롯한 다른 물질의 유입을 피하고, 외관상 상부 커버가 필수적이다. 상부 커버가 효과적으로 폐기물이 아닌 물질의 유입을 막으면서도 효과적으로 폐기물을 재활용 쓰레기통 안에 버리게 하려면 그 입구가 넉넉해야 한다. 하지만 현재 학내 재활용 쓰레기통의 다수는 정면에만 입구를 두었을 뿐만 아니라 그 품목의 병기도 오직 정면에만 둠으로써 공간을 효율적으로 사용하지 못하고 있다. 따라서 벽면에 비치되어 있지 않아도 사방에서 접근할 수 있도록 4면의 입구를 모두 개방한 돔 형태의 구조를 택했으며, 이러한 다각적인 접근성은 아래 재활용 쓰레기통의 사면을 광고 혹은 재활용 분리수거 지침을 홍보하는 용도로 사용할 수 있게 한다. 색상 구분과 재활용 품목의 가시성을 높이기 위해서는 상부 커버에 색상 구분과 품목을 병기하는 방법을 통해 효과적으로 수행하려고 한다.

하지만 실질적으로 현재 도입되어 사용되고 있는 재활용 쓰레기통의 구조적 외관까지는 교체하기는 어렵다. 따라서 본 조원들은 구조적 변형 없이 현재 재활용 쓰레기통의 재활용 품목 분류 글자의 크기, 서체, 재활용 품목에 따른 색상 구분과 같은 요소들만 차용해도 1차 분리수거율을 체감할 수 있을 것이라고 예상한다.

출처: Rubbermaid

|그림 7-17| 실외 Space Bin(예시)

III. 문제 해결 방법의 평가

1. 사용자와의 상호작용

[실험 1]을 진행하기 위해 가장 먼저 학교 총무처 총무팀에 허가를 받았다. 본 조원들은 실험 계획서를 가지고 학교 총무팀 담당자와의 면담을 통해 인가를 받은 후 해당 쓰레기통을 담당하는 시설관리담당부서 팀장에게도 연락을 취했다. 따라서 허가를 받은 기간 동안 본 팀원들은 2주 간 해당 재활용 쓰레기통의 쓰레기를 직접 수거하고, 색상 구분과 같은 디자인 변화를 시도하였다. [실험 1]을 진행한 후에는 쓰레기 배출자들과 청소노동자(1차 분류자)를 인터뷰해 디자인 변경(색상 구분, 픽토그램 추가, 영문표기)의 효과를 확인하고자 했다. 또 직접 재활용 쓰레기통의 쓰레기를 수거하고 1차적으로 분류하여 디자인 변경 전후 분리수거율을 대조해 디자인 변경이 분리수거율의 변화에 미치는 영향을 알아보고자 했다.

[실험 1] 이후 인터뷰 결과 청경관 앞 야외 재활용 쓰레기통을 이용하는 학우 10명 모두 바뀐 쓰레기통이 보다 재활용 쓰레기 구분을 가시적으로 인식하는데 훨씬 편리하다고 밝혔다. 외국인 학우는 새로 병기된 영문 분류 표기 덕분에 분리수거 할 때 어려움이 없어졌다고 답변했다.

"이전에는 일반 쓰레기통과 재활용 쓰레기통의 색상이 같아 분리수거를 하려면 쓰레기통의 종류를 일일이 확인해야 했지만, 이제는 색깔로 구분할 수 있어 분리수거하기가 편합니다."

– 정치외교학과 A

"이전에는 영문표기가 없어 재활용하기가 너무 어려웠습니다. 그러나 이제

는 영어표기와 픽토그램이 생겨 분리수거하기 훨씬 쉽습니다."

– 사학과 교환학생 B

팀원들이 직접 쓰레기 분류를 실시한 결과, 분리수거율 역시 개선되었다. 디자인 변경하기 전에 측정한 재활용 쓰레기통의 분리수거율은 40~50%에 머물렀지만, 색상 변경 후 70~80%까지 상승했다. 일반 쓰레기통에 버려진 재활용 쓰레기의 양도 눈에 띄게 적어졌다.

[실험2]를 진행하는 데에 있어서 [실험1]과 마찬가지로 관련 행위자들; 사회과학대학 사무실, 연희관 지하 1층 및 1층 쓰레기통을 담당하는 청소노동자들의 양해를 구하는 과정을 거쳤다. [실험2]를 진행한 후, 쓰레기 배출자 및 청소노동자(1차 분류자)를 인터뷰해 변경된 쓰레기통의 위치가 이전보다 편리했는지를 확인하고자 했다. 더불어 쓰레기 배출자들을 대상으로 편의성 설문조사를 각 층 마다 진행해 쓰레기통의 원래 위치와 바뀐 위치의 편의성 차이를 가시적으로 확인하고자 했다. 마지막으로 본 팀원들이 직접 쓰레기를 수거해 변경된 위치가 분리수거율 변화에 영향을 미치는지 알아보고자 했다.

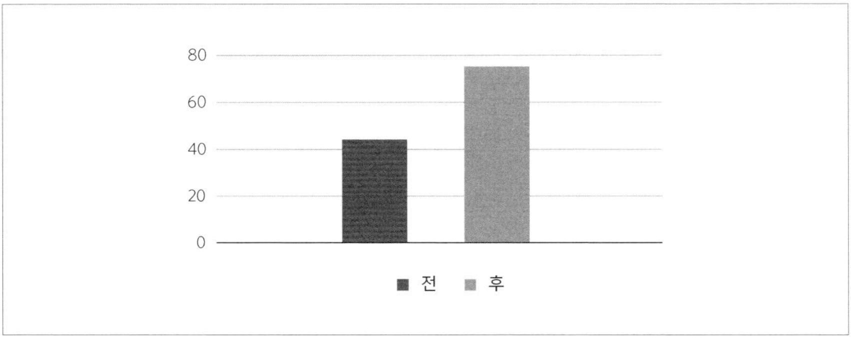

|그림 7-18| 청경관 앞 재활용 쓰레기통

11월 29일 목요일부터 12월 3일 월요일까지 진행된 설문조사에서 지하 1층과 1층 모두 원위치가 편리하다는 결과가 나왔다.(지하 1층: 원래 위치-12표, 바뀐 위치-8표/1층: 원래 위치-108표, 바뀐 위치 90표)

결과를 해석해보자면, 학부생과 대학원생 간 의견 차이가 크게 나타났다. 인터뷰한 10명의 학부생들은 대부분 수업을 들으러 이동하기 위해 엘리베이터를 이용하기 때문에 가장 선호하는 위치가 사전 설문조사와 같이 엘리베이터 입구였다. 하지만 지하 1층 행정대학원 연구실에 상주하는 대학원생들은 유동인구가 적은 기존의 위치로 분리수거를 하러 가는 것이 훨씬 편리하기 때문에 기존 위치를 선호한다고 답변했다. 청소노동자 인터뷰 결과, 지하 1층의 대학원생들이 여자화장실 옆 쓰레기통이 없어지자, 대부분의 쓰레기를 여자화장실에 버려 청소노동자들의 업무가 가중되었다고 한다. 1층 입구에 상주하는 경비원은 미관상 보기 좋지 않아 원위치인 ATM 옆이 낫다는 의견을 내비쳤다. 적지 않은 쓰레기통 배출자가 바뀐 위치를 선호했으나, 다른 이해관계자들은 각자 다양한 이유로 기존 위치를 선호했다.

분리수거율은 차이가 미미했지만 개선되었다. 위치를 옮기기 전 지하 1층 재활용 쓰레기통의 분리수거율은 50~55%, 1층 재활용 쓰레기통의 분리수거율 역시 60%였다. 위치를 옮긴 후 분리수거율은 각각 60%, 65~70%로 증가했다. 야외 쓰레기통만큼 가시적인 변화는 아니었지만, 분리수거율이 조금이나

<표 7-3> [실험 2] 설문조사 결과

지하 1층		1층	
원래 위치 (여자화장실 옆)	바뀐 위치 (로비 입구)	원래 위치 (ATM 옆)	바뀐 위치 (로비 입구)
12	8	108	90

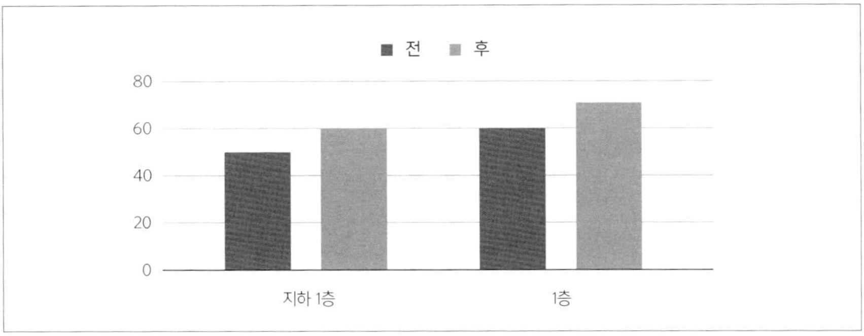

|그림 7-19| 실험 2의 전후 분리수거율 변화

마 개선되었다는 사실을 확인할 수 있었다.

2. 문제 해결방법의 지속성과 영향력

첫째, 야외쓰레기통의 디자인 변경은 다양한 사용자들을 충분히 만족시킬 수 있었다. 재활용 쓰레기통과 일반 쓰레기통의 색상을 구분하고 영어표기와 픽토그램을 추가한 디자인은, 쓰레기통 이용자와 청소노동자 모두를 만족시켰을 뿐만 아니라 분리수거율까지 큰 폭으로 개선시켰다. 서울시공공우수디자인을 담당하는 신문정 주무관은 인터뷰에서 '야외쓰레기통의 가장 중요한 요소는 미관상의 불편을 주지 않는 것이다. 주변 경관과 어울리면서 쓰레기통의 각 종류에 색깔 구분을 두는 방식은 좋은 시도이다. 서울시는 설치 장소에 따라 다르지만 주로 무난한 회색계열을 사용하는데, 공원 등지에는 연세대학교의 사례를 벤치마킹해 보겠다.'고 평가했다. 우리 팀의 재활용 쓰레기통 디자인은 미관과 분리수거율, 그리고 외국인을 포함한 다양한 사용자를 고려하여 긍정적인 변화를 불러 일으켰다.

하지만 본 팀원들이 실험 1, 2를 통해 직접 쓰레기를 분류한 후 쓰레기 배출자가 잘못된 분리수거 방법을 알고 있어, 분리수거를 해야 한다라는 의식이 있음에도 분리수거가 잘 이뤄지지 않는 경우도 있다는 결론을 내렸다. 대표적으로 컵 홀더, 종이컵, 플라스틱 뚜껑, 빨대 등으로 구성된 일회용 컵이 분류되지 않은 채 버려지거나, 각 쓰레기를 분류하되 잘못된 분류방식으로 버려지는 것이 많았다. 따라서 올바른 분리수거 지침이 필요하다고 판단해, 일회용 컵 분리수거 지침을 만들어 재활용 쓰레기통 바로 위에 부착했다.

둘째, 쓰레기통의 재배치는 사용자 편의성과 분리수거율 양 측면에서 모두 가시적인 성과를 보지 못했다. 우리는 여기서 사용자들의 기존 위치에 대한 경로의존성을 확인할 수 있었다. 연희관에 상주하는 지하 1층 행정학과 합동 석박사 연구실의 대학원생들은 설문조사와 인터뷰를 통해 원위치가 훨씬 더 편하다고 밝혔다. 또한 기존 위치에 익숙하던 사용자들이 여자화장실에 쓰레기를 버리기 시작하자 청소노동자들의 노동량 증가라는 예상치 못한 문제가 발생했다. 분리수거율 역시 기대했던 만큼 가시적인 개선이 보이지 않았다. 여기서 우리 팀은 재활용 쓰레기통을 복도 중앙이 아닌 다른 위치로 재배치하거나, 복도나 강의실 앞에 추가 배치를 하는 방안을 실험해볼 필요가 있다고 생각했다. 그러나 쓰레기 배출자가 제시한 모든 위치에 실험을 실시할 수 없다는 현실적인 어려움이 있었다. 또한 추가연구를 할 시간이 부족했고 무엇보다 쓰레기통을 확보할 예산이 부족했다.

하지만 쓰레기통 이용자들을 대상으로 한 설문조사를 통해 복도 중앙이 이용자들에게 가장 편리할 것이라는 의견을 확보하고, 위치를 변경했던 과정은 충분히 가치 있었다고 생각한다. 물론 예상치 못한 문제들이 발생했지만, 프로토타입을 개발하는 과정에서 이해관계자들의 문제 인식 정도와 선호도를 반영했다는 점은 리빙랩이 추구하는 바를 잘 살렸다고 생각한다.

3. 직면한 과제와 해결방안

첫 번째 문제는 교체 비용의 문제이다. 현재 학내에 설치된 'KT&G 공용휴지통3형'의 가격은 1,440,000원이다.(가격 정보 출처: 네이버 쇼핑. 2018) 학내에 비슷한 쓰레기통이 몇 십 개 이상이라는 점을 상기할 때, 이를 교체하는 비용은 상당하다. 게다가 앞서 지적한 재활용 쓰레기통의 절대적 부족문제를 해결하기 위해 증설이 이루어진다면 그 비용이 더불어 유지비 역시 증가한다. 따라서 우리는 이 비용 문제를 해결하기 위해 몇 가지 방법을 고안했다. 하나는 야외 쓰레기통 옆에 부착할 광고를 유치하는 방법이다. 약 40,000명의 학생이 있는 학교이자 직장인 연세대학교는 그만큼 많은 유동인구를 자랑한다. 따라서 야외 쓰레기통 옆에 학내 동아리뿐만 아니라, 연세인을 대상으로 한 기업 및 학내 단체의 광고를 유치한다면 쓰레기통의 유지비용을 크게 절감할 수 있다. 두 번째 방법은 쓰레기통 제작 기업과의 협업을 통해 쓰레기통 설치비용을 절감하는 것이다. 총무처에 확인해본 결과, 지난 3개월 동안 한화케미칼은 자체 제작한 태양광 쓰레기통을 청경관 앞에 설치해 그 효과를 점검하는 실험을 했다고 한다. 이와 같이 새로운 쓰레기통을 설치하려는 업체와 협력해 학내에서의 대량 설치를 조건으로 합리적인 가격에 쓰레기통을 구매한다면 초기비용을 절감할 수 있다.

두 번째 문제는 디자인의 문제이다. 서울시우수공공디자인 등 다양한 디자인의 쓰레기통을 조사한 결과, 일반 쓰레기통과 재활용 쓰레기통 간의 가시적 생산 변화, 픽토그램과 영어 표기 등의 조건을 만족한 쓰레기통은 많지 않았다. 따라서 우리는 서울시우수공공디자인의 인증을 받은 13개의 업체에 우리가 실험을 통해 효과를 증명한 디자인 프로토타입을 바탕으로 디자인 제안서 작성해 보낼 계획이다.

V. 결론

본 연구는 학내 분리수거율이 낮다는 문제인식을 가지고 분리수거율의 향상을 목표로 설계되었다. 결론 부분에서 본 연구를 시행하는 과정 상의 한계를 고찰하고, 그럼에도 불구하고 본 연구가 가지는 의의를 설명하고자 한다.

1. 한계

1) 설문조사의 적절성 문제

본 연구는 설문조사를 통해 사용자의 니즈를 파악하였다. 설문조사가 적절하게 사용자의 니즈를 파악하기 위해서는 많은 수의 표본과, 표본에 대한 랜덤 샘플링이 필수적이다. 하지만, 최초로 진행한 설문조사에서는 표본의 수와 샘플링에 있어 문제가 있었다. 연희관을 사용하는 재학생만 해도 4,000명에 달하는데 설문조사 표본은 50명으로 충분하지 않은 숫자라고 할 수 있으며, 설문 응답자의 대다수가 정치외교학과 학생이라는 문제점이 있었다. 정치외교학과 학생은 상대적으로 남자화장실 쪽에 가까운 곳에 학생회실이 위치해 있는데, 본 설문조사에 이들의 의견이 과대대표 되었다고 할 수 있다. 따라서 실제로 연희관 사용자들이 선호하는 연희관 지하 1층의 재활용 쓰레기통의 배치는 추가적인 연구에서의 정확한 검증을 거칠 필요가 있다.

2) 실험계획 변경으로 인한 문제

앞에서 언급하였듯 추가적인 재활용 쓰레기통이 불가하다는 현실적인 문제로 인해 당초의 [실험2]의 계획을 변경할 수 밖에 없었다. 그런데 실험의 변경으로 인해 예상치 못한 문제가 발생했다. 기존의 재활용 쓰레기통의 위치에 대해 경로의존성을 가지고 있는 학우들의 의견이 실험 결과에 다수 반영이 된 것이다. 예를 들면 여자화장실을 이용하는 여학우들 일부와 그 근방 연구실 대학원생들 일부가 기존의 위치에 재활용 쓰레기통이 사라져 불편하다는 인식을 드러내었고, 이 인식은 재활용 쓰레기통 편의성 검증을 위해 부착해놓은 설문조사 보드에 그대로 반영되었다. 즉, 기존의 실험계획상으로 고려하지 않아도 되었던 기존 위치 재활용 쓰레기통 사용자들의 이해관계가 실험 결과에 반영된 것이다.

3) 단편적인 청소노동자 이해관계 파악

본 조원들은 예상과는 달리 청소노동자의 이해관계를 세밀하게 파악하지 못했다. 우선, 재활용 쓰레기통의 재배치에 있어서 청소노동자들의 재활용 쓰레기 수거 동선을 파악하지 못해 반영을 하지 못하였다. 재활용 쓰레기통의 재배치를 하고 있을 때, 청소노동자들은 바뀐 재활용 쓰레기통의 위치로 인해 기존에 선호하던 재활용 폐기물 수거 동선이 방해를 받고 있다고 주장하였다. 청소노동자들은 주로 연희관 지하 각 공간의 개별적 쓰레기통을 처리한 뒤, 화장실 쓰레기통과 함께 공용 재활용 쓰레기통 쓰레기를 순서대로 처리한다. 하지만, 재활용 쓰레기통의 위치가 변하면서, 재분류 작업장과 재활용 쓰레기통의 거리가 증가하면서 부담을 초래하게 된 것이다.

더불어 재활용 쓰레기통 위치의 변경으로 인해 예기치 않은 곳에서의 폐기물이 증가하는 현상도 나타나 오히려 청소노동자들의 재활용 쓰레기 분리수거 부담을 가중시켰다. 청소노동자들은 기존의 재활용 쓰레기통이 사라지면서 재활용 분류가 없는 여자화장실의 쓰레기통에 기존보다 많은 쓰레기가 배출되는 문제가 생겼다고 지적하였다.

4) 한계의 개선

위에서 언급한 한계들로 인해, 본 연구에 이어지는 추가 연구가 필요하다. 첫째로, 전체 연희관 건물을 이용하는 사용자의 필요를 다시 한 번 파악할 필요성이 존재한다. 샘플링이 정확하게 이루어진 이후에 재활용 쓰레기통의 선호하는 위치를 확인할 필요가 있다. 이어서, 자원을 충분히 확보한 상태에서 실험 및 연구를 진행할 필요가 있다. 현재 실험에서 변경된 위치에의 만족을 표한 사람들의 숫자는, 과반이 아닐지언정 상당수 존재했다는 점에서 사용자의 필요 자체는 존재한다. 그렇기 때문에, 쓰레기통의 재배치에 대한 문제는 자원을 확보한 상태에서 충분한 시간을 가지고 여러 위치를 대상으로 진행할 필요가 있다. 마지막으로, 청소노동자들의 이해관계를 다시 한 번 파악하여, 이를 고려한 재활용 쓰레기통 배치가 이루어져야 한다.

2. 의의

다양한 한계에도 불구하고, 본 연구는 여전히 다음과 같은 이유로 의의를 가진다. 디자인 측면에서의 변화는 여전히 유의미한 변화를 불러일으킬 수 있다는 점을 입증하였다. 특히, 쓰레기통의 구조적 변화가 아닌 색상 구분만으로도 유의미한 분리수거율의 변화를 일으킬 수 있다는 사실을 확인하였다. 본 지점에 대해서 쓰레기통 배출자인 사용자들에게 편리하다는 피드백을 받았으며, 동시에 관련 재활용 쓰레기통 수거를 담당하는 청소노동자들도 이에 대한 만족을 드러내었고, 위당관 사무실도 환영하였다. 이해관계자들이 만족한다는 사실은 본 사업을 충분히 학내 전체로 확대할만한 근거가 된다. 특히, 본 사업은 본 실험에서 진행한 바와 같이, 간단하게 시트지를 붙이는 작업만으로도 그 효과를 볼 수 있었다. 막대한 양의 재정투자가 아니고서도 진행할 방법을 직접 보인 셈이다. 물론, 최선의 방책은 재활용 쓰레기통을 모두 새로운 모델로 교체하는 것이겠지만, 대안적으로 학교 본부가 실행할 수 있는 방법이 있다는 사실은 추후의 실행가능성에 큰 힘을 실어준다.

더불어, [실험2]를 통해서는 재활용 쓰레기통의 좀 더 효율적인 재배치가 이루어져야 한다는 사용자들의 요구를 확인할 수 있었다. 비록, 위의 한계들로 인해 변인 통제가 완벽하게 이루어진 실험은 아니라 할지라도, 그 필요를 확인하고 실제 재배치의 실효성을 확인했다는 점에서 의미가 있다.

정리하자면, 본 연구는 디자인 개선의 효용성과 실효성, 그리고 실현 가능성에 대해 Space Bin이라는 독자적 대안을 제시하였으며, 재활용 쓰레기통의 추가적인 배치에 대한 사용자의 필요가 존재한다는 것을 보여주었다. 본 조원들은 본 연구가 가지는 여러 시사점을 종합해 실제로 상용화될 수 있도록 재활용 쓰레기통을 제작하는 KT&G와 같은 사업체에 제안할 예정이다. 본 조원들은 <환경-에너지 정치> 수업을 수강하는 짧은 기간 동안, 학내 쓰레기통의 디자인 면에서 개선 방향을 제시함으로써, 학내의 주요 문제로 떠오른 쓰레기 분리수거 문제 해결의 단초를 제공하였다. 이러한 의의를 보존하면서, 위에서 한계들을 보완하는 추가 연구의 필요성을 제언하며, 본고를 마친다.

참고문헌

류효은, 2014. "대도시 쓰레기 문제와 쓰레기 관리공간에 대한 연구." 서울대학교 석사 학위 논문 29~94, 108~109

이태동 외, 2018. 『우리가 만드는 정치』. 청송미디어(연세대학교 대학출판문화원)

통계청, 2017. 『폐기물재활용 실적 및 업체현황』 17~23

환경부, 2018. 『제1차 자원순환기본계획(2018_2027)

- 온라인 참고자료

양혜영, 2018. "재활용 쓰레기 대란." YTN 뉴스.
https://www.ytn.co.kr/_ln/0105_201804240011532069(검색일 2018.12.05.)

작성자 비공개. 2017. "이큐브랩." 연합뉴스
https://www.yna.co.kr/view/AKR20171109158800848?input=1195m (검색일 2018.12.12.)

출처: Rubbermaid. "랜드마크 돔형 쓰레기통."
http://itempage3.auction.co.kr/DetailView.aspx?itemno=A898138753 (검색일 2018.12.05.)

가격 정보 출처: 네이버 쇼핑, "KT&G 공용휴지통3형."
https://search.naver.com/search.naver?sm=top_hty&fbm=1&ie=utf8&query=Kt%26G+%EA%B3%B5%EC%9A%A9%ED%9C%B4%EC%A7%80%ED%86%B5 (검색일 2018.12.15.)

- 출처

| 그림 7-2 | 리빙랩 연구의 범위. "연세대학교 연희관." 다음(Daum)지도 제공(2018.12.15.)

| 그림 7-4 |, | 그림 7-5 | 연희관 1층, 지하 1층 구조도. 사회과학대학 행정실 제공

08. 음식물쓰레기 감축 리빙랩 : 교내식당 잔반제로화

| 김승환, 김정현, 박진종, 이윤서 |

I. 서론: 문제 제기 및 해결방안 모색

1 문제 제기 및 연구방법

환경오염은 전 세계적으로 심각한 문제를 낳고 있으며, 대규모로 배출되는 쓰레기는 환경오염의 주요 원인 중 하나이다. 그 중 음식물 쓰레기는 다른 쓰레기와 달리 재활용이 쉽지 않다. 특히 우리나라의 경우, 좁은 국토로 인하여 폐기물을 처리할 수 있는 매립지의 확보가 어렵고, 소각 시설의 부지 선정의 문제와 이에 따른 경제, 사회적 부담이 크다(김용찬, 2001.). 이러한 한계를 극복하기 위한 가장 중요하고 바람직한 방법은 발생원에서 원천적으로 발생량을 최소화하는 일이다. 게다가 대한민국의 높은 수입 농산물 의존의 현실에서 보아, 엄청난 재화를 낭비한다는 경제적 측면이나, 생활환경을 심각하게 오염시킨다는 환경적인 측면에서 모두 음식물 쓰레기 문제는 시급히 해결해야 할 당면과제가 아닐 수 없다(김용찬, 2001.).

따라서 본 연구에서는 위와 같은 문제의식하에 환경-에너지 정치학적인 시각에서, 리빙랩(living-lab)의 방법(성지은 외, 2013.)을 통해 그 해결방안에 대한 유의미한 결과를 도출하고자 하였다. 리빙랩이란 사용자 주도 개방형 혁신 프로그램을 통해 사용자가 문제를 직접 해결해 나가는 과정이라고 할 수 있다. 이러한 방법을 채택한 이유는 음식물쓰레기 문제가 근본적으로 환경에너지 정치에 속한다고 보았기 때문이다. 환경에너지 정치란, '환경 또는 에너지 문제를 해결하기 위한 과정에 참여하는 다양한 행위자 간의 일어나는 갈등과 이를 조정하기 위한 일련의 과정'을 뜻한다(이태동, 2017.). 음식물 쓰레기 문제를 환경에너지정치학적인 시각에서 분석하기 위해서는 따라서, 다양한 행위자 간의 일어나는 갈등과 이를 조정하는 과정을 연구해야 하기 때문에, 현실에서 문제를 정말로 해결하기 위한 실마리를 찾기 위해서는 리빙랩의 방법론이 가장 적합할 것이다.

2. 문제의 범위, 리빙랩의 대상

문제의 범위란 리빙랩 설계의 대상을 어디까지 보아야 하는가와 연관된다. 문제의 당사자가 문제를 해결하기에, 현실적인 수준에서 가장 효과적인 문제의 범위로, 연세대학교 교내 식당이 가장 적합하다고 판단하여, 리빙랩의 대상이자 문제의 범위를 연세대학교 교내식당으로 설정하였다. 이는 사용자 중심의 개방형 혁신방안 모색을 가능하게 하고, 작지만 가장 밀접한 단위인 "마을"(이태동, 2018.)의 문제를 직접 해결한다는 리빙랩의 기조와 가장 일치하는 범위이기도 하다.

뿐만 아니라 정부의 음식물류 폐기물의 통계자료에 의하면, 가정부분 발생 원단위와 비가정부문 발생원단위는 각각 49.1%(180.67g/일/인)와 50.9%(187.28g/일/인)로 서로 비슷한 수치로 나타났으며, 이용 객수에 따른 세부 업종별 폐기물 원단위 발생량 통계에서 대학교의 경우 음식물 원단위 발생량은 132.64g으로 다른 어떤 교육기관보다 많았으며, 비가정부문 중 어느 발생원 세부 구분보다 대학교의 음식물 원단위 발생량이 132.64g/인/일으로 평균은 0.74g/인/일보다 압도적으로 높은 수치를 보였다. 따라서 구체적인 수치를 근거로 보았을 때, 대학교의 교내식당을 문제의 범위를 설정하는 것은 음식물쓰레기 배출원별 해결방안을 모색함에 있어서 매우 유의미하다고 할 수 있을 것이다.

연세대학교 교내 식당의 음식물 쓰레기 관련 이해관계자는 2가지로 분류된다. 학생 및 교직원을 중심으로 한 식당 이용자, 그리고 식당관련 서비스를 생산하는 식당관계자가 있다. 이해관계자라는 용어는 따라서 식당 서비스를 소비하는 소비자와 서비스를 생산하는 생산자를 뜻하며, 반대로 말하면 음식물 쓰레기를 생산하는 소비자와, 음식물쓰레기를 처리하는 생산자를 포괄하는 개념이라고 할 수 있다. 이해관계자는 리빙랩의 차원에서 사용자이기도 하므로, 본 연구에서는 이해관계자와 사용자라는 용어를 혼용할 것이다.

구체적으로 이해관계자는 1) 식당 이용자는 주로 학생과 교직원이다. 이들은 음식물쓰레기 문제를 가장 많이 생산하는 동시에 문제를 가장 잘 해결할 수 있는 주체이다. 또 가격문제와 가장 밀접하게 관련된 소비자이기 때문에 가장 핵심적인 이해관계자라고 할 수 있다. 2) 식당관계자는 음식물 쓰레기를 처리하는 주체이다. 식당에서 근로하는 근로자와 식당의 경영과 관련 경영자를 포함한다. 따라서 비용문제 해결을 위한 협조가 가능할 것으로 보이며, 이들을 통해 음식물 쓰레기 관련 현황을 분석함으로 새로운 문제 해결 아이디어 도출이 가능할 것으로 생각된다.

3. 해결방안 모색

실험에 앞서 문제 해결의 방향을 크게 두 가지로 설정하였다. 저감방안과 재활용방안이 그것이다. 저감방안은 말 그대로 어떻게 하면 음식물 쓰레기의 배출량을 줄일 수 있을지에 관한 것이며, 재활용방안은 이미 발생한 음식물 쓰레기를 어떻게 하면 버리지 않고 활용할 것인가와 관련된다.

저감방안은 사용자가 어떤 경우에 음식물 쓰레기를 더 안 남기는지를 목표로 한 실험을 통해 제시될 것이다. 브레인스토밍을 통해 여러 가지 저감 방안 관련 실험 아이디어가 제시되었는데, 크게 세 가지로 나눌 수 있다. 1) 사용자에게 경제적 유인을 주면 음식물 쓰레기의 양이 줄어들 것이다. 2) 구조적인 환경을 통제하면 음식물 쓰레기의 양이 줄어들 것이다. 3) 사용자들의 인식을 개선하면 음식물 쓰레기의 양이 줄어들 것이다. 이 같은 아이디어를 이하에서 1) 경제적 요인을 통한 실험, 2) 통제적 요인을 통한 실험, 3) 인식적 요인을 통한 실험으로 칭할 것이다.

먼저 경제적 요인을 통한 실험 아이디어는 음식물 쓰레기의 발생 여부, 혹은 발생 정도에 따라 사용자에게 경제적으로 인센티브나 디스인센티브를 부여하면 음식물 쓰레기의 발생량을 통제할 수 있지 않을까? 라는 질문에서 시작되었다. 특히 디스인센티브 적용은 음식물 쓰레기의 외부비용을 사용자에게 부과하는 일종의 '피구세'(Pigou, A. C. 1929.)의 개념과 같다고 할 수 있다. 음식이라는 재화를 소비하고 있고, 이 재화를 소비하면 할수록 음식물 쓰레기라는 외부효과가 발생한다고 했을 때, 음식물 쓰레기는 부정적 외부효과를 낳으므로, 음식물쓰레기의 과대소비가 문제가 된다. 따라서 '피구세'를 부과하여 음식물 쓰레기의 가격은 높이고 생산량은 줄이자는 취지이다. 반면 인센티브 적용 실험은 음식물 쓰레기의 발생량을 줄이기 위해 이미 생산된 반찬(혹은 음식)에 대해 사용자가 음식물 쓰레기를 남기지 않는다면 보조금 지급하는 것으로, 결과적으로 음식물 쓰레기의 발생량을 줄이자는 것이다.

두 번째로 통제적 요인을 통한 실험은 음식물 쓰레기가 발생하는 데에는 구조적인 영향이 클 것이라는 문제 의식 하에 제안되었다. 즉, 교내 식당의 전

처리 과정, 자율배식, 정량배식, 메뉴 체계, 처리 과정이 음식물 쓰레기 발생량에 영향이 있다는 것이다. 따라서 이 경우에는 주방에 새로운 시설을 도입하거나, 교내 식당의 메뉴 체계를 다양화하거나, 혹은 배식의 형태를 바꿈으로써 음식물 쓰레기의 양을 줄일 수 있을 것이다.

세 번째 인식적 요인을 통한 실험은 사용자의 인식이라는 심리적인 요인이 음식물 쓰레기의 발생량을 줄일 수 있다는 아이디어에서 출발한 것이다. 이는 첫 번째 경제학적인 실험과는 달리 비합리적인 인간을 가정하여, 사용자의 심리와 인식에 변화를 주어 음식물 쓰레기의 양을 통제하고자 하는 것이고, 따라서 행동경제학적인 실험을 통해 해결방안이 도출될 수 있을 것이다.

재활용 방안을 통한 문제 해결 아이디어는 저감방안과는 달리 사회과학적인 실험을 통해서는 달성될 수 없다. 이는 당사자들 간의 적극적인 협력과 참여가 요구되는 방안으로, '협의'가 가장 중요한 요인이 될 것이다. 재활용방안에서는 음식물 쓰레기 이해관계자 중, 주로 식당 관계자의 의견이 반영될 것이다. 재활용방안은 이미 발생한 음식물 쓰레기가 또 다른 자원이 될 수 있다는 전제하에, 효율적이며 비용을 장기적으로 최소화할 수 있다. 구체적으로 퇴비화 기계 도입이라는 해결방안이 있을 수 있다.

문제 해결의 아이디어는 대체로 이러하다. 하지만 리빙랩의 특성상 해결방안을 제시하기에 앞서 사용자의 목소리에 먼저 귀 기울어야 할 것이다. 이는 설문조사와 인터뷰의 형태로 진행될 것이며, 그들의 의견에 따라 구체적인 실험의 방향과 방법이 정해질 것이다.

Ⅱ. 본론 : 사용자 중심 리빙랩 설계

1. 사용자 중심 분석

1) 연세대학교 생활협동조합

위와 같은 해결방안의 아이디어를 기초로 리빙랩을 구체화하기 위해서, 먼저 사용자들과의 심층 면담을 통해 음식물 쓰레기 관련 현황을 조사하였다. 가장 먼저 연세대학교의 교내 식당은 외주 업체에 의해 운영되고 있었으며, 외주 업체는 연세대학교 생활협동조합과의 계약관계에 있으므로, 생활협동조합(이하 생협)이 궁극적인 식당의 정책결정자라고 할 수 있다. 따라서 교내 식당의 음식물 쓰레기 처리 현장을 방문함과 동시에 생협과 인터뷰를 진행하였다. 각 교내 식당은 오후 4~5시경 주방에서 외부 별도의 수거 장소로 옮겨지며, 음식물 쓰레기 냉장고에 보관되다가 다음 날 새벽에 수거 기사님이 방문하여 수거 후 처리업체에 전달되고 있었다. 현장 직원의 양해하에 현장을 방문하였고, 살펴본바 음식물 쓰레기는 일단 분쇄기를 통한 분쇄과정을 거치기 때문에 부피가 그리 크지 않으며, 냉장고에 보관하여 냄새 및 보관상태는 양호하였다.

두 번째로 생협의 이항서 과장님에게 협조를 부탁한 이후 인터뷰를 진행한 결과, 1) 생협 차원에서 고선호 메뉴를 편성하고, 후식을 준비하여 퇴식구에서 잔반 없이 식사를 마친 사람들에 한하여 후식을 제공하는 이벤트인 '잔반 없는 날 캠페인'을 진행한 바, 인센티브를 통한 음식물 쓰레기 배출량 저감 효과는 일시적이었다는 사실을 알 수 있었다. 2) 생협은 다량의 식수데이터를 보유하고 있으며, 식수를 모니터링 한 이후 메뉴 계획 시 요일별 식수를 반영하여 먹지 않는 음식물, 즉 잔식(배식 후 남은 음식)을 최소화 할 수 있게끔 식재료를 주문한다. 3) 교내의 모든 식당은 전처리가 완료된 식자재를 사용하는데, 예를 들어 깐무, 세척양파 등 이미 전처리된 상태의 식재료를 사용하기 때문에 유통, 조리과정에서의 음식물쓰레기 양이 매우 미미하다는 것이다. 4)음식물 쓰레기 재활용기계 도입을 고려한 적이 있었으나, 생협 차원에서 조사한 결과 교내에는 음식물 쓰레기 처리 시설을 마련할 공간이 없으며, 퇴비화의 문제는 매우 복잡하고 비용이 많이 드는 반면, 위에서 언급한 대로 음식물 쓰레기 배출량은 이미 잘 관리되고 있으며, 생산비용에서 차지하는 처리비용 비율은 그리 크지 않다는 것이다.

2) 음식물 쓰레기 발생원 사례비교

음식물 쓰레기 발생원으로서 교내식당의 특징을 도출하기 위해, 음식물 쓰레기에 대한 선행 연구들을 참고하여 음식물 쓰레기를 1) 유통 및 조리과정의 쓰레기, 2) 먹고 남긴 음식물(잔반), 3) 보관 후 폐기 식재료, 4) 먹지 않는 음식물로 분류하였다. 또한 대부분의 연구에서 음식물 쓰레기 발생원을 크게 가정부문과 비가정부문으로 분류하고 있으며, 비가정부문은 업종별로 나누는 방법과 배식형태로 나누는 방법 등이 있다. 본 연구는 리빙랩의 방법을 채택하였으므로, 연세대학교의 교내 식당의 이용자들이 이용하는 동시에 교내 식당과는 다른 종류의 발생원들에 대해서 주목하였고, 따라서 발생원을 집단 급식소, 대형음식점, 소형음식점 그리고 뷔페로 나누었다. 대형음식점과 소형음식점 같은 경우 연세대학교와 지리적으로 매우 근접한 업소 두 곳을 선정하였으며, 뷔페는 연세대학교 동문회관으로 선정하였다. 유의할 점은 여기서 조사한 발생원 별 사례는 한 가지이므로 모든 대형음식점을 대표하지 않으며 단지 연세대학교 교내 식당과의 비교를 위한 사례연구라는 의의가 있다. 대형음식점과 소형 음식점은 익명성을 보장하기 위해 사업장의 이름은 밝히지 않을 것이다.

먼저 협조를 구해 각 사례를 조사한 결과 각 발생원 별 음식물 쓰레기 구성 비율은 아래와 같았다. 대형음식점이나 소형음식점의 경우 먹고 남긴 음식물인 잔반의 비율이 다른 음식물 쓰레기 종류보다 적거나 차이가 크지 않았다. 반면 음식의 맛을 중요시하는 외식업종의 특성으로 인해 유통 및 조리과정에서 발생하는 음식물 쓰레기 비율은 상대적으로 높았다. 교내 식당이나 뷔페 같은 경우 잔반의 비율이 월등히 높았는데, 연세 동문회관의 경우, 관계자는 본 사업이 예식 및 행사연회와 관련되며, 따라서 음식물 쓰레기를 줄이기 위해서는 무엇보다 직원과 고객의 인식개선이 필요해 보인다고 밝혔다.

3) 소비자 인식조사

교내 식당의 음식물 쓰레기 문제에 대한 리빙랩을 설계하기 위해 마지막으로 교내 식당 이용자를 대상으로 음식물 쓰레기 문제와 교내 식당 이용에 대

<표 8-1> 실발생원 사례별 음식물 쓰레기 비율

구분	유통 및 조리 과정 쓰레기	먹고 남긴 음식물	보관 후 폐기 식재료	먹지 않는 음식물
교내 식당	10%	60%	10%	20%
대형 음식점	69.4-70%	22-30.5%		
소형 음식점	30%	40%	10%	20%
뷔페	10%	65%	5%	20%

※ 교내 식당에 경우 고를샘, 청경관, 한경관을 운영하는 ㈜와이오푸트, 부를샘, 맛나샘을 운영하는 삼성웰스토리의 관리대장을 생협이 요청하여 대략적인 값을 계산한 것이다.

※ 대형식당의 경우 해당 음식점의 '2018년 10월 음식물폐기물류 수집, 운반, 처리비용' 청구서와 경영인과의 인터뷰를 기반으로 일 단위로 계산되었다. 이에 따라 하루당 음식물 쓰레기 배출량이 360~500L이며, 기름, 지방, 야채, 파지 등 전처리 과정에서 총 250L/일이 배출된다는 것을 알 수 있었다. 기타 음식물에 대한 자세한 사항은 경영자가 공개하지 않았으므로 전체 음식물 쓰레기 배출량에서 전처리량을 뺀 비율을 적용하였다.

※소형음식점과 뷔페의 경우 구체적인 수치에 접근할 수 없었으며 어느 정도 오차가 있는 대략적인 수치라고 할 수 있다.

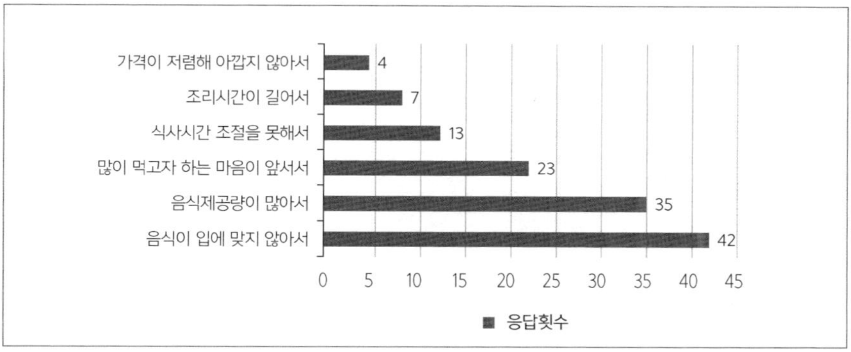

|그림 8-1| 교내식당 이용자 70명이 잔반을 남기는 이유

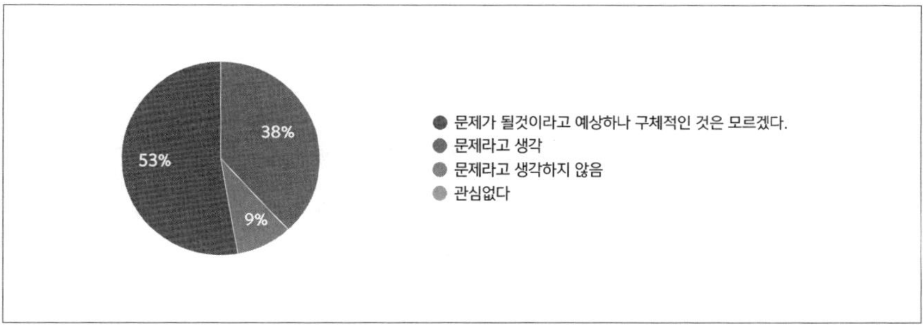

|그림 8-2| 교내식당 이용자 70명의 잔반에 대한 인식

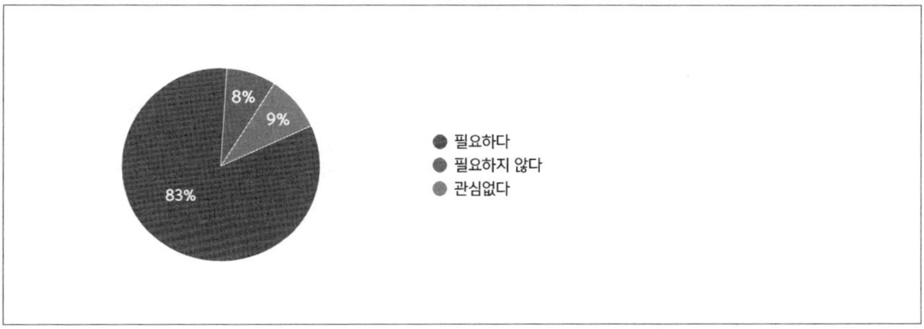

|그림 8-3| 교내식당 이용자 70명의 잔반 문제 해결을 위한 추가 조치 필요성에 대한 인식

한 인식을 조사하기 위해 11문항으로 구성된 온라인 설문조사를 진행하였다. 총 70명이 설문조사에 참여했으며, 설문조사 내용과 주요 응답 비율은 아래와 같다.

4) Narrow-down

초점 맞추기, 현장조사, 생협 직원과의 심층 인터뷰, 배출원 사례비교, 교내 식당 소비자 온라인 설문조사를 위와 같이 진행한 결과 위와 같은 사실을 알 수 있었고, 모든 사항들을 고려하여 교내식당의 특징을 요약하면 다음과 같다.

첫째, 경제적 요인 관련 해결방안의 아이디어 중 인센티브 지급방안은 생활협동조합이 이미 실시한 바 있으며, 그로 인한 음식물 쓰레기 발생량 저감 효과는 일시적이다. 또한 사용자가 이미 대량의 식수데이터와 전처리 식자재를 사용하여 그 결과 생협 관계자에 따르면 음식물 쓰레기 처리비용을 총생산비용 대비 10% 내외를 유지하고 있다. 따라서 생협의 측면에서 보았을 때 음식물 쓰레기를 저감 문제는 식당 이용자에게 경제적 유인을 제공해 조정할 만큼 심각하지 않아 이러한 아이디어의 해결방안은 실질적으로 유의미하지 않다. 둘째, 통제적 요인을 파악하기 위해 발생원 사례비교를 진행하였고, 교내 식당만의 특징을 파악할 수 있었다. 교내 식당은 집단 급식소로서 음식물 쓰레기 배출량 중 먹다 남긴 음식인 잔반이 가장 많은 비율을 차지했다는 것이다. 한편 관계자들의 비협조로 인해 다른 사례를 통한 새로운 해결방안의 프로토타입은 도출될 수 없었다. 셋째, 위와 같은 사실에 입각해 narrow-down을 통하여 '잔반'에 대한 소비자의 인식을 조사하였다. 조사결과 대부분의 이용자가 잔반에 대한 문제의식을 공유하고 있었으며, 추가적인 조치에 대해서도 그 필요성을 느끼고 있었다.

위 3가지의 요인에 따라, 우리는 먼저 경제적 요인의 통제를 통한 해결방안과 재활용방안이 사용자 중심의 리빙랩에서 실제로 적용될 수 없다는 한계점을 인식하였으며, 그럼에도 불구하고 교내 식당만의 문제 해결 프로토타입 제시를 위해 사례비교를 진행하였다. 그 결과 교내 식당 만의 특징을 반영하여, 문제 해결의 범위를 음식물 쓰레기에서 '잔반'으로 좁힐 수 있었다.

더 나아가 교내 식당 이용자를 대상으로 온라인 설문조사를 진행하였고, 잔반에 대한 교내 식당 이용자의 문제 의식은 매우 높다는 아이러니한 결과에 직면하였다. 정리하자면 우리는 아래와 같은 결론에 도달하였다. 교내식당의 이해관계자 중 음식물 쓰레기를 처리하는 생협은 음식물쓰레기에 대해 큰 문제의식이 없었다. 다만 교내식당에서 발생하는 음식물쓰레기의 과반수 이상이 '잔반', 즉 먹다 남긴 음식이었기 때문에, 우리는 문제해결의 범위를 잔반으로 좁힐 수 있었다. 한편 식당 이용자의 잔반에 대한 문제의식은 매우 높은 편이었다. 따라서 우리는 생협의 증언처럼 "소비자의 인식이 실제로 잔반에 영향을 주지 않는지, 만약 인식이 아무런 영향을 주지 않는다면 잔반을 줄일 수 있는 동시에, 사용자가 가장 선호하는 가장 혁신적인 해결 방향은 어떠한 것인가?"라는 물음에 도달하였다.

2. 어떤 실험으로 검증하려 하는가?

"소비자의 인식이 실제로 잔반에 영향을 주는가, 만약 인식이 아무런 영향을 주지 않는다면 사용자가 가장 선호하는 동시에 잔반 양을 줄일 수 있는 가장 혁신적인 해결 방향은 어떠한 것인가?"라는 질문을 해결하기 위하여 두 가지 실험을 계획하였다. 하나는 인식적 요인이 정말로 잔반 양에 아무런 영향이 없는지 밝히기 위한 '캠페인'을 통한 실험이고 다른 하나는 모든 이해관계자의 갈등이 고려된 해결 방안이라고 생각되는 '교내 식당 메뉴의 사이즈 다각화'라는 대안이 잔반 양 감축을 달성할 수 있는지에 관한 실험이다.

먼저, 소비자들의 잔반 문제에 대한 인식과 잔반을 버리는 행동 간 괴리가 발생함을 발견하였기 때문에, '캠페인 형식의 소규모 판넬 배치'로 소비자의 인식을 제고하고, 이러한 인식제고가 잔반량에 영향을 미치는지 실험해보고자 했다. 실험 측정의 대상이었던 '청경관' 내 식탁에 재치 있는 문구와 사진, 구체적인 음식물쓰레기 규모와 비용관련 자료 등을 넣은 아크릴 판넬(이하 판넬)을 배치하고 그것을 배치하기 전과 배치한 기간, 그리고 배치 종료 이후의 잔반 증감량을 측정하는 실험이었다. 이를 통해 잔반 문제에 소비자들의 인식적 요인이 얼마나 큰 영향을 끼치는지를 알아보고자 하였다.

두 번째로, 온라인 설문조사와 이해관계자 심층면담을 통해 연세대학교 교내식당 음식물 쓰레기 문제해결의 단서를 음식물 제공의 '양의 문제'로 narrow-down하였다. 앞서 교내 식당을 이용하자 들은 음식의 맛 요인 다음으로 음식제공량을 잔반을 남기는 이유로 꼽았다. 따라서 교내 식당 메뉴 다각화 방안'을 고안했다. 소비자들이 식당을 이용할 때, 음식이 많아서 남기지 않도록 적은 양을 주문할 수 있게끔 함으로써 잔반의 총량의 감소를 유도하는 소비자 친화적인 해결방안이다.

그러나 이는 식당 관계자와 생협을 포함한 교내식당의 모든 이해관계자들을 설득해야 하는 방안으로, 우리는 먼저 생협에게 메뉴의 사이즈 다각화에 대한 교내 식당 사용자들의 충분한 수요를 제시하고자 하였다. 따라서, 본 조에서는 이에 대한 수요가 어느 정도인지 파악하기 위해 실험 측정의 대상이었던 '고를샘'에서 '사이즈 다각화에 대한 오프라인 수요조사'를 진행했다.

3. 리빙랩 실시 및 결과

먼저 오프라인 수요조사의 경우, 이를 실시하기 전에 설문조사에 대한 생협

측에 협조 공문을 보냈고, 식당 관계자분들에게도 설문조사의 취지와 과정에 대해 설명함으로써 동의를 구했다. 더불어, 교내 식당을 이용하는 소비자들이 불편해하지 않으면서 가장 설문조사에 접근성이 좋은 위치를 선정하여 배치했다.

수요조사는 "고를샘 메뉴를 지금보다 적은 양 혹은 많은 양으로 다각화하는 것이 필요하다고 생각하십니까?"에 문구에 대해 "Yes" 또는 "No"를 선택하는 방식으로 진행되었다. 조사기간은 지난 11월 27일부터 12월 4일까지로, 7일간 고를샘 계산대 옆에 |그림 8-4|와 같이 배치하였고 총 528명의 사용자가 설문에 응했다.(선에 붙인 스티커 및 기타 다른 여백에 붙인 스티커 제외) 그 결과 "Yes"가 381표(72%), "No"가 147표(28%) 응답자 중 72%가 사이즈 다각화가 필요하다고 답하였다. 이는 사이즈가 다각화된 메뉴에 대한 완벽한 수요조사라고 할 수 없다. 그러나 생협과 의논한 결과 생협은 구체적인 사이즈 다각화 계획을 세우는 것에는 소극적이었으며, 빠른 시일 내에 사이즈 다각화 도입을 실험해보고자 하는 의지를 보이지 않았다. 따라서 우리는 사이즈 다각화에 대해서 얼마나 많은 소비자들이 긍정적으로 생각하고 필요성을 느끼고 있는지를 먼저 조

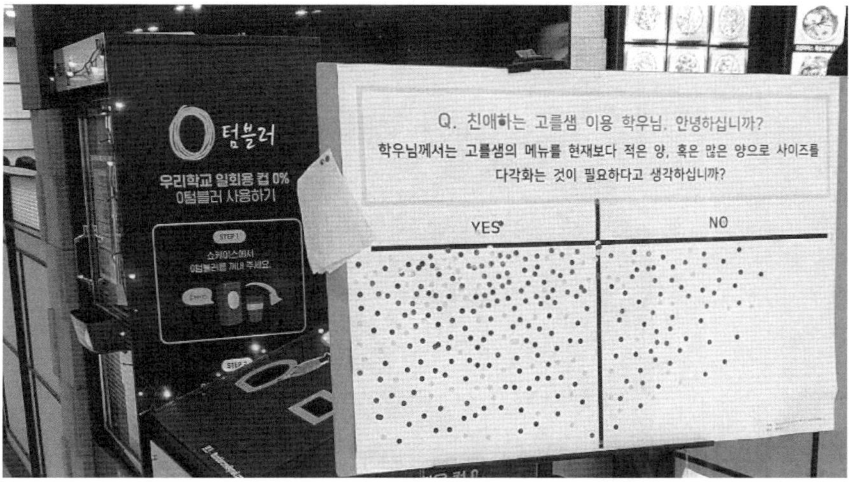

|그림 8-4| 교내식당 고를샘 이용자 대상 사이즈 다각화에 대한 수요조사

|그림 8-5| 청경관 이용자 인식제고를 위해 사용된 그림과 문구 예시

사하여 생협을 설득하고자 한 것이다.

식당 이용자의 인식이 잔반의 배출량에 영향을 주는지 여부를 실험하기 위해 실시한 캠페인도 마찬가지로 생협 측에 협조와 식당 관계자 분들의 동의를 구했다. 더불어, 판넬을 설치하기 위해서는 소비자들이 이용하고 있는 식탁의 일부분을 사용해야 하기 때문에 최대한 이용에 피해가 가지 않으면서도 눈에

|그림 8-6| 청경관에 테이블에 배치된 인식제고를 위한 판넬 예시

띌 수 있게 |그림 8-6|이 배치하였다. 각 식탁마다 |그림 8-5|와 같은 재치 있는 문구와 사진을 넣은 판넬과 잔반 문제에 대한 심각성을 다룬 구체적 수치 자료를 담은 판넬을 식당 곳곳에 분산 배치함으로써 효과성을 극대화하고자 했다.

'청경관'에서 진행된 캠페인은 지난 11월 27일부터 12월 4일까지 7일간 실시되었다. 캠페인 실시 전과 후의 잔반 총량을 비교하기 위해 청경관의 음식물쓰레기 처리를 담당하는 업체인 '오앤오푸드'에서 제공한 자료는 <표 8-2>, <표 8-3>과 같다.

<표 8-2>와 <표 8-3>에서 알 수 있듯이, 캠페인을 실시하기 전주의 음식물쓰레기 총량은 420kg이었으며, 캠페인이 실시된 일주일의 음식물 쓰레기 총량은 380kg로 줄어들었다. 또한 흥미로운 점은 11월 25일부터 11월 27일까지 배출된 음식물쓰레기 양이 전주의 양이 전부보다 20kg 줄었으며, 캠페인이 시작된 지 3일이 지났을 때는 전주 대비 감축되는 배출량이 10kg이 줄었다는 것이다. 즉, 캠페인으로 소비자의 인식을 제고하면 처음에는 잔반 배출량이 감축되지만, 시간이 지남에 따라 감축되는 잔반의 양은 체감하는 것으로 보인다.

<표 8-2> 캠페인 실시 전 일주일 동안 측정된 음식물쓰레기 양

연월일	18.11.20	18.11.21	18.11.22	18.11.23	18.11.24	18.11.25	18.11.26
발생량 kg	100	160		160		-	

<표 8-3> 캠페인 실시 기간 동안 측정된 음식물쓰레기 양

연월일	18.11.27	18.11.28	18.11.29	18.11.30	18.12.1	18.12.2	18.12.3
발생량 kg	80	150		150		-	

※ 매주 일요일, 월요일, 화요일에 발생한 음식물쓰레기량은 화요일에 수거되어, 11월 20일의 음식물쓰레기량은 전주의 일요일, 월요일의 양을 합한 것이고, 11월 27일의 음식물 쓰레기량은, 11월 25일과 26일의 배출량을 합한 것이다.

III. 대안 제시 및 평가

1. 대안 제시

여러 단계의 리빙랩 실험을 통해 도출된 본 연구의 최종적인 대안은 바로 '사이즈 다각화'다. 온라인 설문조사를 통해서 잔반을 남기는 인원 중 상당 수의 교내식당 이용자가 본인이 원하는 양보다 초과하여 제공되는 음식물의 양에 부담을 느껴서 잔반을 남기는 경우라고 선택했다. 음식물 낭비에 대한 인식은 충분히 공유되고 있지만, 교내식당 이용자로써 통제할 수 없는 변수 때문에 잔반을 남기는 경우를 최소화하는 것이 본 연구의 1차 목표이자 현실적으로 가능한 대안이라고 생각했기 때문에 식당 메뉴의 다각화 방안을 제안하고자 한다. 사이즈 다각화는 구체적으로 현재 유지하고 있는 고를샘의 다양한 메뉴 중 일부의 사이즈를 소비자의 기호에 맞게 선택할 수 있도록 다양화하는 것이다. 현재 사이즈를 M으로 가정하고, 현재보다 적은 양을 원하는 소비자들을 위해 S를, 현재보다 더 많은 양을 원하는 소비자들을 위해 L 사이즈를 도입하는 것이다. 오로지 잔반만 줄이기 위해서 사이즈 다각화라는 대안을 시도한다면 S 사이즈만 추가적으로 실행하는 것이 최적의 방안이 될 수도 있다.

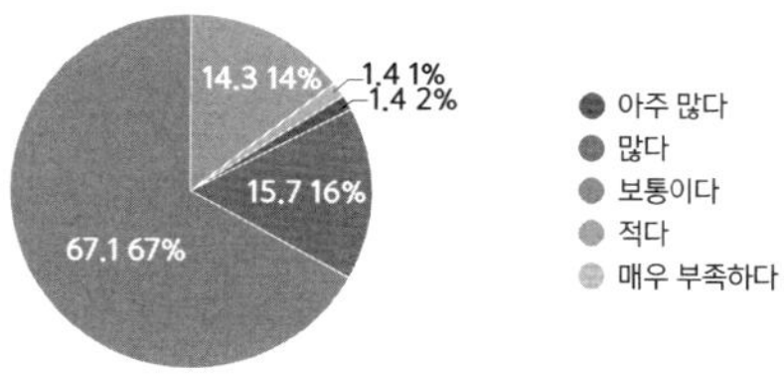

|그림 8-7| 교내식당 이용자 70명의 잔반 문제 해결을 위한 추가 조치 필요성에 대한 인식

하지만 |그림 8-7|과 같이 온라인 설문조사와 여러 인터뷰를 통해 현재 교내 식당에서 제공되는 음식물의 양이 충분하지 않다고 느끼는 소비자들도 적지 않은 수임을 파악했고, 그것 또한 정책 대안에 반영될 수 있을지를 고민해 봤다. 또, 사이즈 다각화에 대한 이용자의 수요를 근거로, 교내 식당을 직접적으로 운영하는 주체인 생협과의 수 차례 인터뷰를 통해 정책대안 조정과정에서 현재의 단일화된 메뉴를 판매하는 상태가 최적의 밸런스로 간주함에도 불구하고 공익적 차원의 음식물쓰레기 문제를 해결하기 위한 방안을 실행하기 위해서는 적어도 현재 밸런스만큼의 수익구조를 해치지 않고, 가능하다면 수익구조를 향상시킬 수 있는 방안을 실행하는 것이 필요하다는 피드백을 받았다. 이것들을 종합해서 사이즈 다각화라는 기존의 정책 대안을 유지하면서 다각화의 영역을 "기존보다 적게"와 "기존보다 많게", 두 방향으로 구분하여 진행하는 것으로 결론을 내릴 수 있었다.

2. 사용자간 공감대 형성과 이해관계자 간 갈등 조화

1) 소비자

지난 11월 29일부터 12월 4일까지 진행된 고를샘 오프라인 설문조사(고를샘 메뉴의 사이즈 다각화)를 통해 변화가 필요하다는 학생들의 니즈는 좀 더 분명해졌다. 특히나 전체 응답자 528명 중 381명(72%)이 사이즈 다각화를 찬성하는 입장을 표명한 것으로 보아 지금까지 교내의 특정한 주체를 통해 직접적으로 조사가 되지 않았을 뿐, 상당히 많은 수준의 변화의 필요성이 내재되어 있었다고 판단할 수 있다. 온라인 설문조사에서도 파악된 것처럼 소비자들의 양에 대한 니즈는 크게 두 가지 양상으로 전개된다. 현재의 양이 적다는 의견과 양이 많다는 의견이다. 현실적으로 소비자들의 니즈가 강력하게 존재하지만 이것을 종합적으로 전달할 창구가 없었다는 점에서 그것을 조사해야 할 구체적인 창구 및 조직의 필요성이 파악됐지만, 조금 더 세부적으로 얼마만큼의 소비자가 적은 양을 필요로 하고, 반대로 얼마만큼 많은 양을 원하는지에 대한 심층적인 2차 설문조사를 해야 할 필요성도 도출됐다.

2) 식당 근무노동자

사실 가장 고려해야 할 이해관계자는 식당 근무노동자다. 생활협동조합의 관계자와 수 차례 인터뷰를 진행하면서 정책 대안의 아이디어 타당성과 혁신성은 충분히 인정받았고, 함께 개선해 나갈 긍정적인 의향도 전달받았다. 문제는 본 연구가 대안이 작아 보일지라도, 그 작은 변화일지라도 음식을 조리하고 제공하는 식당 근무노동자분들에게는 큰 업무부담으로 연결될 수 있다는 지적이 계속해서 재기되었기 때문이다. 사이즈 다각화라는 측면에서 S사이즈를 추가하기 위해서 정책 대안을 실험하는 우리들의 입장에서는 충분한 소비자 니즈가 존재하고 그것들을 수치적으로 조사하여 정책 대안 실행의 주체인 생활협동조합과의 조정까지만 진행하면 되고, 생활협동조합의 입장에서는 소비자들의 강력한 니즈를 반영해야 할 책임감과 동시에 현재의 밸런스를 최대한 유지하려는 입장을 고려하여 새로운 대안을 만들어 실행하면 되는 것이고, 결론적으로 이 과정이 막상 주문번호가 하나 늘어나는 것으로 간단하지만 혁신적인 대안으로 이어졌지만, 식당 근무노동자분들에게는 주문을 인식해야 하는 방식이 늘어나고, 같은 메뉴이지만 사이즈에 따라 양을 조절해야 하기 때문에 생산과정 또한 배가 되며, 식당 내 동선 또한 여러 시행착오를 통해 새롭게 만들어야 하기 때문에 큰 변화로 느껴질 수 있다는 점이었다. 실제로 잔반량을 측정하는 과정에서 식당 내부의 음식물 조리 및 처리과정을 살펴볼 수 있었는데 꽤나 복잡하면서도 체계적인 시스템 아래 움직이는 것을 알 수 있었기 때문에 그들의 이해관계 또한 크게 반영되어야 한다는 것을 피부로 느낄 수 있었다.

3) 생활협동조합

여러 차례의 인터뷰를 통해 갈등을 조정할 수 있었지만, 역시 리빙랩을 진행하는 과정에서 가장 큰 어려움을 겪고 적극적으로 논의를 해야만 했던 대상은 바로 생협이었다. 생협은 현재의 상태를 충분히 밸런스라고 느끼고 있었고 음식물 쓰레기로부터 비롯되는 환경문제 및 부담금이 크게 문제라고 느끼지 않는 것에서부터 시선의 차이가 존재했다. 그렇기 때문에 기존에 제시했었던 재활용 방안 등을 실천하기에는 큰 무리가 따랐다. 하지만 정책 대안을 실현시키는 데에 있어서 가장 큰 행위자이고 빈번한 접촉을 통해 본 연구와의 공감대를 형성하면서 실험 설계 및 설문조사를 하는 과정에서 큰 도움을 얻기도 했다.

생활협동조합이 가장 고려하는 점은 수익성과 수치화된 소비자들의 수요였다. 현재 수익성을 충분히 창출하고 있는 모델을 변경하기 위해서는 더 나은 수익성을 확보할 수 있는 대안이 제시되거나 혹은 그것을 대체할 만한 학생들의 강력한 니즈가 존재해야만 한다고 주장했다. 본 연구는 앞의 두 가지 조건을 충족시키기 위해 리빙랩 설계를 재수정하여 사이즈 다각화를 위한 직접적인 소비자 오프라인 설문조사를 진행했다. 또, 위의 서술된 식당 근무노동자들을 직간접적으로 통제 및 접촉하는 대상이 생활협동조합이기 때문에 그 부분에서도 대안 실현을 위한 가장 큰 협력의 대상이라고 판단하여 적극적인 논의를 이어갔다.

3. 지속가능성과 영향, 혁신성

'사이즈 다각화'라는 정책 대안은 균형의 혁신과 제도 내 혁신이라는 두 가지 장점을 가지고 있다. 여기서 균형이라고 함은 생협의 입장 중 수익창출의 모델이 가능한가를 의미하는데 앞서 언급한 것처럼 생협은 최소한 현재의 밸런스보다 손해를 보는 상황에서는 대안을 실행하기 어렵다는 입장을 강력하게 고수했기 때문에, 그것을 반영한 리빙랩 재설계가 필요했다. 그래서 본 연구가 제시한 방안은 바로 L사이즈를 통한 범위의 경제를 구축하는 것이었다. S와 기존 사이즈만으로 사이즈 다각화를 진행할 경우 수요가 같다는 전제하에 당연히 수익창출이 기존보다 적어질 수밖에 없지만, S, M, L로 다각화한다면 최소한 현재의 수요 수준에서 현재와 같은 규모의 수익창출이 가능할 것으로 예상 가능하고, 부가적으로 사이즈 다각화를 통해 교내 식당 이용자들이 다양한 소비가 가능하다는 점 때문에 소비가 오히려 늘어나 새로운 균형점을 찾을 수 있다고 가설을 설정했다. 또한, 기존 소비자들 중 식사량이 적어서 문제라고 지적했던 부분 또한 동시에 해결할 수 있고 궁극적으로 음식물 쓰레기 배출량을 생각해보더라도 수요에 맞게 음식물이 제공된다는 점에서 음식물 쓰레기 저감이라는 방향성을 잃지 않고 충분히 달성할 수 있다고 판단했다.

또, 제도 내 혁신의 의미는 우리들이 제시한 '사이즈 다각화'라는 정책 대안이 현재 상태에서 최소한의 변화를 통해 충분히 실현 가능하면서도 지속가능성을 내포하기 때문에 시간이 지날수록 큰 영향력을 가질 수 있다는 것이다. 기존의 재활용 방안 등과 같은 대안은 현재의 이해관계를 넘어서 교내 총무팀, 서대문구청 등 다양한 이해 관계자들의 협의와 물질적 지원이 필요한 반면에, 사이즈 다각화를 위해서는 소비자들의 구체적이고 충분한 니즈 파악과 메뉴 조정 과정 그리고 식당 내 동선 및 메뉴 재설정 과정만 가능하다면 상대적으로 빠른 시간 내에 정착되어 적용할 수 있다는 점이다. 비용적인 측면에서도, 시간적인 면에서도 그리고 각 주체들의 수고로움을 최소화할 수 있다는 점에서도 효율성을 높이면서 최적의 효과성을 담보할 수 있기 때문에 본 연구는 이 점을 제도 내 혁신성이라고 평가했다. 지속가능성 또한 수반되는 비용은 적지만 충분한 수요가 뒷받침되는 긍정적인 전망과 결론적으로 음식물 쓰레기 양을 줄이고 수익구조를 개선하는 역할까지 기대가 되기 때문에 그 가능성도 높다고 볼 수 있다.

IV. 결론

1. 직면한 도전

사용자 니즈 분석을 기반으로 하는 이러한 리빙랩 설계와 그에 따른 정책 대안 제시는 다양한 이해관계자들의 이해관계가 충돌한다는 점에서 여러 가지 도전에 직면할 수 밖에 없다고 생각한다. 실제로 잔반 문제에 관여되는 이해관계자들은 매우 복잡하고 다양하기 때문에 모든 사용자들의 선호를 고려한 정책을 제시하기는 현실적으로 불가능하다. 본 리빙랩 실험의 경우, 설계 과정을 통해 이해관계자의 범주를 생활 협동조합, 교내 식당 이용자, 식당 근로자로 한정 지었음에도 불구하고 각각의 선호에 따른 이해관계의 충돌에 의해 도전에 직면할 수밖에 없었다. 다음은 각 이해관계자들의 이해관계에 따른 직면한 어려움들이다.

1) 생활협동조합

생활협동조합의 경우 사적 이익을 추구하는 영리 단체이기 때문에 추가적인 메뉴 비용이 발생하는 것을 우려하는 입장을 보였다. 생활협동조합 소속 이항서 과장님과의 인터뷰 결과 메뉴의 양을 줄이는 정책 대안의 경우 전체적인 수입과 파이를 줄이는 것에 대한 부담이 상당하였으며, 가격 조정에 관해서는 굉장히 민감한 태도를 취하였다. 가장 결정적으로 생활협동조합이 자선단체가 아닌 수익을 올려야 하는 영리 단체인 만큼 기존 수익 체제의 디폴트 값에 메뉴 변경이라는 큰 변수가 개입되는 것을 꺼려하였다. 이러한 점에서 생활협동조합의 보다 적극적인 협조를 위해서는 지속적인 설득과 협의 과정이 필수적일 것으로 예상된다.

또한 경제 외적인 측면에서 생활협동조합이 안정적이고 균형 잡힌 기존의 제도에서 벗어나고자 하지 않는 보수적 경향을 띠고 있다는 점도 직면하게 된 과제 중 하나이다. 협동조합의 경우 기존 정책에 대한 경로의존성이 상당히 강하기 때문에 변화가 가해지는 것을 달갑지 않게 여기는 경향이 있다. 실제로 생활협동조합 측에서는 기존에 실시해 오던 정책을 가장 안정적이고 균형 잡힌 것으로 인식하고 있었던 반면, 새로운 정책 대안 제시를 불필요한 변수로 바라보았다. 이러한 생활협동조합 측의 반응은 정책의 변화가 가져오는 추가적인 업무와 불필요한 행정 절차 소요를 증가시키는 데 기인한 것이라 유추해볼 수 있다. 새로운 제도 도입을 통해 발생하는 행정적 소요는 필수불가결한 과정이므로, 이 같은 문제를 해결하기 위해 현재로서는 생활협동조합이 이러한 불편을 감수해야 하는 환경 문제에 대한 당위성과 책임성을 제공하는 것이 최선일 것으로 보인다.

2) 소비자

소비자의 경우 새롭게 제시한 대안이 일정부분 소비자 친화적이기 때문에 큰 반발은 없을 것이라 예상된다. 그럼에도 불구하고 새로운 제도를 도입하는 것인 만큼 소비자들이 이에 적응할 시간이 필요하다는 점과 이러한 새롭게 변화한 제도에 대한 이해와 변경 점을 소비자에게 설득력 있게 제시해야 한다는 점은 직면한 과제로 남는다. 이를 위해서는 제도를 갑작스럽게 바꾸기보다는 점진적인 변화를 통해 소비자 친화적으로 다가갈 필요성이 있을 것으로 예상된다.

또한 소비자의 경우 만약 음식의 사이즈가 다각화 되었을 때 변동되게 될 각 메뉴의 가격에 굉장히 민감하게 반응할 것으로 예상된다. 가령 새로 도입하게 된 메뉴의 가격이 소비자가 예상했던 가격보다 비쌀 경우 기존의 메뉴 대비 큰 실효를 거두지 못할 것이다. 따라서 가격을 책정하는데 있어 이러한 소비자의 선호를 최대한 반영할 수 있도록 소비자의 의견에 귀 기울일 필요가 있으며, 생협의 적극적인 협조도 필요할 것으로 보인다.

3) 식당 근무노동자

앞서 언급했듯이 적은 양 인쇄지 도입이라는 프로토타입은 일정부분 소비자 친화적인 대안인 반면, 식당근무 노동자들에게는 비(非)친화적일 수 있다. 적은 인쇄지 도입을 통해 발생하게 되는 근무 동선(動線) 상의 변화나 기존 근무 방식의 변화는 식당 근로자들에게 하여금 업무 상 피로감을 느끼게 될 것이라는 것이다. 실제로 캠페인을 진행하였을 때 청경관에서 근무하시는 식당 근로자분들은 캠페인 실시가 생활협동조합 측의 협조를 받은 것임을 알렸음에도 불구하고 근무에 방해된다는 이유로 굉장히 꺼려하는 모습을 볼 수 있었다. 이들의 부정적인 인식과 더불어 실질적인 동선의 문제도 발생할 것으로 예상된다. 생활협동조합과의 인터뷰 내용에 따르면 기존의 고를샘 주방은 8개의 가스레인지를 단 2명의 인원으로 운영하고 있다고 한다. 따라서 메뉴 다각화를 실시할 경우 새롭게 추가되는 업무량이 현실적으로 감당하기 어려울 수준이라고 밝혔다. 이와 같은 구체적, 실질적 어려움 때문에 사실상 이들의 협조를 받기는 어려우며, 협조를 받는다 하더라도 상당히 적은 수준에 그칠 것이라 예상할 수 있다. 이처럼 식당 근무 노동자들이 새로운 정책 도입과 실행에 있어 비협조적일 것이라는 점 역시 우리가 직면하게 된 과제 중 하나이다. 이를 해결하기 위해서는 지속적인 설득과 인센티브 제공 등이 필요할 것이다.

2. 정책결정자 반응

리빙랩을 통해 새로운 정책 제도를 도입하는데 있어 정책결정자의 반응 역시 중요한 변수이다. 우리가 실시한 교내 잔반 리빙랩의 경우 정책결정자는 생활협동조합이기 때문에 우리가 제시한 정책에 대한 이들의 부정적 반응은 우리가 직면하게 될 또다른 과제 중 하나라고 할 수 있다.

우선 생활협동조합과의 인터뷰 결과 잔반 문제는 생협의 우선순위가 아니라는 의견을 들을 수 있었다. 잔반 문제 외에도 신경 써야 할 다른 많은 사안들이 있기 때문에 상대적으로 그 중요도가 떨어진다는 것이다. 이에 더해 기존에 양이 부족한 학생들을 위한 방안으로 한 조각에 500원에 판매하고 있는 마늘빵을 새로운 메뉴로써 도입했던 사례가 있었음을 언급하며 굳이 새로운 사이즈 다각화 제도를 도입해야 하는 것에 대한 필요성이 크게 느껴지지 않는다고 말씀해주셨다. 또한 생협 측의 자료에 따르면 학생들은 사이즈의 변화보다는 메뉴의 다양화를 선호하며, 따라서 다양함을 추구하는 소비자의 선호에 맞추기 위해 모든 메뉴의 사이즈를 변경하는 것은 현실적으로 불가능하다고 밝혔다. 앞서 언급하였듯이 스파게티와 그라탕의 경우 현재 8개의 불에서 2명이 조리하는 조리체제를 취하고 있으며, 사이즈를 다각화하기 위해서는 그릇 종류도 세분화해야할 뿐만 아니라 조리 방법도 모두 바꿔야하므로 바쁜 시간대 주방에서는 현실적으로 도입 불가능하다는 것이 그들의 입장이었다.

그러나 그럼에도 불구하고 들을 수 있었던 희망적 의견은 스파게티와 그라탕이 아닌 필라프와 같은 특정 메뉴의 경우 그릇의 종류나 조리법의 변경 없이 단순히 메뉴 위의 올려지는 토핑 양에 변화를 줌으로써 메뉴의 사이즈를 다각화시키는 것이 가능하므로, 이에 대한 방안은 어느 정도 실현 가능할 것이라는 대답을 들을 수 있었다. 만약 학생대표자와 식당관계자 간의 구체적인 협상과 합의가 선행된다면, 특정 메뉴에 한해 사이즈 다각화 정책이 실현 가능할 것으로 기대된다.

3. 리빙랩의 한계, 앞으로의 연구

환경이라는 전 지구적 차원의 문제를 해결하기 위해 실제생활과 사용자의 일상에서 문제를 바라보아야 한다는 것이 리빙랩 설계를 통한 환경에너지 문제 대안 정책 제시의 핵심이라고 할 수 있다. 실제로 리빙랩을 직접 설계하고 평가해 본 결과 사용자 주도의 개방적 혁신을 꾀하는 리빙랩의 해결방법은 사회적 문제를 해결하는데 있어 기존의 연구자 중심의 실험보다 혁신적이었으며, 사용자 중심적이기 때문에 접근성 또한 용이했다. 특히 사용자 중심으로 접근하다보니 소비자의 의사를 적극적으로 반영할 수 있다는 점에서는 장점이 확실했다. 특히 기존의 실험 설계가 정태적이고 수동적인 반면, 리빙랩 설계는 좀 더 동태적이고 다양한 변수를 모두 고려할 수 있다는 점에서 정책 제시까지 가는 과정은 더 힘들지만, 적절한 정책을 제시하였을 때 그 적용효과와 지속성은 훨씬 높다는 점에서 효과적이라는 결론을 내릴 수 있었다.

그러나 본 리빙랩의 경우 대안의 제시에서 그쳤으며, 시간적 여유가 없어 실제로 대안을 도입하여 잔반량을 줄이는 것을 증명하는 데에까지 미치지 못했다. 또한 이는 연세대학교 교내 식당이라는 한 가지 사례의 잔반 문제에 대한 해결 방안에 그쳤다는 점에서 아쉬움이 남는다. 따라서 이와 같은 대안이 국내의 다른 대학의 교내 식당에도 적용될 수 있는지에 대한 연구가 추가적으로 필요하다. 더 나아가 동네민주주의 개념에 입각해 교내의 잔반 문제 해결의 리빙랩을 확대, 발전시켜 지역, 국가, 세계의 잔반 문제 해결이라는 더 큰 과제가 남아있다. 이를 위해서는 우선 음식물 쓰레기 발생원 별로 문제의 범위를 세분화하여 그에 따른 해결 방안을 모색하기 위한 더 많은 사례연구가 선행되어야 할 것으로 보인다.

참고문헌

학술저널

김용찬, 2001. "음식물쓰레기의 발생현황과 문제점 및 시민운동과 연계한 감량책 연구." 『培花論叢』 Vol.20, 287-318.

성지은 외, 2013. "리빙랩의 운영 체계와 사례." 『STEPI Insight』 127호, 1-46

이태동, 2018. 『우리가 만드는 정치』

이태동, 2017. 『토론으로 배우는 환경에너지 정치』

Pigou, A. C. 1929. 『The economics of welfare』.

정부기관 발행물

환경부, 2018. "2016년도 전국폐기물 발생 및 처리현황." 『환경부 간행물』 제106029호

환경부, 2018. "제5차(2016~2017년) 전국폐기물통계조사." 『환경부 간행물』 제106009호

기사

조선일보, 2015. "하루 음식 쓰레기 3천톤, 보릿고개 잊은 서울 시민."

나우올제, 2017. "청년이여! 살아있는 농업을 배우며 경험하라!"

중앙일보, 2018. "OECD 최하위 '식량자급률' 더 낮춘 정부…'식량안보' 우려."

매일경제뉴스, 2018. "식량 절반 남아도는 지구 왜 30억 명은 굶고 있을까."

09. 일단정紙 : 대학교 내 종이사용량 절감 리빙랩

| 안희준, 서승연, 한 결, 윤자명 |

I. 문제 설정

1. 문제인식

'일단 정紙' 조(이하 '우리')는 연세대학교 내의 종이 사용량을 절감하기 위하여 3R(Reduce, Reuse, Recycle) 중 상위 단계인 Reduce와 Reuse에 초점을 맞추어 양면 인쇄 전용 프린터 설치, 이면지 재활용 노트 스테이션 설치에 관한 2가지 리빙랩 실험을 설계하였다.

문제의 범위는 연세대학교 내로 한정하였다. 연세대학교는 대학교라는 특성 상 인쇄가 활발하게 이루어지는 곳으로 교내의 종이 사용 중에서도 특히 그 양이 많은 인쇄용지 사용에 관한 문제에 집중하기로 하였다. 서울시의 종이 절약 실천 프로젝트 '지금하자'에 따르면, 연간 버려지는 인쇄용지를 쌓으면 63빌딩의 700배에 달하는 높이의 거대한 종이탑이 세워진다고 한다. 벌목된 나무 중 42%가 종이를 만들기 위해 사용되기 때문에, 종이의 사용은 온실효과에도 지대한 영향을 미친다(서울시, 2016.). 연세대학교 생활협동조합(이하 '생협')에 따르면, 연세대학교에서 인쇄에 사용되는 종이의 양도 연간 700만 장 정도가 된다고 한다.

교내 종이 사용량의 절감 목표는 3R(Reduce-Reuse-Recycle)의 상위 단계를 달성하는 것으로 하였다. 절감(Reduce)은 사용 자체를 줄이는 것, 재사용(Reuse)는 형태의 변화 없이 다시 사용하는 것, 재활용(Recycle)은 형태를 변화시켜 다시 사용하는 것이다. 3R은 폐기물 처리 과정의 위계의 일종으로, 먼저 언급되는 상위 단계의 방법일수록 해당 과정에서 더욱 효과적으로 폐기물을 줄인다. 예로 Reduce가 잘 이루어지면 Reuse와 Recycle이 필요한 폐기물들이 줄어드는 것이 있다. 이에 따라 우리는 가장 상위 단계인 Reduce와 Reuse 측면을 중점적으로 고려하였다.

인쇄용지 사용 절감에 관한 이해관계자는 인쇄용지를 사용하는 연세대학교 구성원, 교내인쇄사업을 담당하는 생협과 여러 교내 복사실들로 파악하였다. 연세대학교 구성원은 실질적인 인쇄 사용자로서 인쇄용지 사용량 절감을 위한 양면인쇄와 이면지 재활용 유도의 대상이다. 생협과 교내 복사실들은 양면인쇄 유도를 위한 인센티브를 제공할 때, 그에 반발할 것으로 예상되는 이해관계자로 파악하였다.

우리는 연세대학교 내의 종이 사용 실태와 폐기물 처리 과정 파악을 위해 연희관 인쇄실, 청소노동자, 교내 총무처와의 면담, 생협과의 면담을 진행하였다. 이후 실생활에 밀접한 해결방안 고안을 위해 '종이 없이 살아보기' 실험을 진행하였으며 이를 통해 무의식적으로 수많은 형태로 종이를 사용하고 있음을 인식하게 되었다. 특히 대학생으로서 과제 제출, 논문 등으로 인쇄하는 양이 매우 많다는 점에 착안하여 '양면인쇄가 증가할 때 종이 사용량이 줄어들 것'이라는 가설을 바탕으로 양면인쇄 전용 프린터 설치에 관한 실험을 계획하였다. 또한 '종이 없이 살아보기' 실험 결과 개인이 생활 속에서 Reduce하기 어려운 사안들이 많다는 한계점이 있어 이를 보완할 Reuse에 관한 방안으로 이면지를 활용한 노트를 만들어 배포하는 실험을 시행하였다.

2. 종이 없이 살아보기

1) 실험 설계

우리는 먼저 연세대학교 구성원의 실생활 속 종이 사용 실태, 특히 인쇄용지 사용에 대해 파악하는 것이 우선이라고 생각하였다. 교내 폐기물 관련 자료를 수집하는 것만으로 부족하다고 느껴 우리는 교수님이 면담에서 제안해 주신 '종이 없이 살아보기' 실험을 직접 수행하기로 하였다. 실제로 종이를 아예 사용하지 않기는 불가능하기에, 최초 1일에는 평소와 다름없이 생활하되 종이 사용만 체크한 후, 그 후의 실험 기간 동안은 종이를 가능한 사용하지 않고, 불가피하게 사용 시 사유와 함께 기록하는 것으로 실험을 진행하였다.

2) 실험 결과

15일 간의 실험 후 조원들의 일지를 비교해본 결과 유의미한 결과들이 나

<표 9-1> '종이 없이 살아보기' 실험 계획

실험 : '종이 없이 살아보기'
▷ 실험 일시 : 10월 31일 00:00 ~ 11월 14일 23:59 ▷ 실험 방법 - 10월 31일(1일 차)에는 평소와 똑같이 생활하되 종이 사용을 기록한다. - 11월 1일(2일 차) ~ 11월 14일(15일 차)에는 종이 사용을 가능한 줄이되, 불가피하게 사용시 기록한다. ▷ 양식 - 종이 사용 내역 (일시/사용내용/사용량/용도/대체가능방법/사진 등) 및 하루 소감

교재, 유인물 등 | 공산품 포장 | 영수증 | 브로슈어, 일회용컵

| 그림 9-1 | '종이 없이 살아보기' 실험 동안 나온 대표적인 일상 쓰레기들

왔다. 첫 번째로, 대학 생활과 관련해서 필수불가결한 종이 사용이 생각보다 많았다. 4명 중 3명의 조원은 실험기간 동안 불가피하게 다량의 인쇄를 하였다. 이를 Reduce 측면에서 고려하여, 단면인쇄 되는 것을 양면인쇄로 전환시켰을 때 종이 사용량을 절감시킬 수 있을 것이라고 생각하였다.

두 번째로, 개인의 노력으로 종이 사용을 절감하는 것이 불가능한 경우가 많다는 한계점도 발견하였다. 우리가 일상적으로 사용하는 공산품이나 식품의 포장 등은 개인의 노력으로 절감하기는 어려운 영역이다. 4명의 모든 조원들이 실험기간 동안 불가피하게 해당 영역에서 종이를 사용하였다. 따라서 우리는 가능한 영역에서 이를 해결하기 위해 Reuse의 측면을 고려하여야 한다는 결론을 내렸다. 이에 따라 버려지는 이면지를 활용해 노트를 제작, 배포하는 이면지 재활용 노트 스테이션에 관한 아이디어를 제안하게 되었다.

II. 문제 해결

1. 양면인쇄 전용 프린터

1) 현황 및 문제제기

현재 연세대학교 내 유·무인 프린터의 인쇄가격은 면(Page)의 수를 기준으로 설정되어 있다. 가격은 1면 당 50원으로 사용하는 종이의 장 수와는 상관이 없으며 그 결과 양면인쇄를 하여 단면인쇄에 비해 종이를 적게 사용하더라도 가격은 동일하다.

우리 '일단정紙' 조는 이 부분에 주목하였다. 종이를 더 적게 사용함에도 동일한 가격은 이용자에게는 부당한 가격이며, 환경측면에서는 종이자원낭비를 줄일 수 있는 방안이 있음에도 전혀 장려하지 않는 문제가 있다. 양면인쇄 시 인쇄가격을 할인해 준다면, '기존보다 더 많은 이용자들이 단면인쇄보다 양면인쇄를 하게 되고 종이 사용량은 줄어들(Reduce) 것'이라 생각하였다. 그리고 이해 관계자인 공급자(생협, 프린터 제공업체, 교내 각 인쇄실 등)들은 양면인쇄에 대해서는 낮은 가격을 받게 되지만 사용되는 A4용지가 절감되기 때문에 이용자와 공급자가 모두 이득을 보는 가격을 설정한다면 win-win할 수 있는 거래가 성립할 것이라고 생각하였다.

그러나 연희관 지하 1층 인쇄실 및 생활협동조합과의 인터뷰에서 이러한 아이디어를 제안하였을 때, 난색을 표하였다. 그 이유는 A4용지의 원가(영업비밀)가 매우 낮기 때문에, 공급자는 종이 소모를 줄이는 것보다 한 장 인쇄를 더 하게 하는 것이 이익을 극대화하는 방향이기 때문이다. 또한 양면인쇄 시 할인 제도를 도입하려면 현재 결제시스템을 장 수 기준으로 재편하는 비용발생의 문제도 있었다.

2. 아이디어 제시 및 실험 개요

위 문제를 해결하기 위해서 생활협동조합의 역할 중엔 이익의 추구도 있지만 '교내 학생들의 편의 및 복지증진'의 역할과 '공동체로서 환경보호에 동참'하여야 하는 역할도 있음을 논거로 우리의 주장을 보완하기로 하였다. 즉, 이익의 극대화보다는 궁극적으로 이익과 학생복지, 환경 3요소의 공존을 모색하는 방향을 추구하여야 한다는 점이다. 그래서 먼저 이에 대한 이용자 측인 학생들의 의견 수렴을 위한 사전 설문조사를 실시하였다. 이와 동시에 생협 측의 허가를 받아 양면인쇄 전용 프린터의 프로토타입 실험을 통해 이용자들의 실제 수요를 직접 확인하기로 하였다.

<표 9-2> 양면인쇄 전용 프린터 실험 개요

1. 사전 설문 결과

(총 응답자 : 연세대학교 학생 60명, 응답기간 : 10월 30일 ~ 11월 6일, 방법 : 온라인 설문)

만약 양면인쇄 시 혜택을 주는 프린터가 생긴다면 이용하시겠습니까?(1장에 80-90원 수준으로 추정, 현재는 1면당 50원으로 양면 1장이나 단면 2장이나 차이가 없음)

- 현재도 양면인쇄를 하며 이용한다.
- 현재는 단면인쇄 이용자지만 이용 방식을 바꿀 의향이 있다.
- 단면인쇄 이용자로 이용하지 않는다.

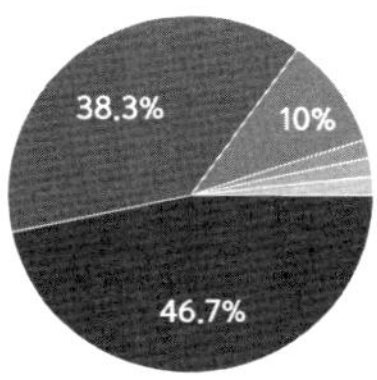

2. 양면인쇄 전용 프린터의 실효성 검증을 위한 실험 계획

▷ 대상 : 연세대학교 학생

▷ 이해관계자 : 학생, 인쇄관리업체, 생활협동조합

▷ 가설 : 양면인쇄 비용을 낮추면 종이 사용량이 줄어들 것이다.

▷ 실험 : 중앙도서관에 양면인쇄 시 가격 할인(장당 10원)이 되는 전용 프린터 n대 설치

▷ 효과성 측정 : 설치 전후의 종이 사용량 변화/단면인쇄, 양면인쇄의 비율 비교

위 실험을 구체화하는 과정에서 발생한 가장 큰 문제는 실험 시, 당장 프린터 결제시스템 자체를 조정할 수 없어 결제 시 바로 할인이 불가능하다는 점이었다. 따라서 우리는 실험을 위해 양면인쇄 전용 프린터에 상주하면서 이용자에게 10원을 직접 환급하는 방법을 선택할 수 밖에 없었다. 이 방법에서는 현금으로 '10원'을 돌려주는 것이 결제 시 바로 10원이 할인되는 경우와 비교할 때 실질적인 할인으로 체감이 될 수 있는가에 대한 문제가 발생하였다.

이 문제를 해결하기 위해 10원의 가치에 대해서 논의하던 중, 10원을 현금으로 돌려주는 것에 더해서 다른 방법도 시도해보기로 하였다. 두 가지 방식이 추가로 제안되었다. 첫 번째는 10원 대신 '10원의 가치를 지니는 것으로 인식될 수 있는 대체재'를 돌려주는 방안이다. 정확한 실험을 위해서는 양면인쇄 결제 시 10원이 자동으로 할인되는 것이 가장 좋은 방법이지만, 시스템의 조작이 불가능한 상황이었기 때문에 '카드결제 시 10원 할인'이라는 효용성을 대체하는데 현금보다는 현물이 더 좋은 방법일 것이라는 점에 모두가 동의하였다. 여러 가지 대체재를 고민한 끝에 '아폴로 1개'(식품, 개당 약 12원)가 이용자가 10원으로 인식하기 가장 좋은 것으로 판단하였다.

두 번째 방법은 중간발표에서 교수님이 주신 피드백으로, 이용자에게 경제적 유인 대신 비경제적 유인인 'Reputation'을 제공하는 것이었다. 우리는 안내문에 '양면인쇄를 선택할 경우 장 당 10원이 기부됩니다.'라는 문구를 넣어 실험하기로 하였다. 실험 후 모이는 금액은 환경보호 단체에 기부하는 것으로 결정하였다.

<표 9-3> 양면인쇄 전용 프린터 실험

실험 개요: 양면인쇄 프린터의 실효성 검증을 위한 실험
▷ 대상 : 연세대학교 학생 ▷ 이해관계자 : 학생, 인쇄관리업체, 생활협동조합 ▷ 가설 : 양면인쇄 비용을 낮추면 단면인쇄보다 양면인쇄를 하는 비율이 늘어나 종이 사용량이 줄어들 것이다. - 독립변수 : [현금 10원 환급/아폴로 지급/Reputation 지급] ▷ 실험 - 생활협동조합과 협의 후 이틀에 거쳐 실시(11월 5일, 6일 15:00~18:00) - 중앙도서관 지하 무인복합기 사용 - 인터뷰는 실험에 영향을 끼치지 않기 위해 출구조사 형태로 실시 - 1/3은 양면인쇄 전용으로 지정하고 나머지 프린터와 결과값을 비교하는 형태로 시행 case 1. 10원을 현금으로 돌려주기 - 11월 5일 15:00 ~ 18:00 case 2. 10원을 대체재로 돌려주기 - 11월 6일 15:00 ~ 18:00 case 3. 10원을 돌려주는 대신 기부하기 - 11월 6일 15:00 ~ 18:00 ▷ 효과성 측정 - 사전 설문조사 결과와 비교 분석 - 인터뷰 자료 분석

3. 실험 결과 및 해석

|그림 9-2|은 실험 기간 동안 인쇄 이용자 중 단면인쇄자와 양면인쇄자의 비율이다. 총 110명의 표본 중 양면인쇄 이용자의 비율은 22%였다. |그림 9-3|

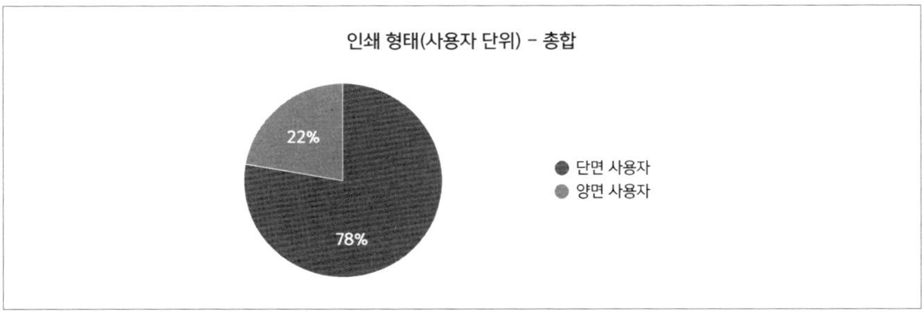

|그림 9-2| 실험기간 내 전체 단면/양면인쇄 비율

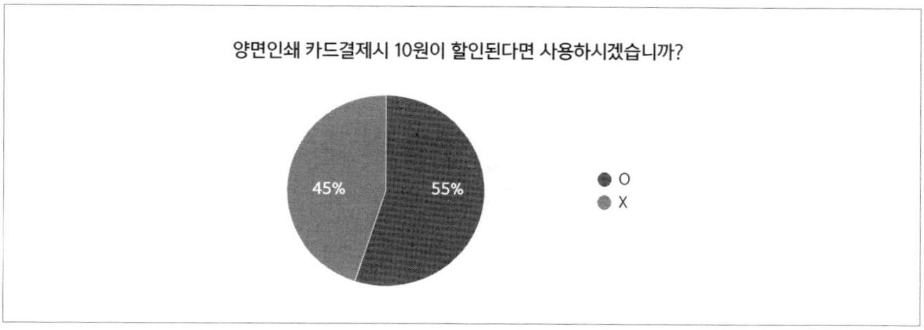

|그림 9-3| 카드결제 시 할인할 경우 양면인쇄 사용의사 인터뷰 응답

는 인터뷰에 응해준 20명 중, '양면인쇄 카드결제 시 10원이 할인된다면 이용하겠는가'라는 질문에 대해 55%가 긍정적으로 응답했음을 보여준다. |그림 9-4|는 인쇄 면 수에 따른 단면과 양면인쇄 비율을 나타낸 그림이다. 10면을 초과하여 인쇄하는 경우, 양면인쇄 비율은 약 27%로 전체에서 양면인쇄를 하는 비율인 22%에 비해 큰 차이는 나타나지 않았다.

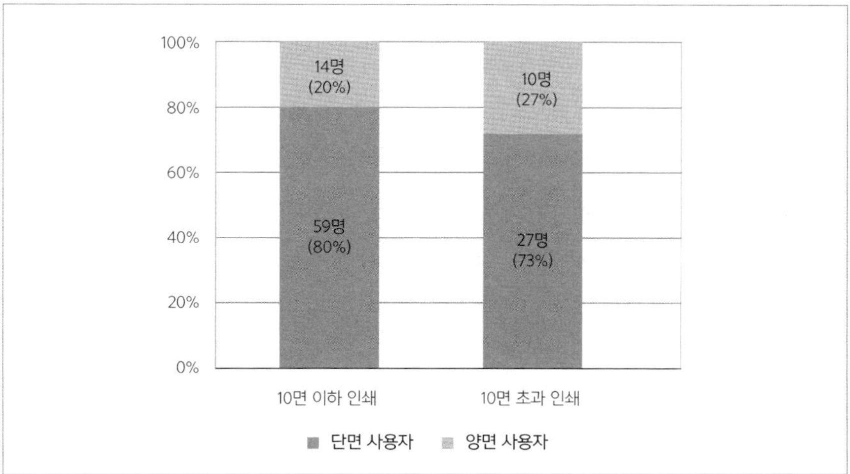

|그림 9-4| 인쇄 면 수에 따른 단면/양면인쇄 비율

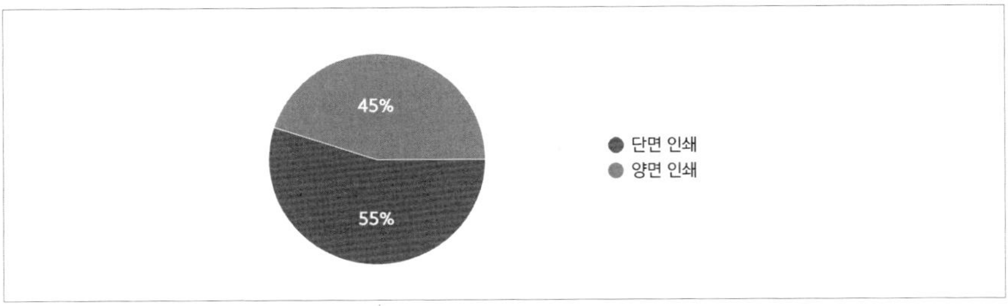

|그림 9-5| 사전 설문 시 단면/양면인쇄 이용자 비율

흥미로운 것은 실험에서 사전 설문 결과보다 단면인쇄 이용자의 비율이 높게 측정되었다는 점이다. 사전 설문 결과에서는 응답자의 45%가 주로 양면인쇄를 이용한다고 밝혔던 반면, 실제 실험에서는 22%의 이용자만이 양면인쇄를 사용하였다. 장수가 적을 때 단면인쇄를 하는 경우가 많아 이런 결과가 나왔을 것이라는 추정이 있어, 10장 이상 인쇄한 사람으로 표본을 조정해보았지만 비율은 크게 달라지지 않았다. 따라서, 우리는 이용자들이 본인이 인식하는 것보다 단면인쇄를 더 많이 하고 있다는 사실을 알 수 있었다.

우리가 최초에 설계한 실험은 양적인 실험으로, 인센티브들을 변수로 두고 결과를 측정하여 통계를 내는 것이었으나, 참여자의 수가 적어 유의미한 결과를 내기 어려웠다. 그 이유는 주어진 기간이 너무 짧았고, 프로토타입 실험 자체를 인식하지 못한 경우가 많았으며, 우리가 제시한 인센티브들이 카드결제 시 10원을 할인하는 행위를 제대로 대체하지 못했기 때문이라는 결론을 내렸다. 실제로 사후 인터뷰에서 25명 중 6명 만이 실험을 인식했다고 응답하였으며, 이들 역시 인센티브가 제대로 대체되지 못하였다고 응답하였다. 따라서 우리는 '양면인쇄 비용을 낮추면 단면 인쇄보다 양면인쇄를 하는 비율이 늘어나 종이 사용량이 줄어들 것이다.'라는 가설에 대한 판단을 이 실험을 통해서는 내릴 수 없다고 결론지었다.

추가로 실험 후에 진행하였던 인터뷰를 통해 질적인 결과값을 내보기로 하였다. 인터뷰 결과에 따르면, 대부분 위 세 가지 경우에 대해 굳이 양면인쇄를 할 만한 유인을 느끼지 못했다고 답했다. 그러나 만약 카드결제 시 자동으로 10원이 할인된다면 사용할 것 같다는 의견(55%)이 주를 이루었다. 또한 Reputation 변수(기부)에 대해서도 자동화 시스템이 필요하다는 의견이 있었다. 공통적인 키워드는 '자동화 시스템'이었다. 우리의 가설을 검증하기 위해서는 독립변수가 충분한 유인이 되도록 자동화 시스템이 기반 되어야 함을 알 수 있었다.

우리는 자동화 시스템이라는 새로운 변수가 매우 강한 유인이 될 수 있다는 결론을 내렸다. 따라서 추후 양면인쇄 전용 프린터의 효과를 검증할 개선실험을 설계하여 제안하기로 하였다.

설문조사와 실제 실험결과를 비교했을 때 약 23%에 해당하는 이용자는 양면인쇄를 할 의지가 있다는 점에 착안하여 계산을 해보았다. 700만 장의 연세대학교 내 연간 인쇄용지 사용량 중에 23%의 이용자(양면인쇄를 한다고 생각하지만 실제로 단면인쇄를 하고 있던 이용자)가 양면인쇄를 시행한다면 약 80만 장의 종이가 절약될 수 있다. 만일 양면인쇄 시 10원을 할인하여 위의 경우 이용자들도 양면인쇄를 시행한다고 할 때 생협이 감당해야 할 금액은 7,000,000×0.45×(10 - 종이단가)이다. 종이단가를 7원으로 보았을 때, 이는 약 950만 원 정도이다. 700만 장 전부가 양면인쇄 된다고 할 때는 약 2,100만 원 정도이다.

생활협동조합의 설립목적에는 조합원 복리증진과 건전한 소비, 생활 문화의 향상을 도모하고 대학발전에 기여함을 명시하고 있다. 또한 인터뷰에서 생협 정관에는 '환경보호'가 포함되어 있다는 언급이 있었다. 우리는 생협이 손해를 볼 여지가 있다는 점을 감안하더라도 학생복리증진과 환경보호 두 가지 측면을 달성할 수 있음을 고려하여 양면인쇄 전용 프린터 도입을 논의해볼

<표 9-4> 양면인쇄 전용 프린터 개선 실험 제안

실험 개요 : 양면인쇄 프린터의 실효성 검증을 위한 실험
▷ 대상 : 연세대학교 학생 ▷ 이해관계자 : 학생, 인쇄관리업체, 생활협동조합 ▷ 가설 : 양면인쇄 비용을 낮추면 단면인쇄보다 양면인쇄를 하는 비율이 늘어나 종이사용량이 줄어들 것이다. - 독립변수 : 양면인쇄 1장당 10원 할인(자동할인 시스템 도입) ▷ 실험 - 생활협동조합과 협의 후 최소 1달 이상의 기간 동안 진행(기간 연장) - 무인복합기 N대를 양면인쇄 전용으로 지정 - 인터뷰는 실험에 영향을 끼치지 않기 위해 출구조사 형태로 실시 ▷ 효과성 측정 - 실험 프린터 설치 전후 종이 사용량 변화, 단면 및 양면인쇄 비율 변화 비교 - 인터뷰 자료 분석

수 있을 것이라 판단하였다. 그리고 더욱 심층적인 논의를 하기 위해서 가설 검증이 가능한 위 개선 실험을 제안하는 것으로 의견을 모았다.

III. 에코노트 스테이션

1. 문제인식과 선행사례

앞선 양면인쇄 프린터 실험이 종이 사용량 절감(Reduce)에 초점을 맞추었다면, 3R의 다음 단계인 종이의 재사용(Reuse)에 초점을 맞춘 이면지 노트 스테이션 (이하 '에코노트 스테이션')을 제안한다.

이면지를 재사용한 노트를 제작한 선행사례로 서울시(2016.)의 '지금하자' 프로젝트와 그린캠퍼스(2014)의 대학생 홍보대사 사업에서 실시된 '에코파일 캠페인'이 있다. '지금하자' 프로젝트는 2016년 3월부터 서울시 디자인정책과에서 실시한 종이절약 실천 프로젝트로, 이면지를 활용할 수 있는 여러 실천 방법을 제시하고 있다. '지금하자' 홈페이지는 이면지 수거함 제작 방법, 이면지를 활용한 노트 제작 방법과 양식 등을 제공하고 있다(서울시, 2016.). 그린캠퍼스 홍보대사의 '에코파일 캠페인'은 2014년 3월부터 2년간 진행된 프로젝트로 이면지를 끼워 연습장처럼 사용할 수 있는 철제 클립이 달린 파일인 '에코파일'을 배부하여 이면지 재사용에 관한 인식을 제고하고자 하였다. 두 선행 사례 모두 이면지 재사용을 유도하기 위한 캠페인의 형식으로 지속가능성에 한계가 있다.

이에 따라 우리는 접근성이 높고 지속 가능한 형태의 이면지 재사용 활성화 시스템으로 사용자들이 이면지로 노트를 만들 수 있는 에코노트 스테이션이라는 모델을 고안하고 연세대학교 내에 이를 설치하기 위한 실험을 해보기로 하였다.

2. 아이디어 제시

1) 에코노트 제작(이면지 재사용 노트)

'지금하자' 프로젝트는 사용자의 이면지 재사용을 유도하기 위해서 다음과 같은 이면지 활용 노트의 제작 방법을 제시하고 있다.

그러나 우리는 이러한 방식의 노트 제작이 사용자가 노트 커버까지 제작하도록 하는 등 높은 참여도를 요구하여 접근성이 떨어지기 때문에 다른 노트 형태를 고려할 필요가 있다 생각했다. 따라서 우리는 이면지를 활용한 노트를

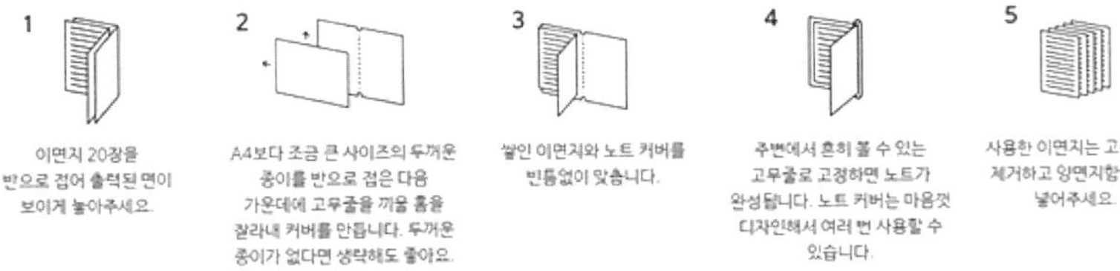

출처 : http://paperisgold.org/#inline-note

|그림 9-6| '지금하자' 프로젝트의 이면지 노트 제작 방법

다음의 세 가지 방식으로 제작하여 사용자에게 무료로 배포, 실제 사용 후기를 수집하기로 하였다.

(1) 열제본 노트

열제본은 접착제를 제본 표지 중앙에 도포하여 그 안에 낱장으로 된 내지를 붙이는 것이다. 보통 열제본 표지는 접착제가 도포된 완제품의 형태로 판

|그림 9-7| 열제본 노트

매된다. 이 방식은 제본이 비교적 빠르고 가격이 적게 들며 기계의 감가상각이 적게 일어난다는 장점이 있지만, 표지, 내지의 일체형으로 재제본이 불가능하다는 점, 제본이 잘 이루어지지 않았을 경우 중앙속지가 뜯어진다는 점 등의 단점이 있다.

(2) 링제본 노트

링제본은 속지에 타공 작업 후 플라스틱 혹은 철로 된 고리로 묶음을 하는 방식을 말한다. 이 방식은 열제본에 비해 매우 단단한 내구성을 가지고 있다는 장점이 있지만 철이나 일반 플라스틱 재질로 된 고리의 경우 재사용이 불가능하고 종이자원을 절약하려다 플라스틱 폐기물을 발생시킨다는 치명적인 단점이 있다. 따라서 우리는 재사용이 가능한 '클릭링'이라는 특수한 링을 채택하였다. 다만, 특수한 링인 만큼 가격이 일반 링에 비해 비싸고, 타공과 제본의 과정이 복잡하며 기계 고장이 잦다는 단점이 있다.

|그림 9-8| 링제본 노트

(3) DIY 이면지 노트

이 방식은 앞서 제시한 서울시 '지금하자'의 노트 제작 방식과 같은 것으로 사용자가 직접 만든 이면지 활용 노트를 말한다. 이는 실질적으로 제본보다는 파일의 형태에 가까우며 재사용할 수 있다는 장점이 있다. 또한 재질과 제작 비용이 사용자의 선택에 따라 천차만별이라는 특징이 있다. 그러나 제작 과정이 획일화되어 있지 않아 제작 시간이 오래 걸리며 제작이 번거롭기 때문에 시중 제품에 비해 사용 유인이 떨어진다는 문제가 있다. 또한 A4사이즈의 이면지를 반으로 접어 고무줄에 끼우는 방식으로 노트를 펼쳤을 때 A4의 절반 크기의 공간만 사용할 수 있다는 단점이 있다.

|그림 9-9| DIY 이면지 노트

이를 표로 정리하면 다음과 같다.

우리는 위와 같은 세가지 형태의 노트를 11월 19일, 15명의 연세대학교 학생에게 무작위 배포 후 26일까지 사용 후 사용 후기를 수집하였다.

<표 9-5> 노트 형태에 따른 비교

	열제본 노트	링제본 노트 (클릭링)	DIY노트
단가	- PVC 표지 200~300원 - 종이 표지 200~300원 (대량 주문제작 시)	- 클릭링 365원 (12mm) - 종이표지 100원 내외 (주문제작 디자인 가능)	사용자에 따라 다름
초기자본	열제본기 10만원대	링제본기 10만원대	없음
제작시간	2~3분	5~6분	20~30분
내구성	중앙 속지 분리 가능성	튼튼함	사용자에 따라 다름
1회 이상 제작	불가능	가능	매우 가능

2) 교내 이면지 수거함[1]

에코노트 스테이션의 활발한 사용을 위해서 이면지의 수급은 필수적이다. 이에 따라 우리는 먼저 교내 이면지 수거함 설치 현황을 조사하였다. 11월 15일 연세대학교의 주요 16개의 건물을 조사한 결과 총 5개의 건물에서 각 1개씩, 총 5개의 수거함을 발견하였다. 절대적으로 부족한 교내 공공장소의 이면지 수거함 설치 현황을 바탕으로, 직접적으로 재사용되는 이면지의 비율을 늘리고 연세대학교 구성원들의 이면지 재사용에 관한 인식을 제고하기 위해 이면지 수거함을 추가로 설치하기로 하였다. 이에 따라 유동인구가 많고 이면지 수거함이 없는 건물 5곳(교육과학관, 경영관, 중앙도서관, 학술정보원, 공학관)에 각 1개씩 5개의 수거함을 추가로 설치하였다.

1 이면지 수거함의 디자인은 서울시 '지금하자' 프로젝트에서 무료로 배포한 디자인을 사용하였다. '지금하자' 프로젝트의 효과성을 측정하기 위한 의도도 포함되었다.

|그림 9-10| 연세대학교 내의 이면지 수급함 설치 현황

|그림 9-11| 이면지 수급함 추가 설치 위치

3) 에코노트 스테이션

프로젝트의 효과를 최대화할 수 있는 노트 형태를 선정하고 이면지 수급을 위해 이면지 수거함을 추가로 설치하여 에코노트 스테이션을 구체화하였다. 에코노트 스테이션이란 제본기와 그에 필요한 소모품들이 배치되어 사용자들이 직접 이면지를 들고 오거나 수거함에서 모인 이면지를 재사용하여 노트를 제작할 수 있는 공간이다. 최초 아이디어 구상 회의를 통해 사용자가 직접 제작하는 셀프스테이션이 제안되었다.

3. 실험 개요

우리는 노트 종류에 따른 피드백을 토대로, DIY 노트를 제외하고, 열제본 노트와 링제본 노트를 활용해 스테이션을 진행해보기로 하였다. DIY 노트는 제작 방식이 복잡하고, 겉모습이 상대적으로 조악하여 굳이 제작해 사용하지는 않을 것 같다는 의견이 주를 이루었다. 이에 비해 열제본 노트와 링제본 노트는 겉모습에서 기성 노트와 비교해도 나쁘지 않다는 평가가 대부분이고, 최초의 목표였던 셀프스테이션의 취지에서도 제작이 어렵지 않다는 것이 강점으로 지목되었다. 우리는 이를 토대로 구체적인 셀프스테이션의 형태를 구상하였다.

우리는 학생회관 앞에 일일스테이션을 만들어 열제본 노트와 링제본 노트의 선호도 차이, 스테이션 이용 의사 및 가격, 이면지 노트의 가격 등을 알아보려 하였다.

<표 9-6> 일일 에코노트 스테이션 실험 계획

▷ 실험 목적: 노트 형태 선호도, 스테이션의 지속가능성 검토를 위한 서비스 가격 및 노트 가격 의견 수렴, 이면지 재사용에 대한 인식 확인
▷ 장소 및 시간: 학생회관 앞 천막, 12월 4일 화요일 12:00 ~ 16:00
▷ 실험 방법: 견본 노트 배포 및 직접 제작 유도, 설문을 통한 의견 수렴
▷ 실험 준비: 홍보물 제작 및 배포, 천막, 테이블 등 대여, 열제본기, 링제본기, 각 노트 재료 (50EA)
▷실험 내용
1) 이용자가 왔을 때, 노트에 대한 설명 및 노트 형태 선택
2) 직접 제작 유도
3) 노트 제공 및 설문 피드백 작성

4. 결과 분석

약 4시간 정도 이어진 실험은 성황리에 진행되었다. 46명에게 받은 피드백을 종합한 결과, 평균 평점이 4.18/5점으로 노트 질에 대한 평가가 무척 좋았다. 또한 이면지 스테이션이 생긴다면 사용하겠다는 응답에 긍정적인 응답이 91.3%(42명)로 매우 높게 나타났다. 사용하지 않겠다고 응답한 4명 중에서도 노트 품질이 우려되어서 사용하지 않겠다는 응답자는 한 명도 없었다. 이면지 스테이션 이용료에 대한 응답은 500원 이상에서 1,500원 미만으로 답한

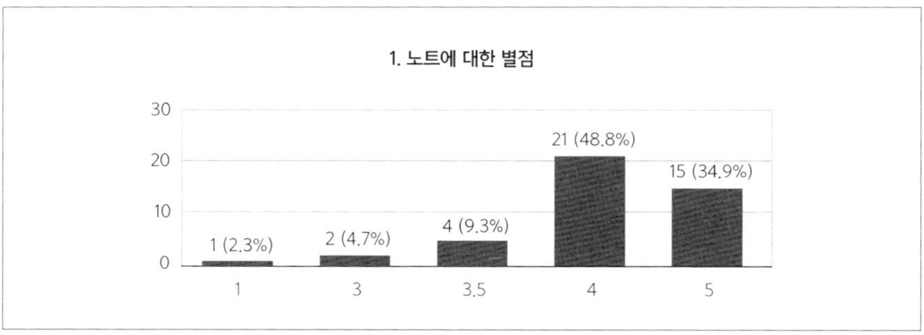

|그림 9-12| 에코노트에 대한 평가

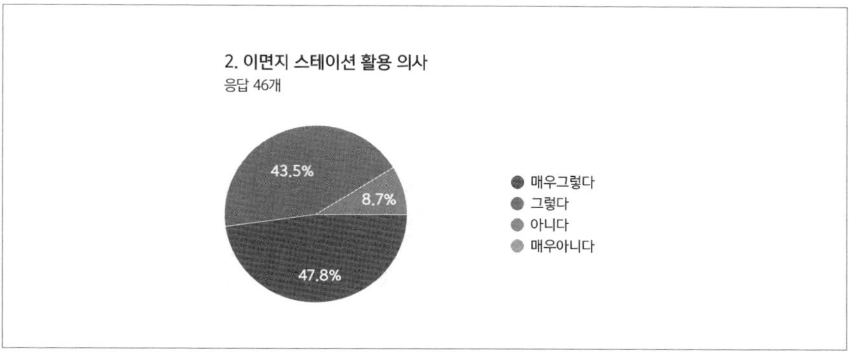

|그림 9-13| 에코노트 스테이션 사용 의사

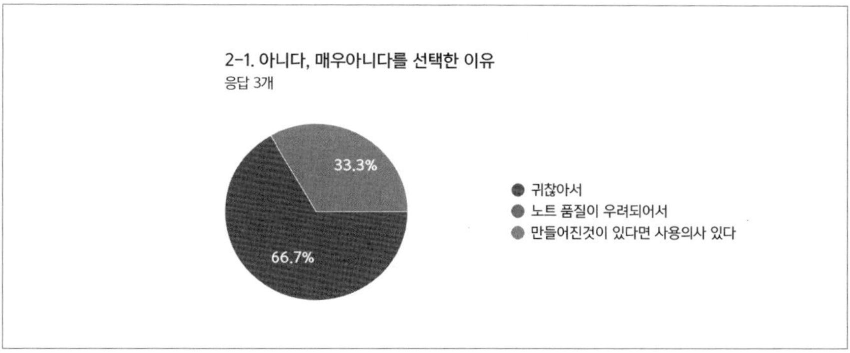

|그림 9-14| 에코노트 스테이션에 대한 부정적인 사용의사의 이유

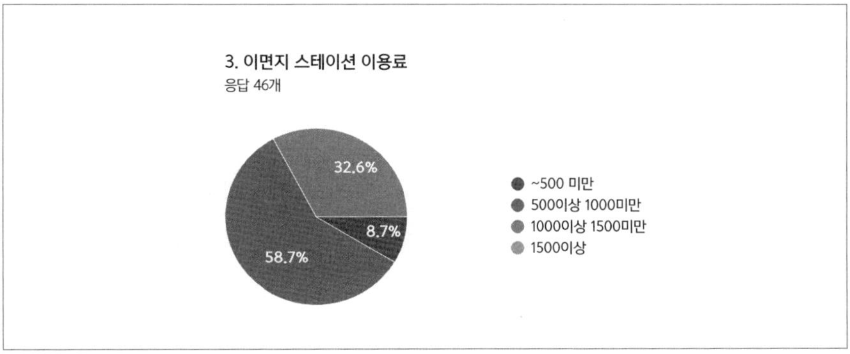

|그림 9-15| 에코노트 스테이션 이용료 지불의사

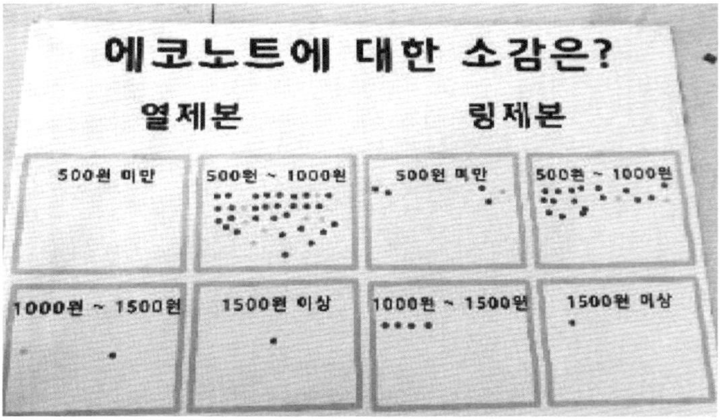

|그림 9-16| 열제본/링제본 선호도와 각 노트에 대한 지불의사 가격

비율이 91.3%(42명)이었다. 노트 자체의 가격에 대한 인식조사에서는 84명 중 84%(71명)가 500원 이상에서 1,000원 이하로 책정하였다. 이는 시판되는 노트에 비해 조금 낮은 가격으로 볼 수 있다.

다만 열제본 노트와 링제본 노트의 선호도는 정확히 알아볼 수 없었다. 실제로 배포된 노트의 수는 열 제본 노트가 좀 더 많았지만 이는 많은 사람들이 몰렸을 때, 스테이션 상황에 따라 본인이 선호하는 노트를 가져가지 못한 경우가 다소 있었기 때문이다.

우리는 이러한 통계 결과를 놓고 다음과 같은 결과를 도출할 수 있었다. 먼저, 에코노트 스테이션의 수요 측면에서의 지속가능성을 확인할 수 있었다. 물론 무료였기 때문이라고 볼 수도 있으나, 실제로 사용하겠다는 비율이 90%를 넘었기 때문에, 상설 에코노트 스테이션이 생긴다면 최소한의 수요 확보는 가능할 것으로 추정할 수 있었다. 또한, 노트의 겉모습에 긍정적인 평가를 내린 경우가 많다는 점도 수요 확보에 도움이 될 것이라고 판단하였다.

두 번째로, 에코노트 스테이션의 공급 측면에서도 지속 가능성을 확인할 수 있었다. 이면지 노트 제작 비용을 500원 미만으로 선택한 경우가 드물었고, 각 노트의 원가(링 제본 노트 약 450원열 제본 노트 약 250원)를 고려했을 때 이면지 스테이션이 흑자를 기록할 수 있다는 점은 매우 고무적인 결과로 보인다.

부가적으로 얻게 된 결론도 있었다. 조원들은 물론 스테이션 이용자들이 노트 제작에서 흥미를 느꼈다. 우리는 이점에 주목하여 스테이션을 운영할 수 있는 단체로 동아리를 떠올렸다. 봉사 동아리에서 스테이션을 운영, 관리하고 그 수익으로 봉사를 지속할 수 있을 뿐만 아니라, 노트 수요가 많은 초·중·고교생들을 대상으로 직접 스테이션을 체험해보게 하면서 이면지 재사용에 대한 인식, 나아가 환경에 대한 관심을 제고할 수 있는 계기로 삼는 봉사활동도 가능하지 않을까 하는 생각을 해볼 수 있었다.

IV. 프로토타입 제시 및 평가

1. 제시

1) 주체 설정

우리는 우선 에코노트 스테이션의 운영 주체로 연세대학교 내 환경/봉사 동아리 또는 학생 자치단체가 가장 적합할 것으로 판단하였다. 해당하는 단체로는 연세대학교 환경동아리 연그린, 연세대학교 중앙봉사동아리 로타랙트, 연세대학교 학생회 등이 있다. 이들 단체는 연세대학교 내의 공식적인 단체로 캠퍼스라는 배경을 두고 있기에 공간 확보가 상대적으로 유리하고, 학생들의

<표 9-7> 에코노트 스테이션 프로토타입

▷주체: 연세대학교 내 환경/봉사 동아리 또는 학생 자지 단체 ▷대상(이용자): 연세대학교 구성원 ▷장소: 연세대학교 내 유동인구가 많고 이면지 수급이 용이한 곳 최소 10 m²(열제본기 1대, 링제본기 1대 기준) ▷비용: 고정비용(제본기 대당 약 10만원) 한계비용(열제본-종이 표지 250원, 링제본-클릭링 365원 내외, 종이표지100원) ▷실현방안 (1) 공간을 확보하고 제본기를 비치한다. (2) 즉시 사용 가능한 이면지를 함께 비치한다. (3) 이면지 보안 및 품질, 기계를 관리할 인원을 최소 1인 비치한다. (4) 1회 이용 당 최소 500원 이상의 이용료를 통해 지속가능성을 확보한다. ▷예상효과: 에코노트 1권 당 약 40장의 종이자원이 절약될 것으로 예상(정량적) 이면지 노트 사용의 보편화로 종이자원에 대한 인식이 개선(정성적)

자발적인 참여로 이루어지는 단체의 특성 상 스테이션을 운영하기 위한 인원의 수급 및 배치 또한 용이하다. 또한 학생의 복지 또는 환경을 위한다는 단체의 설립 목적이 에코노트 스테이션의 취지와 부합한다.

주체가 연세대학교 내 학생단체라면 에코노트 스테이션의 이용자는 자연스럽게 연세대학교 구성원이 된다. 장소는 연세대학교 교내로 한정되며, 그 중에서도 특히 유동인구가 많고 이면지 수급이 용이한 곳, 예를 들어 학생회관이나 중앙도서관 지하 등이 후보지가 된다. 우리는 실험을 통해 열제본기 1대와 링제본기 1대를 두고 운영한다고 가정했을 때, 최소 10 m² 정도의 공간이 필요함을 알 수 있었다. 또한 상시 비치될 이면지의 보안 및 품질과 기계 상태를 관리하고 이용료 결제를 도울 인원이 최소 1인 이상 필요하다.

2) 가격 설정

에코노트 스테이션의 지속가능성을 확보하기 위해서는 적절한 이용료, 즉,

가격을 설정하는 것이 중요하다. 너무 낮은 가격을 설정할 경우에는 축적되는 비용을 감당하기 어려워 지속가능성이 없으며, 반대로 너무 높은 가격을 설정할 경우에는 이용 자체가 줄어들어 지속가능성뿐 아니라 에코노트 스테이션의 효과성 또한 담보할 수 없기 때문이다.

가격 설정을 위해서는 먼저 비용을 살펴보아야 하는데, 에코노트 스테이션의 운영 비용은 고정비용과 가변비용으로 나누어 볼 수 있다. 먼저 운영 주체의 특성 상 공간 확보와 인원 배치에는 따로 비용이 들지 않는다고 가정하면 고정비용은 제본기 가격, 즉 열제본기와 링제본기 각각 약 10만원 정도가 된다. 한편 가변비용은 '한계비용×노트의 개수'로 표현할 수 있는데, 1000개 이상의 대량 주문을 가정하였을 경우 열제본의 한계비용은 종이 표지의 값인 250원 내외, 링제본의 한계비용은 클릭링과 종이 표지의 값을 합한 465원 내외가 된다. 대량 주문의 경우 운영 주체의 개성을 담거나, 환경에 관한 메시지를 싣거나, 이용자의 이용률을 높이기 위한 디자인을 표지에 반영할 수 있다.

우리는 제본 형태에 따라 달라지는 한계비용과 특성을 고려하여 열제본은 이용료 회당 500원, 링제본은 이용료 회당 1,000원이라는 가격을 책정하였다. 첫째, 이는 에코노트 스테이션 실험 당시 이용자들의 희망 가격 설문 내용을 반영한 것이다. 둘째, 두 형태 모두 가격이 한계비용을 상회하므로 제작된 노트 1개당 250원, 535원이라는 이윤을 보장한다. 셋째, 링제본의 경우 가격을 1,000원으로 책정한 이유는 링과 표지의 재사용이 가능하기 때문이다. 구성품을 지참하여 재이용할 경우 이용료를 받지 않는 것을 원칙으로 하는 것이다. 이러한 형태로 운영할 경우 각 제본 형태에 따른 이윤은 다음과 같이 계산된다.

에코노트 스테이션의 하루 이용자가 20명이고 열제본과 링제본에 대한 선호가 무차별하여 하루에 각 10권(총 20권)씩 제작된다고 가정하자. 노트 당 500원의 이용료를 받는 열제본의 경우 노트를 400권 제작하면 고정비용의 회수

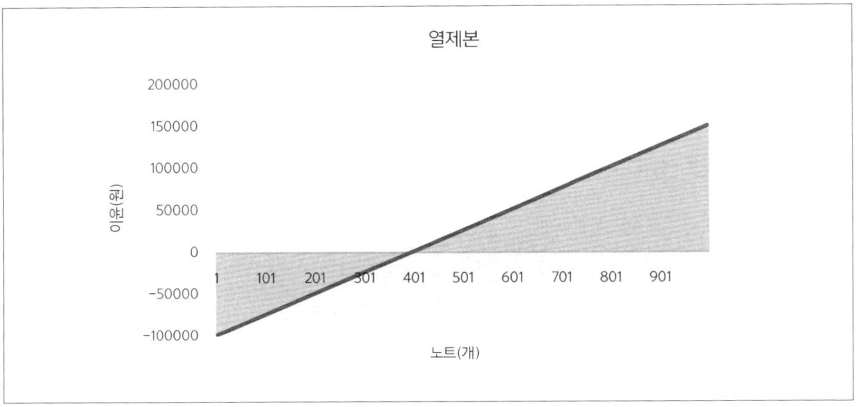

|그림 9-17| 열제본 형태 시 에코노트 스테이션 이용에 따른 예상 이윤

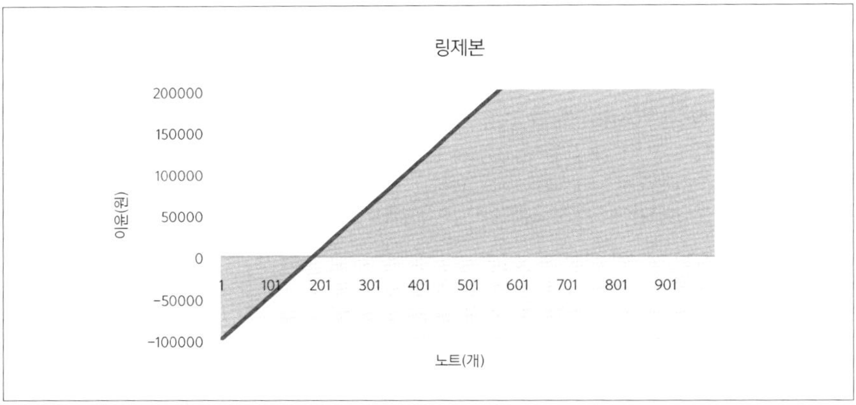

|그림 9-18| 링제본 형태 시 에코노트 스테이션 이용에 따른 예상 이윤

가 가능하므로 40일 운영 이후부터는 이윤이 발생할 것으로 추측할 수 있다. 링제본의 경우는 노트 당 1,000원의 이용료를 받으므로 183권을 제작하면 고정비용의 회수가 가능하나 이는 신규 노트 제작에만 해당되는 것으로, 하루 이용자의 1/3만이 신규제작이라고 가정했을 때, 약 55일 정도 운영 시 이윤이 발생할 것으로 보인다. 물론 이는 어디까지나 하루 20명이라는 안정적인 수

요가 확보되었을 경우에 한한 계산이지만, 20만원 내외의 초기비용이 그리 크지 않은 비용임을 감안하였을 때, 큰 수익을 낼 수 없다고 해도 에코노트 스테이션이 어느 정도는 지속이 가능하다고 판단할 수 있다.

2. 평가

1) 직면한 도전

에코노트 스테이션의 가장 큰 도전과제는 바로 이면지를 확보하여 비치하는 것이다. 이면지를 이용자가 직접 가져오도록 하는 방식은 이면지를 상비하는 방식에 비하여 이용률을 크게 떨어뜨릴 것이기 때문이다. 물론 에코노트 스테이션의 원칙은 이용자의 자발적 참여이므로 이면지를 구해 오는 것은 이용자의 몫이라고 할 수 있겠으나, 개인이 이면지를 구하는 것에 한계가 있다는 사실은 우리 스스로 이면지를 확보하는 과정에서도 확인할 수 있었다.

최초에 우리는 연세대학교 내에 이면지 수거함이 설치되지 않은 곳을 파악하여 이면지 수거함을 설치하고 이면지 수거함 지도를 제작하였다. 이는 에코노트 스테이션의 잠재적 이용자가 이면지를 안정적으로 수급할 수 있는 거점을 마련하기 위한 것이었지만 결국 실패하고 말았다. 설치한 장소 중 2곳에서 이면지 수거함이 분실되었고 가장 많이 모인 이면지 수거함의 경우에도 그 양이 30장에 그쳤다. 실험에 쓰기에 턱없이 모자란 양이었다. 실제 실험 당시 우리는 약 3,500장의 종이를 단 4시간 만에 소모하였는데, 무료 체험, 무료 배포라는 점을 감안하더라도 안정적인 이면지 확보가 에코노트 스테이션의 성공에 핵심적인 문제임을 확인할 수 있었다.

에코노트 스테이션이 직면한 다른 도전과제는 오용의 가능성이다. 실험 당시 몇몇의 이용자는 에코노트 스테이션을 단순히 값싼 제본 서비스 정도로 인식, 논문이나 교재의 제본에 이용하기 좋겠다고 하였다. 그러나 이면지 노트 스테이션은 '이면지'를 위한 공간이 되어야 한다. 이용자들이 에코노트 스테이션을 개인용 제본이나 새 종이로 노트를 만드는데 활용한다면 종이자원 낭비 문제를 해결한다는 당위를 확보할 수 없고, 따라서 다른 인쇄 및 제본업자들이 경쟁상대로 인식하여 반발을 불러일으킬 가능성이 있기 때문이다.

2) 해결방안

이면지 확보를 위한 최선의 방안은 이면지가 상시적으로 발생하기 쉬운 학원, 연구실, 사무실 등과 연계하는 방법이다. 이는 조원들이 각자의 일터(학원, 사무 보조 알바 등)에서 실험을 위해 구할 수 있는 이면지를 최대한 모아 온 것에서 착안하였다. 이면지의 발생이 일상적인 대학교 내 많은 사무실, 연구실들과 연계가 이루어지면 이면지 수급은 그리 어려운 일이 아닐 것이다. 이외에 이면지 수거함의 위치나 설치 기간 등에 변화를 주는 것도 해결책으로 제시할 수 있다. 실험 당시 이용자 중 일부는 이미 이면지를 활용하고 있으며 에코노트 스테이션과 같이 이면지 사용을 장려하거나 도움을 주는 제도가 있으면 좋겠다고 언급하였는데, 이들의 실천을 더욱 독려하기 위한 방법을 계속 고민하는 것이 결국 이면지 수급 문제의 궁극적인 해결방안이 될 것이다.

에코노트 스테이션의 오용의 문제에 대해서는 오용가능성을 완전히 제거할 수는 없지만 관리자를 배치하는 것으로 크게 줄일 수 있다. 결제 및 관리를 담당하는 인원의 존재는 일종의 감시자 역할을 하게 되어 에코노트 스테이션의 오용을 크게 줄일 것이다. 최소 1인 재실을 원칙으로 하되 상황에 맞추어 운영할 수 있다. 가장 스테이션 사용이 활발한 타임슬롯 위주로 재실 한다면 부담은 줄어들 것이며 학내 단체 내부인원만으로 운영이 힘들 때는 봉사시간을 제공하거나, 근로장학금제도를 활용하는 방법도 고려할 수 있다. 그러나 가장 좋은 해결책은 에코노트 스테이션의 환경보호 취지를 널리 알려 이용자들이 자부심을 가지고 상호신뢰를 바탕으로 이면지를 재사용할 수 있도록 하는 것이다.

3) 예상효과

에코노트 스테이션에서 노트 1권을 제작하면 약 40장의 종이가 재사용된다. 우리가 4시간 만에 3,500장의 종이를 재사용할 수 있었던 것처럼, 적어 보여도 모인다면 큰 효과를 낼 수 있다. 에코노트의 효과는 권당 40장이라는 정량적인 것으로만 평가할 수 없다. 이용자들이 환경을 위한 실천이라는 측면에서 만족감을 표시하는 경우가 많았으며, 이는 사용자에게 종이자원의 귀중함을 생각해보는 계기로 작용할 수 있기 때문이다.

최초에 에코노트 스테이션의 목표는 자기 순환이 가능하여 누구라도 설치할 수 있는 범용적인 모델을 제시하는 것이었다. 그러나 현실적 여건으로 인해 실험이 연세대학교 내로 한정됐으나 에코노트 스테이션에는 확장성이 존재한다. 적어도 연세대학교와 비슷한 환경이라고 판단되는 다른 대학들과 연계하는 방식을 고려해 볼 수 있으며, 노트 수요가 많은 수험생들에게 에코노트를 연습장용으로 배부하거나 유치원 등에 스케치북 형태로 나누어 주는 것 역시 환경사업의 일환으로 충분히 가능하다. 우리가 에코노트 제작 시 재미를 느낀 것처럼 에코노트 제작 체험활동 등의 행사 또한 환경사업으로 기획이 가능하다. 에코노트 스테이션 기획은 연세대학교 교정을 넘어 세상으로 뻗어나갈 혁신성이 있다.

V. 결론

'일단정紙' 조는 10월 10일부터 2달간 종이사용을 줄이기 위해 다양한 시도를 하였다. 처음 '종이 없이 살아보기' 실험을 진행하며 일상에서 얼마나 많은 종이들이 사용되는지 알 수 있었다. 그리고 더 많은 양의 종이낭비를 줄이기 위해서는 개인의 의식적 차원의 접근만으론 부족하다는 것을 절감, 시스템 차원의 해결책을 강구하게 되었다. 그 결과 양면인쇄 프린터와 에코노트 스테이션 2가지 아이디어를 제시하였고 실험을 통해 현실성을 검증해보려 노력하였다.

양면인쇄 전용 프린터의 경우, 카드결제시스템의 조작을 협조 받지 못해 최초 설계대로 실험을 진행하지 못하였다. 카드결제시스템의 조작과 최대한 비슷한 효과를 주고자 대안으로 다양하게 변수(현금, 현물, Reputation)들을 조작하여 실험을 진행하였지만 가설을 검증하기에는 실험에 참여한 표본이 충분하지 않았다. 그러나 이용자 인터뷰와 직접 관찰하고 기록한 이용행태를 통해 자동화 시스템의 필요성을 발견하여 양면인쇄 전용 프린터의 효과성을 입증하기 위한 카드결제시스템을 조작한 새로운 실험을 제안하였다.

에코노트 스테이션의 경우, 성공적인 실험이 되었다. 미리 프로토타입의 노트를 만들어 배부하고 피드백을 받아 일일스테이션 운영 실험도 차질 없이 진행되었다. 준비한 모든 이면지를 소진하였고 설문지를 통해 에코노트 스테이션의 지속가능성을 확인하였다. 또한 조원들이 직접 공급자의 입장이 되어 운영하며 제본기마다 장단점을 파악하여 공급자 입장에서도 실현가능성을 확인하였다. 구체적인 운영주체가 결정된다면 충분히 실현 가능한 프로젝트가 될 것으로 기대된다.

3가지 실험을 통해 문제설정부터 Reduce, Reuse 측면의 해결책까지 점검해 보았다. '일단정紙' 조는 문제해결을 위해 최초에는 환경을 공공영역의 문제로 설정하고 환경보호의 당위성 측면을 가장 큰 근거로 들어서 주장을 펼쳤었다. 그러나 실험들을 진행하며 현실문제는 당위성 측면의 주장에 현실성이 따라오지 못하면 탁상공론에 불과하다는 것을 알게 되었다. 환경에 관한 리빙랩이 효과적인 변화를 이끌어내기 위해서는 환경성과 경제성, 사용자 간 사회적 합의라는 3요소가 어우러져야 한다. 진정한 의미의 '리빙랩(Living-Lab)'은 그 때 완성되는 것이 아닐까?

참고문헌

서울시, 2016. 종이 절약 실천 프로젝트 '지금하자',
http://paperisgold.org/ (최종접속일자:2018.12.14.).

10. 따릉이로 함께 달리는 신촌
- 리빙랩을 통한 따릉이 이용 활성화 방안 논의

| 김기훈, 김민수, 배예슬, 최수연 |

I. 문제 설정

1. 자전거 이용 활성화의 필요성과 문제 접근

서울시는 세계적인 대도시로서 매일매일 엄청난 교통량이 처리되고 있다. 이를 해결하기 위해서 서울시는 지속적인 도시철도 노선 확충과 버스-철도 간의 환승 및 다른 수도권 지자체 대중교통과의 환승 제도 등을 시행해왔다. 또한 버스 전용 중앙차로제를 시행해 대중교통을 우선하는 정책을 폈다. 그 결과 대중교통의 분담률이 지속적으로 증가해 왔고, 그에 따라 승용차에 대한 의존도는 26.9%(2002년)에서 23.1%(2012년)로 감소하였다.[1] 그러나 도시철도가 지나지 않고 버스의 운행이 빈번하지 않은 외곽의 주거지역에서는 이러한 대중교통 서비스의 공급을 기대하기 힘들다. 이 때 대안으로서 제시될 수 있는 것이 바로 자전거이다. 자전거는 보통 400m~3Km 정도의 거리를 이동할 때 그

1 서울연구데이터서비스, 2015. "교통수단 분담률." http://data.si.re.kr/2015br10-modal-share(검색일 2018.12.05.).

강점이 최대한 발휘될 수 있다. 이 정도 거리는 체력적인 부담이 크지 않으며 신속한 이동을 기대할 수 있다. 특히 출퇴근 시간에 발생하는 교통체증이 심각할 경우, 자전거로의 이동은 도로 교통보다 신속한 경우도 많다. 그러나 서울에서는 교통수단으로서의 자전거가 활성화되지 않고 자전거가 여가 수단에 머물러 있다. 자전거에 의한 분담률 또한 2.58%에 불과하다.[2] 이는 세계의 주요 대도시인 도쿄(16.3%, 2010년), 베이징(16.4% 2010년) 등과 비교했을 때 매우 낮은 것이다.[3] 따라서 교통수단으로서 자전거를 활성화한다면, 교통 수요를 효율적으로 처리할 수 있을 뿐만 아니라, 차량의 통행을 감소시켜 교통 체증을 감소시키고 이에 따라 질산화물과 같은 스모그의 원인 물질, 탄소 배출량 및 미세먼지를 감축하고 나아가 자전거 이용 시민의 건강도 증진시킬 수 있을 것이다.

특히 우리 조는 2015년부터 서울시가 자전거 이용 활성화를 위해 진행 중인 사업 '서울 공공자전거 따릉이'에 주목하여, 따릉이 이용 증진에 대해 리빙랩을 실행하기로 했다. 서울시에서 발표한 통계에 따르면 2017년 따릉이 이용의 38%는 출퇴근에 집중되며, 이용자의 85%는 20~40대의 젊은 층이다. 특히 20대의 이용이 절반 정도를 차지한다. 또한 이용량이 가장 많은 자치구는 마포구와 영등포구이며, 종로구와 성동구, 서대문구 등이 그 뒤를 잇고 있다. 그러나 주목할 점이 있는데, 마포구와 서대문구는 인접해 있고 인구수가 비슷함에도 불구하고, 따릉이 이용은 마포구가 서대문구의 두 배로 나타나 격차가 매우 큰 것으로 나타났다.[4]

---

2 대전일보, 2013.07.15./ http://www.daejonilbo.com/news/newsitem.asp?pk_no=1072628(검색일 2018.12.05.).

3 서울연구데이터서비스, 2015. "교통수단 분담률." http://data.si.re.kr/2015br10-modal-share(검색일 2018.12.05.).

4 메트로, 2018.03.20./ http://m.metroseoul.co.kr/news/newsview?newscd=2018032000104(검색일 2018.12.05.).

위와 같은 상황 때문에 우리 조는 따릉이의 활성화를 위한 선도 지역으로서 2호선 신촌역(신촌로터리)을 중심으로 하는 신촌 지역을 선정하였다. 우선 신촌 지역은 따릉이 이용이 비교적 이용이 활성화 되지 않은 서대문구와 이용이 상대적으로 활성화된 마포구의 접경지역으로 활성화가 용이한 측면이 있다. 또한 신촌역을 중심으로 다수의 대학이 위치하는 등 유동인구가 많고, 이 중 상당수가 젊은 층이므로, 따릉이 이용자의 특성과 유사해 따릉이 이용에 대한 잠재적인 수요가 크다고 보았다.

신촌로터리를 중심으로 방향으로 도로가 구성되어 있으므로(연세로, 신촌로, 백범로, 서강로), 각각의 노선을 검토하였다. 그런데 이 중 동서 방향의 신촌로(동교동3거리 방향, 이대역 방향)는 이미 지하철 2호선이 지나며 다수의 서울 시내버스, 경기 인천 소속의 버스가 통행하므로 자전거의 필요성이 떨어진다고 판단하였다. 남은 세 가지 노선에 대해서 검토하였고, 그 결과 신촌역~서강대교 북단의 서강로 노선과 신촌역~연세대 정문의 연세로를 활성화 대상으로 선정하였다.

1) 서강로 노선

서강로는 서울특별시 마포구 노고산동 신촌로터리부터 서울특별시 마포구 창전동 서강대교 북단에 이르는 1.6km의 도로이다. 서울의 주요 도심 지역인 신촌과 여의도를 잇는 간선도로지만, 현재 이 도로를 지나는 도시철도는 존재하지 않는다. 2000년대 초반부터 이 도로를 지나는 서울 경전철 서부선이 계획되어 있기는 하지만 아직도 착공이 확정되지 않아 완공은 요원하다. 또한 이 도로를 경유하는 버스 노선은 3개에 불과하다. 반면 최근 서강로를 중심으로 도시 재생사업이 활발하게 이루어지고 있어 가까운 미래에 추가적인 통행량 증가가 예상된다.

이러한 상황에서, 마포구에서는 자전거 이용 활성화를 증진하기 위하여 자

출처: 네이버지도 캡쳐

|그림 10-1| 지하철 신촌역 주변

전거 도로를 확충하는 등 인프라 개선에 노력하고 있다. 이미 마포대교 북단에서 공덕역에 이르는 마포대로 구간에 자전거 도로를 설치하였고, 이어 서강로 구간에 대해서도 2018년 7월부터 착공에 들어가 12월 개통을 목표로 공사 중에 있다. 서강로 자전거 전용도로의 설치는 기존 차선의 축소 없이, 차선의 폭을 줄여 확보한 공간에(편도 1.2m) 계획되었다. 10월 말에 방문한 결과, 자전거 전용도로는 보도높이형으로 시공되어 도로의 포장은 끝난 상태였으나, 추가적인 시설물이 완성되지 않아 개통하지 않은 상태이다. 향후 이를 통해 신촌과 여의도로 출퇴근하는 교통량을 자전거를 통해 분담할 수 있으며, 신촌 지역 주민들의 한강 접근성을 개선시켜 공원이 부족한 주민들에게 녹지 공급을 늘려 삶의 질의 향상을 기대할 수도 있다. 또한 한강의 자전거 이용 인구를 신

촌으로 유입시켜, 신촌 상권의 활성화에도 도움이 될 것이다.

2) 연세로-연희로 노선

연세로는 신촌로터리부터 연세대학교 정문에 이르는 420m의 매우 짧은 도로이다. 2014년 완공된 서울 유일의 대중교통 전용지구로 버스와 긴급 차량, 자전거의 통행만이 허용된다. 이 도로는 양 끝에 2호선 신촌역과 연세대학교, 세브란스 병원이 위치에 있어 수요가 매우 많으나, 도로의 거리가 매우 짧아 자전거의 활성화에는 적절하지 않다고 판단했다. 따라서 우리 조는 단순히 연세로에 그치는 것이 아니라, 이의 연장선에 위치한 연희동의 연희로를 포함하여 활성화 계획을 세우기로 하였다.

연희로가 지나는 서대문구 연희동은 서울의 대표적인 지하철 사각지대이다. 따라서 많은 연희동 주민들이 도시철도를 이용하기 위해서 3호선 홍제역, 경의중앙선 가좌역, 2호선 홍대입구역, 2호선 신촌역까지 버스를 이용해 이동하고 있다. 특히, 이 중에서는 이용객이 가장 많은 2호선 상의 역인 홍대입구역과 신촌역에 이용객이 집중되지만, 출퇴근시간에는 버스의 공급이 부족하여 버스는 항시 만원이며 연희로와 성산로의 교통 정체로 인해 소요시간이 대폭 증가된다. 따라서 우리 조는 피크 타임, 특히 출근 시간의 신촌역과 홍대입구역으로의 교통량을 자전거로 분산시킨다면, 이용객의 입장에서 소요 시간을 단축하고 만원 버스에 벗어나 조금 더 쾌적한 통근길이 될 수 있다고 보았다. 이를 위해서 우리 조는 홍제역이 더 가까운 연희동 북부는 제외하고 안산 도시 자연공원-궁동공원-성산로-연세대학교-서대문 자연사박물관을 경계로 하는 연희동을 문제 해결의 대상으로 결정하였다.

출처: 네이버지도 캡쳐

|그림 10-2| 공용 자전거 리빙랩 지역

3) 이해관계자

우선 따릉이의 운영 및 관리 주체인 서울시가 대표적인 이해당사자이다. 자전거의 공급 및 관리, 따릉이 시스템의 운영의 핵심적인 주체이기 때문이다. 또한 리빙랩의 핵심 지역인 서강로와 연세로-연희로를 관할로 두고 있는 서대문구와 마포구의 교통 관련 부서도 포함된다. 더불어 위의 도로에 생활권을 두고 있는 주민들과 보행자도 이해 관계자라고 할 수 있다. 이 때, 주소지에 등록되어 있지는 않지만, 따릉이의 주요 이용 계층이 될 수 있는 연세대학교 서문 근방의 연희동에 거주하는 대학생 등도 포함된다.

II. 문제 해결

1. 따릉이 이용 활성화 목표와 방안

우리 조는 11.4(일)부터 11.6(화)까지 3일에 걸쳐 87 명의 대학생들을 대상으로 온라인으로 사전 설문조사를 실시하였다(참고자료1). 설문조사는 연희동 거주자와 그 외 지역 거주자, 따릉이 이용자와 비이용자로 나누어 진행되었다. 따릉이 이용자들에게는 주로 따릉이를 이용하며 느꼈던 불편한 점, 개선 사항 등에 대한 질문을, 따릉이 비이용자들에게는 이용하지 않는 이유와 따릉이에 대한 인식에 대한 설문을 진행하였다. 설문 결과의 분석에 따르면, 따릉이 이용자들에게 가장 불편한 문제는 따릉이 어플리케이션에 대한 불만이 주를 이루었다. 이용자와 비이용자 공통적으로 자전거를 타기 좋은 환경이 갖추어지지 않았다는 불편 사항과 따릉이 대여소의 접근성에 대한 문제가 제기되었다. 추가로, 따릉이를 어떻게 이용하는지 모른다는 응답과 따릉이 대여소에 자전거가 없는 상황이 많다는 문제도 제기되었다. 이와 같은 문제를 해결하기 위해 우리 조는 문제에 따라 다음과 같이 각각의 층위를 나누어 해결 방안을 찾고자 한다.

<표 10-1>

층위	문제 해결 방안
서울시	1) 어플리케이션 개선: 시작화면 변경과 경로안내 2) 리워드제도 도입
마포구	1) 이용자 심층 인터뷰 2) Key Phrase 제작 및 SNS 홍보
서대문구	1) 실제 따릉이 이용 체험 2) 이용권 이벤트 3) 대여소 추가 증설 요구

1) 서울시 층위

따릉이 자체의 불편함이나 개선 사항은 서대문구와 마포구 차원에서 해결하기 힘들기 때문에 서울시 관련 사업부에 건의할 계획이다. 그러나 설문에서 제기되었던 따릉이 어플, 자전거 이용 환경, 대여소 자전거 부족 문제 등은 서울시 따릉이 관련 부처에 전달하여 해결해야 하지만 당장 많은 부분을 고치고 해결하기에는 무리가 있다. 따라서 이용자들의 목소리를 최대한 반영하여 작은 불편 사항부터 개선하고자 한다. 어플 이용의 불편함에 대한 문제가 많이 제기된 만큼 어플 개선의 필요성이 최우선이라고 할 수 있다. 당장 어플 전체를 고칠 수는 없지만, 지속적으로 불편함이 제기되었던 부분들을 위주로 수정하고 이를 통해 어플 이용의 편의성을 개선하고자 한다. 또한, 자전거 이용 환경 자체를 당장 개선할 수는 없기 때문에 어플 내에 자전거를 타기 좋은 경로를 찾아주는 기능 등의 편의 기능을 추가함으로써 따릉이 이용 시의 불편함 개선할 수 있을 것이다. 또, 피크타임에 대여소의 자전거가 부족한 현상 등은 사용자를 기반으로 한 리워드 제도 등을 구상하여 해결해 보고자 한다. 이러한 개선사항을 서울시 해당 부서에 전달하고, 도입 가능성에 대한 면담을 진행할 것이다.

2) 마포구 층위

다음으로 구 층위에서는 앞서 설정한 두 가지 목표 노선에 따라 각기 다른 활성화 아이디어를 제시하고자 한다. 먼저 서강로 노선은 연내 개통을 목표로 자전거 도로가 개설되고 있는 점을 미루어 보았을 때 향후 이용자들에게 시설적 측면의 개선보다는 인식과 홍보 측면에서의 적극적인 노력이 필요하다고 판단하였다. 담당 부서에 문의해본 결과, 아직 서강로 자전거 전용도로에 대한 구체적인 홍보 계획은 논의된 바 없지만 향후의 홍보 계획에 있어 마포구 교통행정과는 새로운 홍보 아이디어 수용에 대한 긍정적인 의지를 보였다. 따라서 우리 조는 이 노선의 자전거 도로 활성화를 위한 홍보에 주력하여 여러 홍보 아이디어를 해당 부처에 제시하고자 한다. 우선 이 구간 홍보의 목적은 다음의 인식 개선을 통한 따릉이 이용 활성화인데, 대부분의 사람들에게는 아직 신촌과 한강이 가깝지 않다는 인식이 자리 잡고 있지 않다. 그러나 신촌과 한강은 따릉이를 이용하였을 때 10분 이내로 이동 가능한 거리로, 아직 논의 단계에 머물러 있기는 하지만, “따릉이로 신촌에서 한강까지 10분” 등 과 같은 key phrase를 적극적으로 이용하여 홍보한다면, 한강을 여가 목적으로 방문하거나 운동을 위해 방문하는 시민들 또는 여의도로 출퇴근하는 시민들의 이용을 촉진할 수 있을 것이라고 기대한다. 혹은 반대로, 한강에서의 여가 활동 후 신촌으로의 유입을 통해 신촌 상권의 활성화도 기대해볼 수 있을 것이다.

3) 서대문구 층위

다음으로 연세로-연희로 노선은 연희동의 주거 지역에 거주하는 사람들이 많은 점과 연희동 내부에는 지하철역이 없어 출퇴근 시간에 주변의 지하철역으로 향하는 버스가 항상 만원인 점에 주목하여, 연희동에서 출퇴근하는 시민들의 버스 이용을 따릉이 이용으로 전환 및 분담시키는 데에 초점을 맞춰보고자 한다. 우리 조가 실시한 설문조사 결과에 따르면, 연희동에 거주한다고 응답한 사람들은 자전거 이용과 관련된 불편 사항에서 도로 환경에 대한 문제를 가장 많이 지적하였다. 이 점에 착안하여 먼저 우리 조는 가까운 시일 내에 직접 신촌로터리에서 연희동까지 따릉이를 이용해보고, 이용 시의 불편 사항과 안전한 경로에 대해 조사한 다음, 이를 서대문구청 교통행정과에 건의하여 신촌역-연희동 간의 자전거 이용 환경을 개선하고자 한다. 또한 첨두시 자전거 이용으로 시간을 단축할 수 있다는 점도 적극 홍보할 것이다.

2. 따릉이 이용활성화 방안의 구체화 : 실험과 프로토타입 디자인

1) 서울시 층위

따릉이의 대표적 문제점으로 꼽힌 높은 진입장벽과 접근성 문제는 어플리케이션에서도 나타난다. 따릉이 어플리케이션에 관해서 제기되었던 문제는 구동이 느리고 오류가 많다는 점이 가장 많았다. 시작 화면이 지도 화면이기 때문에 로딩 시간이 오래 걸리고, 이것은 또한 처음 이용하는 사람이 이용 방법에 대한 설명을 찾기 어렵게 하는 문제점이 있다. 이번 리빙랩 동안 어플리케이션 자체를 새로 개발하고 효율성을 개선하기에는 시간적 제약과 기술적 문제로 무리가 있지만, 단순히 시작 화면을 변경함으로써 긴 로딩 시간으로 인한 불편함을 줄이고 이용자의 편의성 역시 제고할 수 있을 것이라고 분석하였다. 시작 화면을 지도 화면이 아니라 텍스트에 기반하여 대여, 자주 찾는 대여소, 이용 방법 안내 등을 이용자가 바로 선택할 수 있는 화면으로 변경함으로써 이용자의 편의성을 높일 수 있을 것이라고 기대된다.

자전거 이용 환경에 관해서 제기되었던 문제는 자전거 도로 구비가 미흡하고 언덕이나 많은 자동차로 인해 자전거를 타기 불편하다는 지적이었다. 이러한 문제 역시 많은 비용과 시간을 요구해 당장 자전거 도로를 더 설치하거나 이용 환경을 획기적으로 개선하기는 어렵지만, 따릉이 어플리케이션 내부에 대여소 간 이동 경로를 계산하여 자전거 도로가 구비되어 있고 경사가 적은 자전거를 타기에 좋은 경로 등을 안내해주고, 대여소 간 이동 거리와 시간을 제공하는 등의 서비스를 도입한다면 이용자의 편의성을 제고할 수 있을 것이라고 분석하였다.

또 다른 불편 사항으로는 따릉이 이용자들이 피크타임에는 따릉이를 이용하고 싶어도 따릉이 대여소에 자전거가 부족하다는 문제가 제기되었다. 현재 따릉이 대여소 간 자전거 이동은 트럭을 통해 한 번에 하고 있는데, 이를 사용자의 참여를 통해 해결할 수 있는 아이디어를 구상해 보았다. 출퇴근 시간과 같은 이용객이 몰리는 시간에는 이용할 수 있는 따릉이 대수가 상당히 부족한 반면 오후 10시 이후 시간대에는 반환된 따릉이 수가 거치대의 자리를 다 차지하고도 넘치는 점 또한 알 수 있었다. 따라서 피크 타임과 같은 시간대에는 따릉이 배치가 좀 더 원활하게 이루어질 수 있도록 서울시 따릉이 사업부에 건의를 할 것이고, 이와 더불어 우리 조에서 구상한 아이디어는 리워드 제도다. 리워드 제도는 피크 타임 때 자전거가 부족한 지역으로 이동하는 사람에게 마일리지나 리워드를 제공하는 제도이다. 이용자가 직접 피크 타임 시간대에 따릉이가 부족한 지역으로 따릉이를 반납할 경우 보상 점수를 제공하고 향후 보상 점수를 따릉이 이용권 구매 시에 사용할 수 있도록 하는 것으로, 사용자의 니즈를 정확히 파악하여 구체적인 마일리지와 리워드 제도를 도입하면 피크 타임 문제를 해결할 수 있을 것이라 기대된다. 우리 조는 이 방식을 보다 구체화하여 제안 및 도입해 보고자 하였다.

2) 마포구 층위

홍보와 사용자 의견 청취의 두 가지 방법을 통해 진행할 계획이다. 홍보와 관련해서는 SNS 등을 이용한 홍보활동을 통해 신촌과 한강(여의도) 간의 거리가 가까운 점과, 자전거 전용 도로가 잘 구비되어 있음을 어필하려 한다. 또한 서강로 자전거도로 이용객을 대상으로 인터뷰를 실시하여 추가 개선점을 찾아볼 계획이다.

3) 서대문구 층위

연희로에서 우리 조가 목표하는 바는 신촌에서 연희동을 잇는 구간의 따릉이 이용자 수 증가이다. 따라서 우리 조는 먼저 연희동 주민들(우리 학교 학생들 포함)을 대상으로 따릉이 이용과 관련한 설문조사를 실시해 보았는데, 따릉이 이용빈도, 이용 경로, 이용시 불편한 점, 개선할 점 등을 질문해 본 결과, 무엇보다도 연희동 방면의 대여소 추가 증설에 대한 응답자들의 요구가 높았던 점에 주목하였다. 따라서 우리 조는 향후 서울시와 서대문구청의 관련 사업부와의 인터뷰시 해당 위치의 대여소 증설이 가능한지를 질문해본 뒤 그를 통한 연희동 방면 따릉이 이용자의 이용환경 개선에 접근하고자 한다. 다음으로는 신촌에서 연희동까지 따릉이를 이용했을 때의 소요 시간과 버스를 이용했을 때의 소요 시간을 직접 기록, 비교해 봄으로써 타 대중교통 이용할 때보다 따릉이를 이용할 때 소요 시간 단축이나 편리성이 존재하는지를 알아 볼 것이다. 그리고 마지막으로는 신촌-연희동 방면은 언론에서 빈번하게 언급되었던 높은 진입장벽으로 인한 따릉이 이용의 부진을 공략할 계획이다. 구체적으로는 잠재적 이용자들의 진입장벽을 제거할 수 있는 따릉이 이용권 이벤트를 실시해보고자 한다. 그리고 난 뒤, 이벤트에 참여한 사용자들을 대상으로 따릉이 이용에 대한 사전 인식, 이용 후의 인식 변화, 사후 지속적인 이용 가능성 여부를 파악하고자 한다.

3. 따릉이 이용 활성화 방안의 실현가능성

1) 서울시 층위

서울시 자전거정책과에 개선 사항과 질문 사항들을 전달하고 서면으로 인터뷰를 진행한 결과, 어플리케이션 시작 화면 변경에 관해 최근 어플 개선 작업을 통해 '간략 보기' 화면을 추가 구성하여 메인 화면을 원하는 버전으로 변경할 수 있도록 하였다고 답변해왔고, 지속적으로 사용자의 의견을 반영하여 개선할 계획이라고 답변하였다. 당장 어플을 변경하기는 어렵더라도, 이러한 형태의 문제 제기와 사용자들의 요구를 반영한 아이디어를 통해 보다 개선될 수 있을 것이라 기대된다.

최적 경로 안내 서비스 역시 당장 개발하기에는 무리가 있지만 현재 따릉이 어플리케이션이 네이버 지도 서비스를 기반으로 하는 만큼 네이버 지도 길찾기 서비스와 연동할 수 있으리라 분석하였다. 최적 경로 안내 시스템을 당장 도입하기보다는 대여소 간 경로 안내 기능과 예상 소요시간 안내 기능을 도입할 수 있을 것이라 예상한다.

우리 조는 리워드 제도의 구상을 위해 연희동과 신촌역 주변의 따릉이 대여소 자전거 수를 시간대 별로 11월 14일(수)부터 11월 20일(화)까지 일주일 동안 기록했고(참고자료 3 : 대여소 별 따릉이 잔여 대수 기록표) 일정한 패턴이나 비슷한 시간대에 자전거 수가 부족한 대여소를 찾으려 하였다. 일주일 간 하루에 8시, 12시, 18시, 22시 총 네 번을 기록했고, 이를 분석한 결과, 주말 오전 시간대의 신촌역 주변 대여소에는 자전거가 많이 거치되어 있는 반면, 평일 오전 시간대에는 신촌역 주변 대여소에 거치되어 있는 자전거가 부족한 경우가 대부분이었다. 이러한 발견들과 아이디어를 바탕으로, 관련 아이디어의 내용과 도입 제안을 서울시 자전거정책과에 전달하고 리워드 제도 도입을 위해 필요한 따릉이 대여소 자전거 대수 기록을 진행하고 있는지 질문하였다. 하지만 서울시 측으로부터 대여소 별 자전거 대수는 실시간으로 집계되고, 대여소 별 대여 건수를 기록하고 있다는 답변 이외에는 받을 수 없었다. 서울시 자전거정책과의 미온적 반응과 더불어, 사용자들로부터 적절한 보상체계를 구축하기 어려울 것 같다는 응답이 많았다. 이미 적자 공공사업인 따릉이 특성상 보상을 크게 해줄 수도 없고, 보상이 작다면 해당 제도를 적극적으로 이용할 유인이 너무 적다는 것이다. 이러한 이유들로 인해 우리 조는 리워드 제도가 실질적으로 구체화되고 실현하기에는 가능성이 낮다고 판단하여 관련 조사를 중단하였다.

2) 마포구 층위

먼저 서강로 방면 노선의 경우 이미 신촌역부터 한강까지의 자전거 전용도로가 대부분 완성되었고 개통을 앞두고 있는 상황인 만큼, 홍보를 통한 이용자 증가 효과는 충분히 노려볼 수 있다. 다만, 더욱 효과적이려면 마포구 교통행정과와의 협력이 있으면 더 좋을 것이다. 2018년 11월 1일, 담당자인 교통행정과 자전거 담당 주무관과 연락했을 때, 적절한 홍보 아이디어 등을 제시해준다면 반영할 수 있다는 긍정적인 답변을 받았던 만큼 충분히 실현가능성이 있다고 보여진다. 또한, 해당 노선 이용자들에 대한 인터뷰 또한 수월하다.

3) 서대문구 층위

우리 조는 앞서 말한대로 오전, 오후의 두 팀으로 나누어 신촌역부터 연희동까지 직접 버스와 따릉이를 타고 이동해 보았는데, 우선 버스로는 서대문03번 버스를 이용해 서대문 자연사박물관에서 출발해 신촌역을 향할 경우, 교통량이 대폭 증가하는 아침 8시 즈음에는 최소 25 분이 소요된다. 최악의 경우 29 분이 소요되는 경우도 있다. 여기에 배차 간격을 고려하여 대기 시간 3분을 더하면, 대략 30 분이 소요된다. 또 다른 노선인 서대문04을 이용하여 구

종점 정류장에서 출발하여 신촌역에 도착하면 약 20분이 소요된다. 그런데 서대문04 번의 경우 배차 간격이 열악해, 최대 20 분 정도를 기다려야할 수 있다. 즉, 40분 가량이 소요될 수도 있다. 이에 비해 따릉이는 개인 별로 차이는 있지만, 신촌역 2번출구에서 서대문소방서까지 이르면 13분에서 늦어도 18분이 소요되므로 따릉이가 훨씬 시간 효율적임을 알 수 있었다. 따라서 우리 조는 연희동 방면에서 따릉이를 타고 이동하였을 때 버스에 비해 훨씬 빠르고 편리하다는 장점에 집중하여 홍보한다면, 따릉이 이용에 대한 이용자 및 잠재적 이용자들의 인식 개선과 이용 활성화가 가능할 것으로 예상하고 있다.

4. 따릉이 이용 활성화 방안 프로토타입

1) 서울시 층위

사용자들의 요구와 불편사항 등을 반영하여 서울시 층위에서 제안할, 그림과 같은 시작 화면의 변경 가안을 제작하였다. 기존 어플리케이션 시작 화면 디자인을 수정하여 메뉴 구성과 화면 사용의 효율성을 제고하였다. 어플을 자주 이용하는 사람과 처음 이용하는 사람 모두에게 편리한 화면을 구성하고자 하였다. 가까운 대여소와 자주 가는 대여소가 한 눈에 보이도록 했고, 가장 자주 사용하고 꼭 필요한 메뉴를 메인 시작화면에서 바로 볼 수 있도록 디자인 하였다. 어플을 처음 이용하는 사람도 바로 볼 수 있도록 이용 안내 탭을 메인 시작 화면에 추가하였고, 기존 이용자들이 가장 많이 사용할 대여 탭과 이용권 구매 탭도 메인 화면에 추가하였다. 또한, 추후 도입 가능성을 고려하여 대여소 간 이동 거리를 미리 계산하고 경로를 확인해볼 수 있는 경로 안내 탭 역시 메인 화면에 추가하였다.

출처: 따릉이 어플리케이션 캡쳐

|그림 10-3| 서울자전거앱

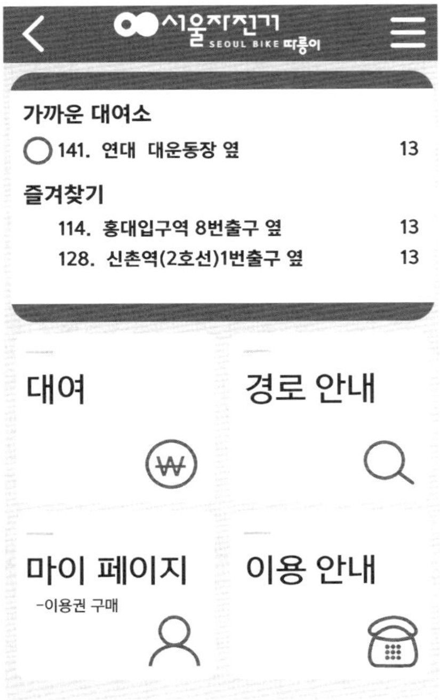

출처: 저자제작

|그림 10-4| 서울자전거 이용안내

2) 마포구 층위

따릉이 주이용자층이 2030세대이므로, 이들을 타겟으로 인스타그램과 페이스북을 이용하기로 하였다. 또한 이들 SNS에서는 ‘카드 뉴스’라는 형식의 홍보물이 매우 인기이므로 이 형태를 활용하여 홍보물을 자체 제작하였다

우선 서강로는 주변의 도로인 신촌로나 연세로, 양화로에 비해 인지도가 부족하므로, 두 번째 카드에서 서강로의 도로명을 언급하며 간단하게 구간을 설명하였다. 그리고 세 번째 카드에서는 자전거 전용도로의 시설을 보여주며, 쾌적하고 안전한 시설이 구비되어있음을 밝혔다. 더불어 서강로 외에도 우리

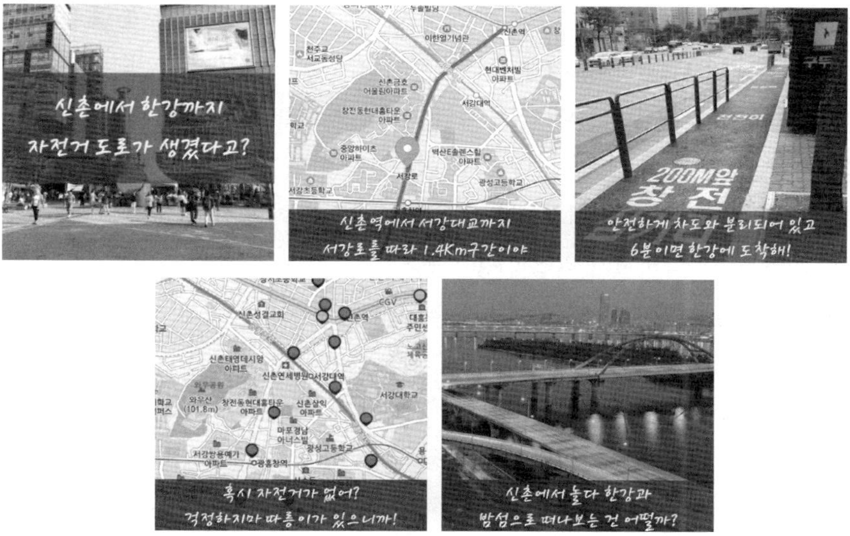

|그림 10-5| 자전거 도로 홍보 이미지

조가 따릉이의 활성화를 위해 리빙랩을 실행하고 있는 만큼, 따릉이의 장점인 언제 어디서나 저렴하게 자전거를 빌릴 수 있는 점을 언급하였다. 마지막으로 한강에 대한 낭만적인 이미지를 이용하고자, 주경이 아닌 야경을 사용하였다. 또한 단순히 서강대교북단 보다는 한강과 밤섬, 여의도를 보여주는 것이 사용자의 이용 욕구를 자극시킨다고 보고 사진을 선정하였다.

3) 서대문구 층위

연세로-연희로에 대해 제안하는 프로토 타입은 앞서 말한 바와 같이 크게 세 가지이다. 첫 번째는 설문조사를 통한 연희동 방면의 따릉이 수요와 대여소 설치 위치 파악 및 선정인데, 첫 번째 설문 결과 이용자들의 연희로 방면 대여소 증설 요구 응답이 높았던 점을 반영하여, 두 번째 설문에서는 추가 대여소 설치의 필요성과 설치 시 적합한 위치를 질문하였다. 그 결과 응답자의 대다수가 추가적으로 대여소를 설치해야 한다고 대답하였고, 설치 장소로는 연희IC에 위치한 연희 브라운스톤 앞과 사러가 마트 주변을 대부분의 응답자들이 선택하였다. 우리는 해당 결과를 토대로 연희동 방면의 추가 대여소 설치에 관하여 서울시 따릉이 담당 사업부에 건의해볼 예정이며, 그로 인한 연희동 방면의 따릉이 이용 활성화를 기대하고자 한다.

두 번째는 우리 조는 버스 이용과 비교하여 차별화 시킬 수 있는 따릉이 이용의 장점을 파악하고자 직접 따릉이를 타고 신촌에서 연희로 방면까지 이동해보았다. 앞서 말한 바와 같이 신촌역에서 연희동 방면까지 따릉이를 타고 이동하는 것은 버스에 비해 확연한 시간 절감 효과가 있었고, 우리 조는 이점에 집중하여 홍보를 진행하고자 했다. 홍보를 위해서 경부고속도로 상습 정체 구간에 있던 ktx 광고 아이디어를 활용하여, "아직도 버스 기다리세요? 따릉이 탔으면 지금 신촌역(혹은 연희동 집 앞)! 여기서부터 16분"의 홍보문구를 삽입한 구조물을 설치하는 아이디어를 구상해보았다. 또한 조원들이 따릉이를 타고 이동해보면서 설문을 통해 간접적으로 가늠할 수 있었던 이용자의 불편사항과 개선점을 직접 경험해보고 피부로 느껴 볼 수 있었다. 따라서 해당 결과를 종합하여 서울시와 서대문구 담당부처와의 면담 시 연희동 방면의 자전거 이용환경 개선에 대해 구체적으로 질문해보고자 한다.

마지막으로 우리 조가 개발한 따릉이 이용권 이벤트는 우리학교에 재학 중인 따릉이 미이용자 학생 두 명의 자원을 통해 실시해보았다(참고자료4). 이벤트 진행 후 이용 전후를 비교할 수 있는 추가적인 개별 인터뷰도 진행해보았는데, "약 14분 정도에 신촌역에 다다를 수 있어서 굉장히 긍정적인 경험이었다. 반납, 대여만 좀 능숙하면 매우 효율적으로 사용할 수 있을 것 같다. 버스를 기다렸었는데, 이제는 그냥 따릉이 타고 가고자 한다.", "이용 전에는 따릉이를 타는 사람이 있는지도 잘 몰랐지만, 이용 후에는 굉장히 좋은 제도라고 생각하게 되었다."와 같은 긍정적인 인식의 변화를 확인할 수 있었다. 따라서 우리 조는 앞으로 잠재적 이용자들에게 이와 비슷한 이용이벤트를 실시한다면 따릉이 이용에의 진입장벽을 낮추고 긍정적인 변화와 지속적인 이용까지도 기대해 볼 수 있다고 생각하여 이 내용을 서울시와 서대문구 담당 사업부에 제안하고자 한다.

III. 따릉이 이용 활성화 방안 제안

1. 따릉이 이용자/비이용자와의 상호작용 : 설문조사 및 인터뷰

1) 서울시 층위

우리 조는 11월 19일(월) ~ 11월 20일(화) 양일 간 추가적인 설문조사를 실시하였다. 이 설문에는, 총 44 명이 응답하였다(참고자료2). 설문에서는 우리 조가 구상하였던 아이디어에 대한 이용자들의 선호도를 조사하였다.

현재 따릉이 어플리케이션의 시작 화면인 지도 화면과 우리 조에서 이전 버전 따릉이 어플 시작 화면을 기반으로 수정한 디자인의 시작 화면의 변경 가안을 이미지로 제공하고, 어떤 안을 선호하는지 질문하였을 때, 변경 가안을 선호하는 응답자가 44명 중 39명이었다. 사용자들이 변경 가안에 대한 선호도가 높았던 점, 어플 전체를 새로 개발하는 것에 비해 시작 화면을 변경하는 것이 어렵지 않다는 점 등을 고려했을 때, 효과적인 개선방안이라고 판단하였다.

또한 추가 설문을 통해 경로 안내 기능에 대한 선호도를 조사했을 때, 대여소 간 예상 소요 시간을 제공하는 서비스에 대해 따릉이 이용자들에 비해 비이용자들의 선호도가 더 높게 나타났다. 응답자들 중 따릉이 비이용자 25명 중 21명은 경로 안내 기능을 이용할 의향이 있다고 응답했다. 반면, 따릉이 이용자 19명 중에서는 9명만이 경로 안내 기능을 이용할 의향이 있다고 응답하였다. 이용자들의 선호도가 비이용자들의 선호도에 비해 낮은 이유에 대해 우리 조는 기존 이용자들이 주로 따릉이를 이용하는 구간이 정해져 있고, 많은 경우 고정된 경로를 통해 이동하기 때문에 경로 안내 기능이나 예상 소요시간 안내 기능 등이 추가로 필요하지 않을 수 있다고 분석하였다. 하지만 비이용자들의 높은 선호도를 고려하면 여전히 처음 이용하는 사람들에게 유용한 기능일 수 있다고 판단하였다.

2) 마포구 층위

일부 사용자들에게 위의 홍보물을 보여준 결과 대체적으로 긍정적인 반응이었다. 대체적인 반응은 신촌과 한강 사이가 짧은 시간 소요되는 점이나 잘 구비된 자전거 도로에 대한 평가였다. 이와 함께 개선점에 대해서도 질문했는데, 한강하면 떠오르는 "치맥(치킨과 맥주)"을 추가하면 더 좋을 것 같다는 반응이 있었다. 그러나 주류의 경우 음주운전을 조장하는 것과 같은 인상을 줄 가능성이 있어, 이 의견은 반영하지 않았다. 실제 인스타그램에 조원들이 올린 결과, 하루 동안 각각 119개, 109개, 38개 총 266개의 좋아요를 받아 효과적인 것으로 평가한다.

출처: 인스타그램(아이디: @kihunnhunn, @benjamin_sooo, @sooyeoning310)

|그림 10-6| 인스타그램을 통한 홍보

또한 자전거 도로를 직접 이용하는 이용자를 대상으로 인터뷰를 하였는데, 통학 목적으로 마포소방서와 신촌역 구간을 따릉이와 서강로 자전거 도로를 이용하는 시민이었다(참고자료 5). 우선, 신설된 자전거 전용도로에 대한 만족감이 매우 컸다. 이전에는 인도에서 주행했는데, 사람들과 충돌 위험이 있어 매우 불편했다. 차도는 통행량이 많아 더욱 위험했다. 그러나 도로 신설 후 자동차와 완전히 분리되며, 보행자와도 비교적 쉽게 분리되어 안전한 주행을 할 수 있게 되었다고 한다. 또한 따릉이를 이용함으로써 교통비 지출을 아끼고 이동 시간을 획기적으로 단축할 수 있어 좋다는 의견을 냈다. 동시에 운동도 되고, 또한 대중교통과는 달리 첫차, 막차 등의 시간적 제약이 없다는 점도 장점으로 꼽았다.

3) 서대문구 층위

연세로-연희로 방면 노선의 경우 앞서 말한 두 차례의 설문조사를 통해 우리 조는 연희동의 대여소 추가설치 필요성을 확인하고 구체적인 위치로는 연희IC의 연희 브라운스톤 앞과 사러가 마트 주변으로 선정할 수 있었다. 응답자들 대부분이 우리학교에 재학중인 학생이었기 때문에 주로 학생들의 거주지인 연세대학교 서문 근처와 연희동 주거지 부근에 추가적인 따릉이 대여소 증설을 원하고 있었다. 연희동 지역의 따릉이의 이용자 및 잠재적 이용자의 대다수가 우리학교 학생들임을 고려해 보았을 때, 이 지역의 따릉이 이용활성화를 위해서는 주 이용 층인 우리 학생들의 대여소 증설이라는 요구사항을 서울시와 서대문구에 건의하는 것이 중요하다는 것을 알 수 있었다. 또한 우리 조가 진행한 따릉이 이용권 이벤트를 통해서는 이벤트 참여자들 모두 따릉이 이용에 관한 긍정적인 인식변화를 경험했다는 사실을 미루어 보았을 때, 따릉이 이용에는 이용권 결제와 어플 설치와 같은 진입장벽이 분명히 존재하고, 따라서 잠재적 이용자들을 실제 이용자로 전환시키기 위해서는 이와 같이 따릉이를 직접 이용해볼 기회가 이벤트를 통해서 자주 주어져야 함을 알 수 있었다. 이용권 이벤트의 설문조사에서는 이와 더불어 아쉬운 점에 대해서도 의견을 받을 수 있었는데 자전거 이용 환경 측면에서 신촌과 연희동 간에 추가 대여소 증설과 자전거 도로 확충을 공통적인 개선 요구 사항으로 지적하였다. 따라서 이를 종합한 내용을 담당 부서에 전달하고 추가적인 이용환경 개선이 이루어진다면 시민들의 따릉이 이용 빈도가 더욱 증가 가능할 것으로 기대된다.

2. 따릉이 이용 활성화의 지속가능성과 영향력

1) 서울시 층위

서울시 자전거정책과와의 인터뷰에서 담당자는 사용자들의 요구를 반영하여 꾸준히 어플을 개선할 계획이라고 답변하였다. 또한, 경로 안내 기능에 대해 서울시와 네이버가 협력하여 길찾기 서비스를 개발 중이라고 답변하였다.[5]

기존의 대중교통 길찾기 서비스에 따릉이를 통합하여 경로를 안내해주는 방식으로, 개발이 완료된다면 우리 조가 구상하였던 따릉이 경로 안내 기능과 최적 경로 안내 등을 포함할 수 있을 것이라 기대된다.

이처럼 어플의 불편 사항이 개선되고, 효율성이 제고된다면, 또 자전거 이용의 편의성이 제고된다면 따릉이와 자전거 이용자가 증가하게 될 것이다. 이를 통해 교통수단으로서 자전거에 대한 관심이 높아질 것이며, 자전거 이용 환경과 시설 역시 개선될 가능성이 커질 것이다. 나아가 자전거 도로와 자전

5 연합뉴스, 2018.09.04./ https://www.yna.co.kr/view/AKR20180904042400004?input=1195m(2018.12.05. 검색)

거 이용 환경에 대한 인식 변화도 수반된다면, 제반 시설이 마련되고 교통수단으로써 따릉이와 자전거의 인식이 개선될 것이다. 이를 통해 다시 자전거를 이용하는 시민도 증가할 것이고 대중교통 분담률 역시 개선되어 환경에 미치는 영향력 역시 커질 수 있다. 긍정적인 순환 구조가 형성되는 것이다.

2) 마포구 층위

마포구는 구 차원에서 자전거 이용을 촉진시키기 위해 자전거 이용 활성화에 대한 조례를 제정하고 자전거 도로를 지속적으로 확충하고 있다. 현재 서강로 도로 이외에도 이전의 마포대로 자전거 도로, 경의선숲길 자전거 도로, 불광천, 홍제천자전거 도로가 있으며 이것이 한강자전거 도로, 여의도와 연계된다. 구 차원에서 지속적인 인프라 개선을 시행하고 있으므로, 홍보를 통해 개통 초기에 이용자를 유입시킬 수 있다면, 이후 이용자들 간의 입소문을 통해 이용이 계속 확대될 것이다. 아쉬운 점이 있다면 서대문구 구간에서 도로가 끊기기 때문에, 마포구에서 강북 도심으로의 연계가 잘 되지 않는다. 대표적으로 마포구 마포대로 자전거 도로와 종로구 종로 자전거 도로와 연결이 되지 않는다.

3) 서대문구 층위

연세로-연희로와 관련하여 실시한 설문조사 결과, 자전거 도로와 대여소 설치 같은 환경적인 부분에서의 개선이 이루어진다면 따릉이를 이용할 잠재적 이용자들이 많음을 확인할 수 있었다. 따라서 서울시 따릉이 사업부와 서대문구 담당 부서에 해당 설문조사 결과를 전달하고 추가적인 이용환경 개선을 요구하여 받아들여진다면, 이용자들의 편의가 증진될 뿐만 아니라 추가적인 이용자의 증가, 시민들의 따릉이 이용 빈도 증가를 기대해 볼 수 있을 것이다. 또한 우리 조가 직접 신촌-연희동 방면에서 따릉이를 타고 이동해본 결과 따릉이의 시간 효율성 우위를 발견할 수 있었으므로, 서대문구 담당 부서에 따릉이가 버스에 비해 소요 시간에 있어 효율적인 점을 들어 따릉이 이용을 홍보하는 것도 제안해 볼 수 있다. 마지막으로 우리 조가 실시한 이용권 이벤트는 그 아이디어와 결과를 서울시 따릉이 사업부에 전달하여 제안해봄으로써 서울 시민들의 따릉이에 대한 인식 변화, 진입 장벽 제거, 추가적인 이용 증가 효과를 기대할 수 있다.

3. 따릉이 이용 활성화 방안의 한계와 해결방안

우리 조는 그 동안 실시해 온 설문조사와 이용자 인터뷰 결과를 토대로 서울시 따릉이 사업부와의 서면 인터뷰를 진행하였다. 서대문구 층위에서 연희동 지역의 대여소 설치 가능성을 질의한 결과, 대여소 증설은 자치구차별로 후보지 선정과 인근 환경, 시민 의견 수렴, 관련 건설 기간과의 협의를 거쳐 약 6 개월 동안 진행되는 것이며 서울시 사업부에서는 아직 연희동 지역에 대여소를 추가 증설할 계획이 없었음을 알 수 있었다. 따라서 우리 조는 앞선 설문조사의 결과를 추가적으로 서대문구 자전거 담당 사업부에 전달하여 연희동에 대여소 증설을 요청할 예정이며, 그 결과로 연희동에서의 이용자 편의에 적합한 대여소가 위치하게 된다면 우리 조가 목표했던 신촌-연희로 방면의 따릉이 이용자 수는 장기적으로 크게 증가할 것으로 기대된다.

Ⅴ. 결론

우리 조는 신촌 지역 따릉이 이용 증진을 위한 리빙랩을 설계하였다. 최종적으로는 교통 수단으로서 자전거 이용을 활성화시키고 자전거의 대중 교통 분담률 증가를 목표로 하고 있다. 이를 통해 자동차가 대기 환경에 끼칠 수 있는 악영향인 탄소 배출량 및 미세먼지 등을 저감시킬 수 있을 것이라 기대한다. 신촌 지역 따릉이 활성화 리빙랩 연구 활동을 하며 아쉬웠던 점이 있다면 계절적 요인으로 날씨가 점점 추워지면서 사용자의 참여를 통한 다양한 실험을 충분히 진행하지 못한 점이다. 활동을 진행하면서 날씨가 추워졌기 때문에, 직접적으로 따릉이 이용률의 변화를 관찰하거나 다양한 참여 활동을 통한 실험을 진행할 수 없었다. 때문에 설문조사나 몇몇 이용자들과의 인터뷰를 통해 간접적으로 사용자들의 인식 변화를 알아보는 방식으로 실험을 진행하였다. 가능하다면 추후 연구로써 직접 새로운 제도 등을 도입하고, 실제 이용자들이 참여할 수 있는 이벤트 등을 병행하여 이용률 변화 추이나 인식 변화를 살펴볼 수 있을 것이다.

참고문헌

대전일보, 2013.07.15. http://www.daejonilbo.com/news/newsitem.asp?pk_no=1072628(검색일 2018. 12. 05).

메트로, 2018.03.20. http://m.metroseoul.co.kr/news/newsview?newscd=2018032000104(검색일 2018.12.05.).

서울연구데이터서비스, 2015. "교통수단 분담률." http://data.si.re.kr/2015br10-modal-share(검색일 2018.12.05.).

연합뉴스, 2018.09.04. https://www.yna.co.kr/view/AKR20180904042400004?input=1195m(검색일 2018.12.05.)

참고자료 1: 설문조사1

- 설문 조사 일자: 2018.11.4(일) ~2018.11.6(화)
- 총 응답자: 87명

1-1) 연희동 거주, 따릉이 이용자

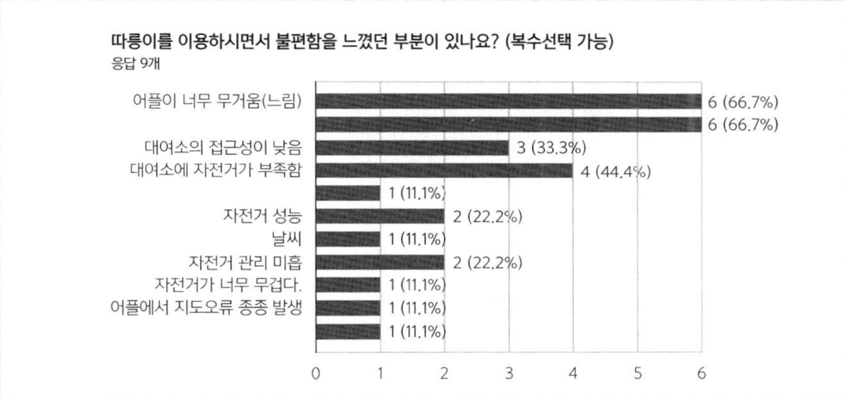

1-2) 연희동 거주, 따릉이 비이용자

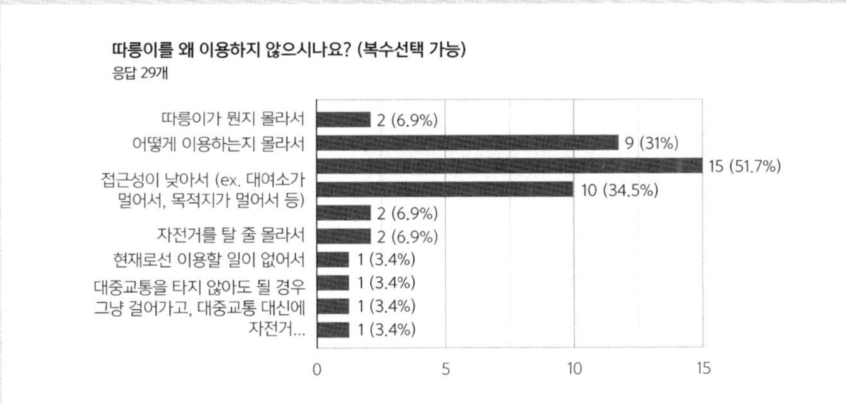

1-3) 연희동 거주, 따릉이 비이용자

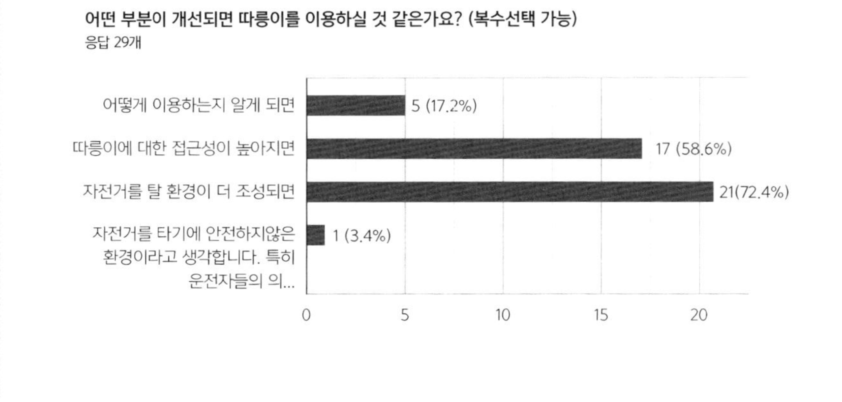

1-4) 연희동 비거주, 따릉이 이용자

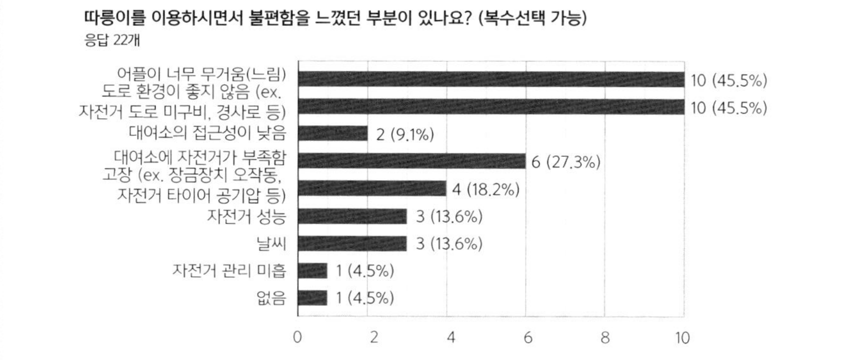

1-5) 연희동 비거주, 따릉이 비이용자

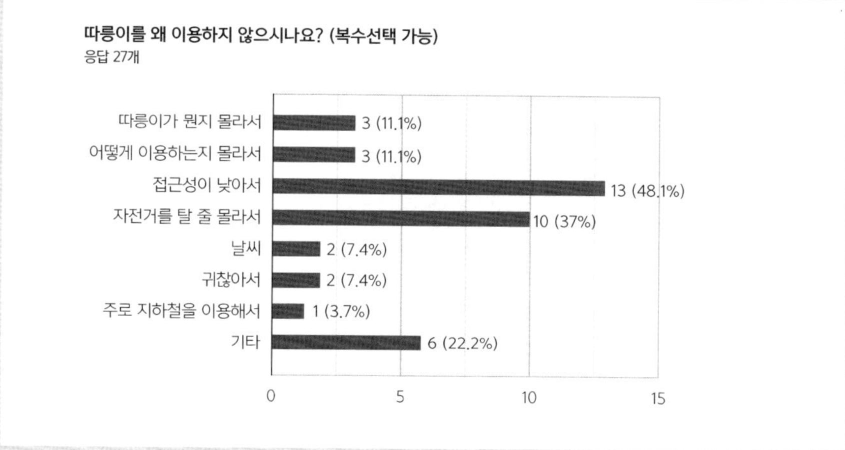

1-6) 연희동 비거주, 따릉이 비이용자

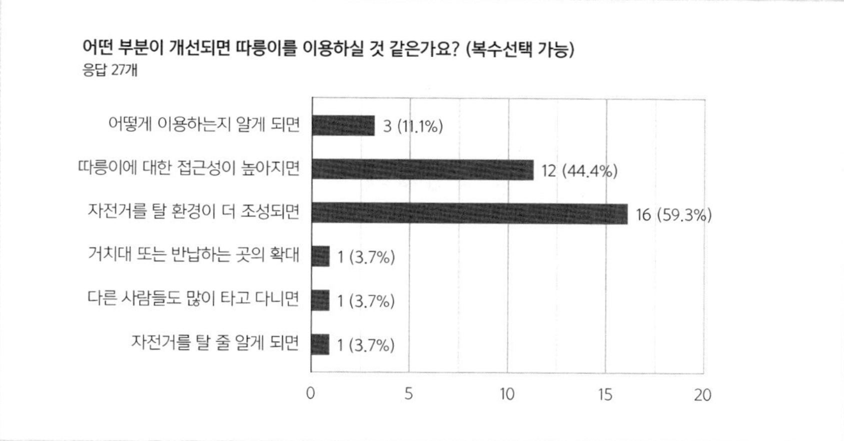

참고자료 2: 설문조사2

-설문 조사 일자: 2018.11.19(월)~2018.11.20(화)

- 총 응답자: 44명

2-1) 따릉이 이용자, 연희동 거주

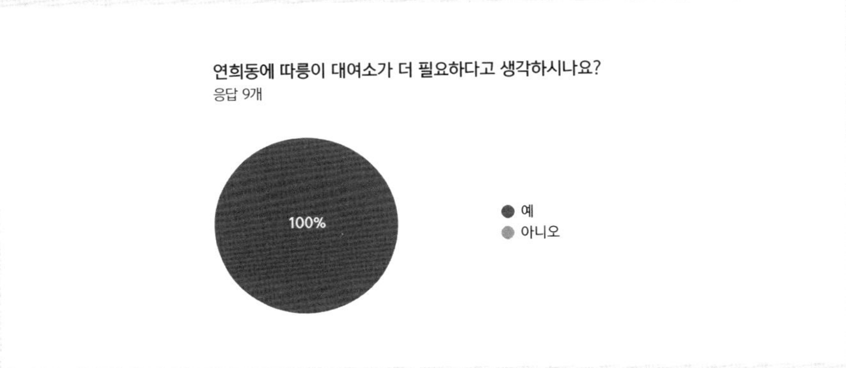

2-2) 따릉이 이용자, 연희동 거주

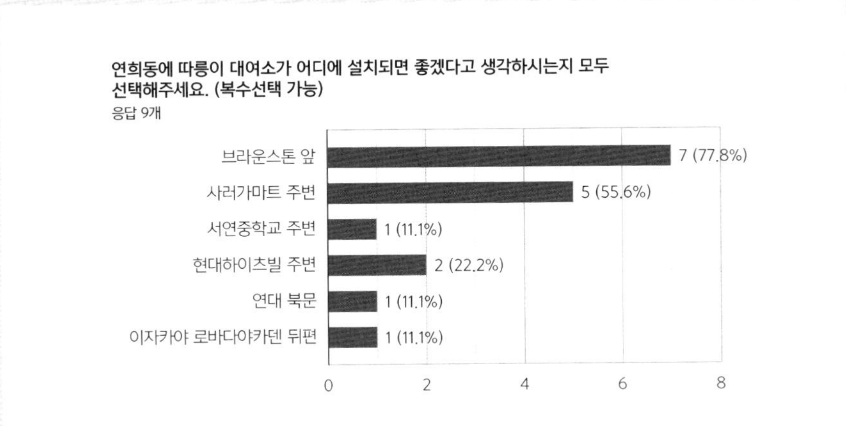

2-3) 따릉이 이용자

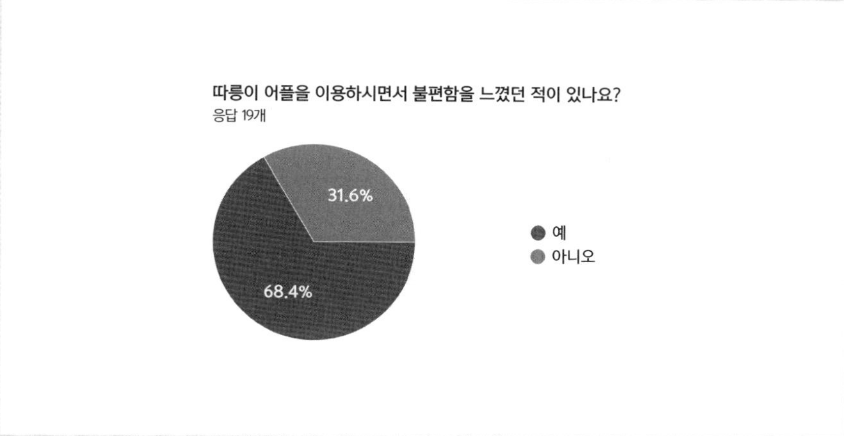

2-4) 따릉이 이용자

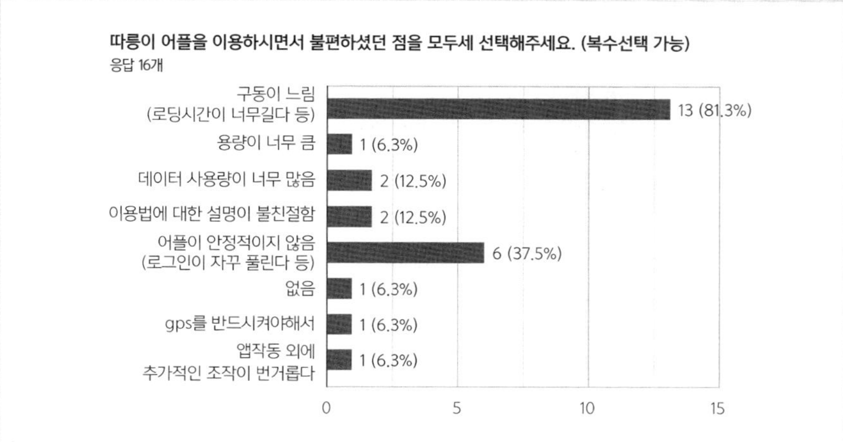

2-5) 따릉이 이용자

이외에 따릉이 어플을 이용하시면서 불편하다고 느꼈던 점이 있다면 적어주세요. 응답 4개

- 접속 트래픽이 일정 수준을 초과하면 지도가 잘 작동되지 않아요.. 그리고 따릉이 자체의 터치스크린이 날씨의 영향을 많이 받기도 합니다. 마지막으로 반납 후 재대여까지 걸리는 시간이 꽤나 깁니다. 아마도 1분 30초 정도?? 물리적으로 길다고 생각하지는 않지만 대여로딩시간과 비교했을 때 체감으로는 상당히 길게 느껴집니다.
- 어플 업데이트하고나서 더 느려짐
- 오프라인으로 대여못함
- 고장신고 미비

2-6) 따릉이 이용자

현재 따릉이 어플 시작화면은 지도 화면입니다. 이 시작화면을 변경하는 안을 기획중입니다. 현행안과 변경안 중 어떤 것을 선호하시나요?(수정)
응답 19개

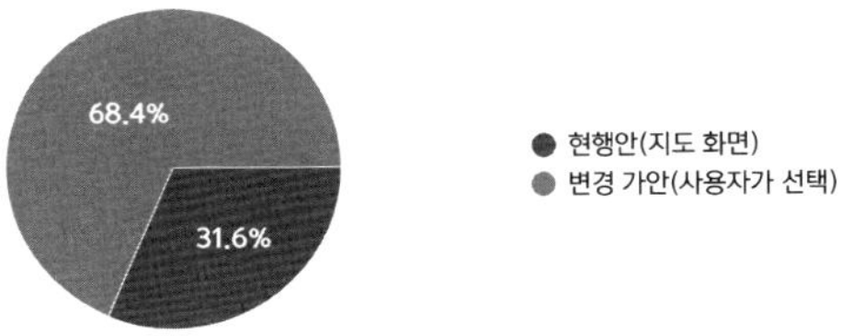

2-7) 따릉이 이용자

변경안의 문제점이 있다면 뭐라고 생각하시나요?
응답 19개

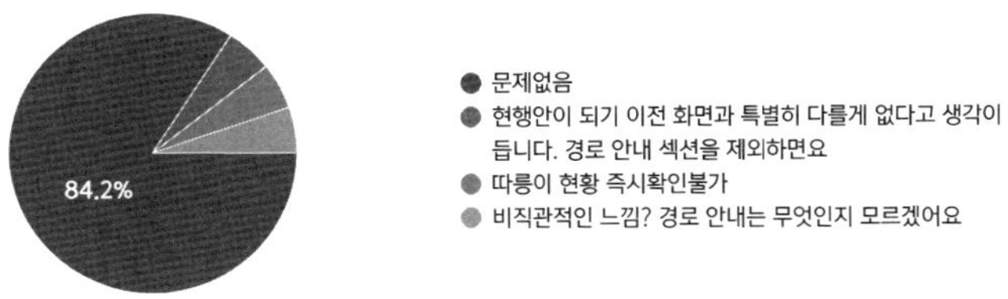

2-8) 따릉이 이용자

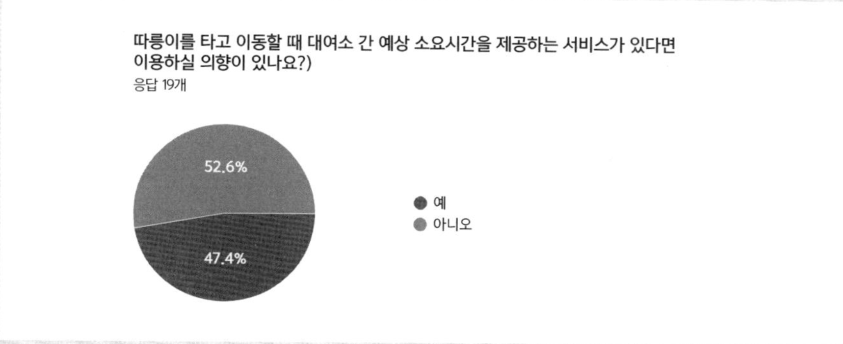

2-9) 따릉이 비이용자, 연희동 거주

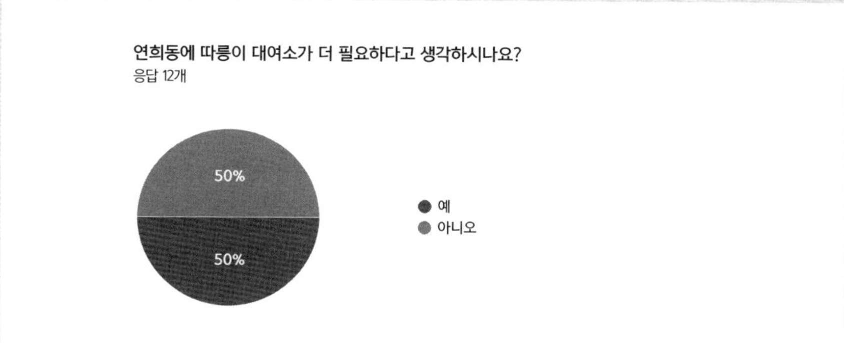

2-10) 따릉이 비이용자, 연희동 거주

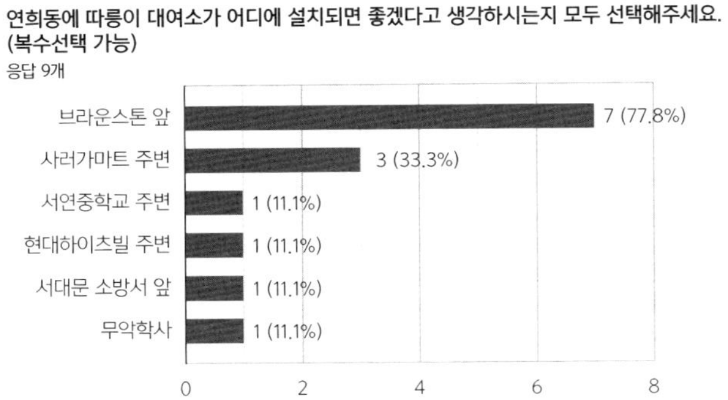

2-11) 따릉이 비이용자

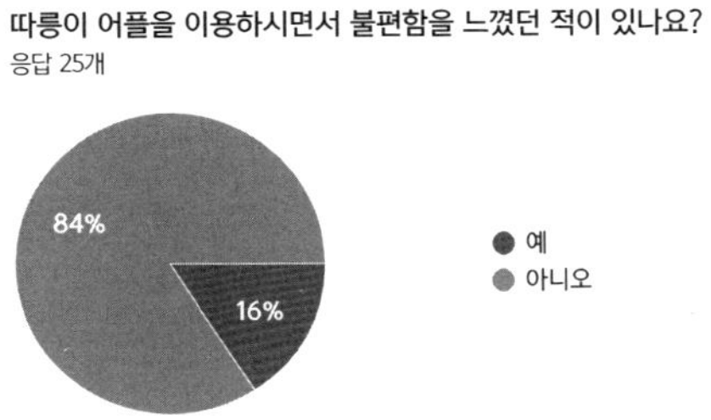

2-12)

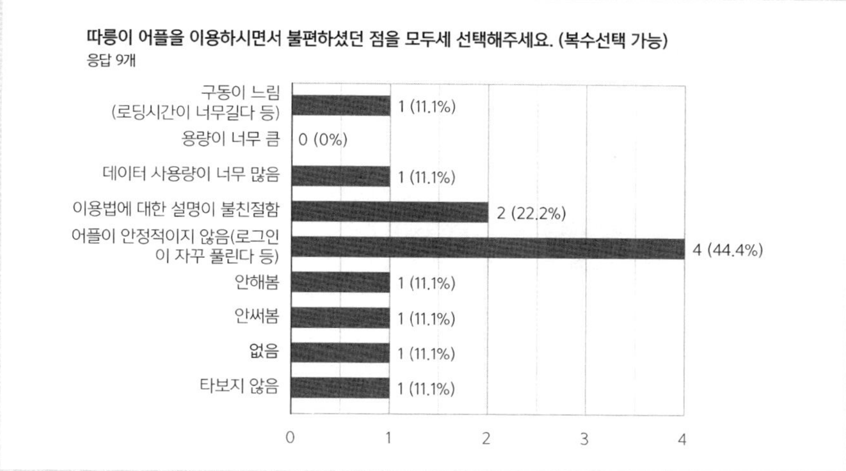

2-13) 따릉이 비이용자

이외에 따릉이 어플을 이용하시면서 불편하다고 느꼈던 점이 있다면 적어주세요.응답 2개

- UI가 너무 불편하다
- 어플을 이용해 따릉이를 사용하는 것 자체가 불편하다고 느꼈습니다.

따릉이 타본지가 꽤 오래 전이라 잘 기억은 나지 않지만, 인증번호를 입력하는 과정에서 계속 오류가 나거나 정확히 어떻게 하는지 몰라서 헤맸던 기억이 납니다.

사용법도 복잡해서 여러번 시도 끝에야 겨우 타곤 했었는데, 과연 어르신들이나 스마트폰 사용이 익숙치 않은 분들은 사용할 수 있을지 의문스러웠습니다. 스마트폰이 없는 사람들은 아예 이용도 못하는 건가 싶기도 했습니다.

2-14) 따릉이 비이용자

현재 따릉이 어플 시작화면은 지도 화면입니다. 이 시작화면을 변경하는 안을 기획중입니다.
현행안과 변경안 중 어떤 것을 선호하시나요?(수정)
응답 25개

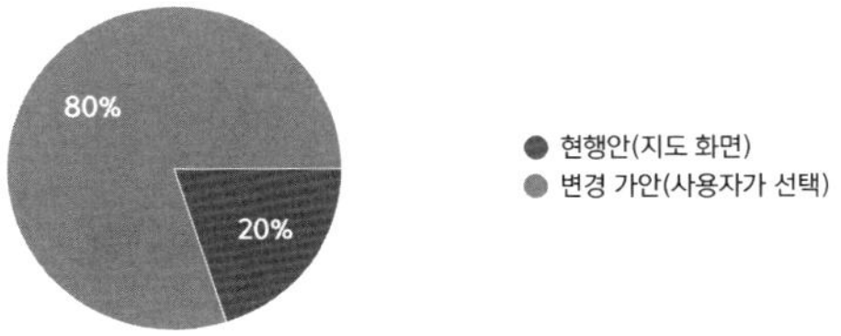

2-15) 따릉이 비이용자

변경안의 문제점이 있다면 뭐라고 생각하시나요?
응답 25개

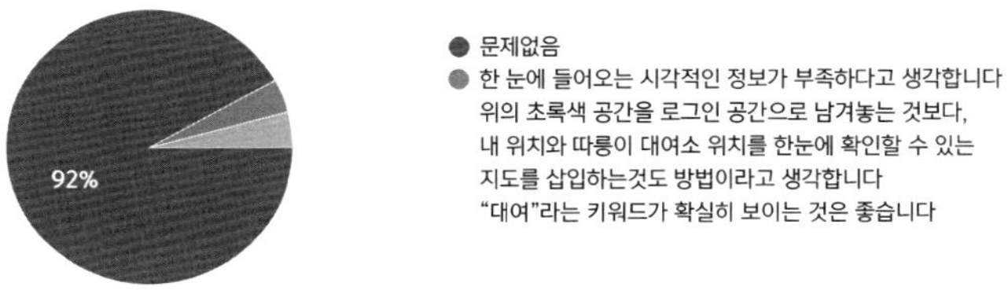

2-16) 따릉이 비이용자

따릉이를 타고 이동할 때 대여소 간 예상 소요시간을 제공하는 서비스가 있다면
이용하실 의향이 있나요?
응답 25개

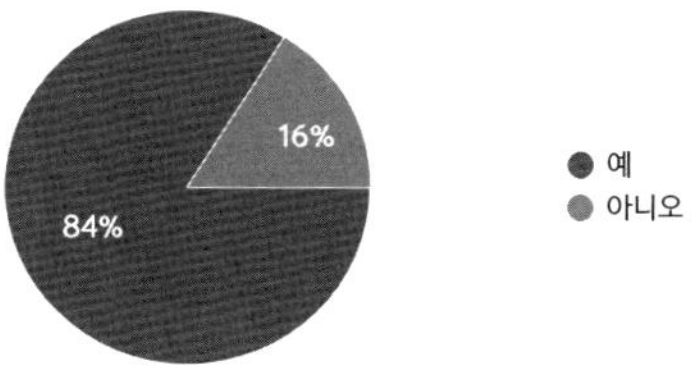